DIE CANNABIS-LÜGE

Dr. Kurosch Yazdi

DIE CANNABIS-LÜGE

Warum Marihuana verharmlost wird und wer daran verdient

Erweiterte Neuausgabe

SCHWARZKOPF & SCHWARZKOPF

Inhalt

Vorwort 7

TEIL 1: DIE VERSUCHUNG 11

1. Der Einstieg 12
2. Cannabis – Die Fakten 18
3. Cannabis – Haben Gesetze wirklich keinen Einfluss? 28
4. Cannabis – Der Einstieg in die Welt der Drogen 31
5. Kontrollverlust und grenzenlose Gier 39
6. Die Folgen für das Gehirn 42

TEIL 2: DIE WIRKUNG 51

7. Cannabis damals, Cannabis heute – Wie Bier und Schnaps . . 52
8. Dumm durchs Kiffen: Die Cannabis-Demenz 57
9. Cannabis: Die Motivationsbremse 63
10. Cannabis am Steuer: Eine Gefahr für Leib und Leben 65
11. Die Lüge vom Naturheilmittel 70
12. Kiffen macht Kaputt: Die körperlichen Langzeitschäden 73
13. Das Kiffen und die Kinder – So zerstören wir unseren Nachwuchs 78
14. Cannabis in der Schwangerschaft 84
15. Vergiftung, Abhängigkeit, Entzug 86

TEIL 3: DIE GESELLSCHAFT 91

16. Cannabis & Living Easy! Das Märchen vom besseren Leben . 92
17. Länger, besser, härter? Cannabis und die Mär vom besseren Sex! 97
18. Dylan und McCartney: Der Irrtum mit den Komponisten-Kiffern 100
19. Cannabis – Ungefährlicher als Alkohol? 103

20. Cannabis und die Folgen: Fälle aus meiner Klinik 107
21. Die Methode der Motivation 125
22. Die Qualen der Angehörigen 127

TEIL 4: DIE VERDIENER 131
23. Cannabis und die Medizin 132
24. Vor- und Nachteile einer Legalisierung: Das Beispiel des Schülers Axel B. 149
25. Selbstbestimmung und Verantwortung – Mein Recht, meine Pflicht! 155
26. Billiges Badesalz aus China: Die Gefahren des synthetischen Cannabis 159
27. Ärztliche Prostitution: Cannabis-Kiosk neben dem Hotdog-Imbiss 162
28. »Green Rush« – Der neue Goldrausch 169
29. Das Kiffer-Komplott 180
30. Cannabis, die Umweltsünde 190

TEIL 5: DIE ZUKUNFT 195
31. Wege aus der Abhängigkeit und Co-Abhängigkeit 196
32. Die Sorge der Psychiater 203
33. Das Schreckens-Szenario 2030: Die Vision einer düsteren Zukunft 211
34. Schadensbegrenzung – Möglichkeiten für die Zukunft 217
35. Ist es schon zu spät? 232

TEIL 6: WAS SEIT DER ERSTAUSGABE 235
36. Was gibt es Neues an der Cannabis-Front?............... 236

ANHANG 256
Lexikon 258
Quellenangaben 272

VORBEMERKUNG

Die in diesem Buch beschriebenen Fallbeispiele basieren auf wahren Begebenheiten. In Hinblick auf die ärztliche Verschwiegenheitspflicht habe ich darauf geachtet, dass die handelnden Personen nicht erkennbar sind. Dementsprechend sind Details, die zu einer Identifizierung führen könnten, weggelassen oder geändert worden. Die ausgewählten Fälle sind für das Verständnis wesentlicher Kernbereiche wichtig und dokumentieren häufig wiederkehrende Phänomene innerhalb der Suchtbehandlung.

Vorwort

SCHEINBAR IST ALLES EINFACH UND KLAR

Kiffen? Ist doch super! High sein, breit sein, stoned sein, wunderbar. Cannabis löst alle Probleme, mit Cannabis führen Sie ein sorgenfreies Leben. Wie herrlich die Welt doch sein kann, so leicht und schön und friedlich, wenn man nur genug gekifft hat. All der Kummer des Alltags ist vergessen. Ziehen Sie sich einen Joint rein, und schon geht es Ihnen gut. Und dann noch der medizinische Effekt, unglaublich. Konsumieren Sie nur genügend Cannabis, schon sind Sie von allen Krankheiten geheilt und wieder ein gesunder Mensch. Großartig.

Ist doch so. Oder?

Zumindest scheint es so, wenn man sich vor Augen hält, wie sich die Wahrnehmung von Cannabis in den vergangenen Jahren in der Öffentlichkeit geändert hat. Verfolgt man Berichte in den Zeitungen, im Fernsehen, im Internet, kann einen leicht das Gefühl beschleichen, dass Cannabis nichts anderes ist als genau das wundersame Naturheilmittel, das nach Jahrzehnten der Verteufelung endlich heilig gesprochen gehört. Höchste Zeit für eine uneingeschränkte Legalisierung, damit die Menschheit uneingeschränkten Zugang dazu hat, das fordern zumindest die Befürworter. Und zu Risiken und Nebenwirkungen fragen Sie weder Ihren Arzt noch Apotheker, sondern am besten niemanden, denn Risiken und Nebenwirkungen hat das Cannabis doch eh nicht.

Doch genau das ist ein fataler Irrtum. Mit diesem Buch möchte ich Ihnen aufzeigen, warum Cannabis eben genau doch eine schlimme Droge ist. Warum es hochgradig gefährlich ist, Cannabis immer weiter salonfähig zu machen. Warum es vielmehr in eine

Kategorie gehört mit all den anderen schädlichen Substanzen, die wir gemeinhin als »Drogen« bezeichnen. Es ist erschreckend, mitanzusehen, wie sehr die Wirkung von Cannabis in der jüngsten Zeit verharmlost wurde. Wie sich Experten zu Wort melden, die gar keine sind. Wie Politiker meinen, sie müssten auch noch Kommentare dazu abgeben, dass das Kiffen doch gar nicht so schlimm sei, obwohl sie gar keine Ahnung von der Materie haben.

Cannabis ist fatalerweise eine Modeerscheinung geworden. Dabei ist diese Droge in Wirklichkeit eine große Gefahr, die zu irreversiblen Schäden führen kann. Und dabei spreche ich nicht nur von der eigenen Gesundheit, Cannabis ist eine Gefahr für unser aller Zukunft. Wenn wir es legalisieren, dann müssen wir uns in den kommenden Jahren auch gesamtökonomisch auf verheerende Konsequenzen gefasst machen.

Nein, es geht mir nicht darum, zu polemisieren, zu polarisieren, zu stigmatisieren. Ich möchte nur weg vom starrköpfigen Lagerdenken. Ich halte nichts von den einseitigen Sichtweisen weder der Befürworter noch der Gegner. Ich möchte nicht den gelegentlichen Konsumenten an den Pranger stellen, der sich alle paar Monate einmal einen Joint dreht. Es ist auch nicht mein Anliegen, einen Jugendlichen zu kriminalisieren, der mit drei Gramm Gras erwischt wird. Vielmehr geht es darum, ein differenziertes Bild mit vielen Schattierungen zu zeichnen, weit weg von der bislang so üblichen Schwarz-Weiß-Malerei.

Als Leiter einer Abteilung für Suchterkrankungen – an der zunehmend Menschen mit starkem Cannabiskonsum behandelt werden – sehe ich mit Entsetzen, wie die Zahl der Cannabissüchtigen rapide ansteigt. Ich schildere Ihnen hier nicht nur, wie Cannabis Körper, Geist und Seele schädigt, wie wir unsere Zukunft ruinieren und wie wir unsere Kinder in den Wahnsinn treiben – sondern auch wie sehr Cannabis inzwischen ein großes Geschäft geworden ist. Wie Industrie und Lobbyisten in der Zwischenzeit das »Big Business« entdeckt haben und uns mit gezielten Unwahrheiten das große Märchen vom ach so tollen Cannabis erzählen wollen. Und auch wie manche Ärzte ihren eigenen Beruf verraten, sich prostituieren und aus reiner Geldgier und Geltungssucht Marihuana auf Rezept verschreiben wollen, ohne sich wirklich um den Patienten oder den vermeintlich Kranken zu kümmern und seine Symptome überhaupt nur im Ansatz diagnostizieren und auf anderem Weg behandeln zu wollen.

Ganz egal, ob Sie Cannabis konsumieren oder nicht, ob Sie die Legalisierung befürworten oder ablehnen – hier haben Sie zumindest ein Buch in der Hand, das nicht blind dem gängigen Mainstream der Cannabis-Befürworter folgt.

Dr. Kurosch Yazdi

TEIL 1

DIE VERSUCHUNG

1

DER EINSTIEG

Cannabis und Marihuana? Gras und Ganja? Hasch und Hanf? Am Ende dieses Buches finden Sie ein Lexikon mit der genauen Definition der wichtigsten Bezeichnungen rund um dieses Thema – die allerwichtigsten Begriffe seien zum besseren Verständnis aber in aller Kürze bereits an dieser Stelle erklärt, ebenso wie ein erster kleiner Abriss über die Folgen und Gefahren des Konsums.

Cannabis ist der Name der gesamten Pflanze, die zur Gattung der Hanfgewächse gehört und die schon Jahrtausende vor Christi Geburt vor allem in China angepflanzt wurde, sowohl zur Herstellung von Gewand und Seilen als auch für die Verwendung in der chinesischen Medizin. Als Rauschmittel etablierte sich Cannabis zunächst in Indien, wo es auch als Bestandteil kultischer Handlungen zum Einsatz kam, und breitete sich dann über den Mittleren und Nahen Osten auch in Europa aus, wo die Rauschwirkung so richtig erst ab dem 19. Jahrhundert entdeckt wurde. Gerade nach den Studentenrevolten, der Flower-Power-Hippie-Bewegung und all den gesellschaftlichen Veränderungen in den 1960er- und 1970er Jahren wuchs Cannabis neben Alkohol zu der heute als am häufigsten konsumierten Rauschdroge heran.

Die Cannabispflanze enthält etwa hundert oder mehr unterschiedliche Substanzen, die im Körper wirken können, die sogenannten Cannabinoide, von denen einige psychoaktiv wirken, also eine spürbare Wirkung auf die Psyche haben. Der bekannteste und vermutlich stärkste Wirkstoff ist das Tetrahydrocannabinol, kurz THC. Dabei gibt es eine weibliche und eine männliche Form der Pflanze, hin und wieder in seltenen Ausnahmen auch Zwitterpflanzen. Allerdings enthält nur die weibliche Variante der Gattungen »Cannabis sativa« und »Cannabis indica« ausreichend THC, um die erwünschte Rauschwirkung zu erzeugen. Alle anderen Cannabis-Pflanzen ohne THC sind für den Konsumenten, der sich einen Glücksrausch erhofft, uninteressant.

Cannabis ist eine an sich eher anspruchslose Pflanze, das heißt, sie benötigt keine besonderen klimatischen Bedingungen, um zu wachsen und zu gedeihen. Daher wächst die Pflanze auch auf den unterschiedlichsten Böden in den verschiedensten Regionen auf der ganzen Welt. Ob im Nahen und Mittleren Osten, in Ländern wie der Türkei und dem Libanon, Afghanistan und Pakistan, in Süd- und Südostasien, etwa in Kambodscha, Thailand, Nepal und Indien, ob quer durch ganz Afrika von Marokko über Nigeria, Ghana und den Senegal bis hinunter nach Südafrika – aber auch in Amerika blüht die Cannabispflanze prächtig auf, im Süden des Kontinents wie im Norden, in Kolumbien, Brasilien und Mexiko, ebenso wie in der Karibik in Jamaika und natürlich auch im größten Absatzland und dem wichtigsten Cannabismarkt, den USA, wo gerade in den vergangenen Jahren im Zuge von Legalisierungen und Teillegalisierungen in einzelnen Bundesstaaten riesige Plantagen entstanden, in denen Cannabis in Massenproduktion gezüchtet wird, teilweise mit einem extrem hohen THC-Gehalt. Die Auswirkungen dieser erhöhten THC-Konzentration werden später noch ein wichtiges Thema in diesem Buch sein.

Für die europäischen Konsumenten ist das bedeutendste Hauptanbaugebiet Marokko. Rund drei Viertel des gehandelten Cannabis kommen aus dem Königreich im Nordwesten Afrikas. Allerdings verliert der Import immer mehr an Bedeutung, da in den Niederlanden, in Deutschland, Österreich und vielen anderen europäischen Ländern Cannabis verstärkt im sogenannten »Indoor Growing« angebaut wird. Also nicht draußen in der Natur, sondern irgendwo drinnen zu Hause, in der Garage oder in einer Halle, mit künstlicher Beleuchtung und vielen weiteren Utensilien – natürlich meist illegal, die Anpflanzung von Cannabis ist schließlich genehmigungsbedürftig und wird in Ausnahmefällen, wie einige

Fälle aus der jüngsten Vergangenheit belegen, nur aus medizinischer Sicht gewährt.

Konsumiert wird Cannabis in Form von Marihuana oder Haschisch. Unter Marihuana verstehen wir die getrockneten Blüten und blütennahen Blätter der weiblichen Cannabispflanze. Haschisch wiederum ist das gewonnene Harz aus den Blütenständen der Pflanze, Haschisch hat meist eine grün-bräunliche Farbe, die Konsistenz ist ziemlich fest, aber auch leicht zu zerbröseln. Im Englischen wird Haschisch »Shit« genannt. Man kann es auch in Öl gelöst als Haschischöl konsumieren.

In zerbröselter und zerkleinerter Form werden Haschisch und Marihuana meist mit Tabak vermischt und zu einer Zigarette gedreht, dem sogenannten Joint. Diesen bezeichnet man umgangssprachlich auch als Tüte oder Ofen.

Marihuana wird gerne auch als Gras bezeichnet, im Englischen als »Weed«, und wenn man den Begriff »Ganja« hört, dann ist das einfach die indische Bezeichnung für Marihuana. Der Name »Marihuana« stammt übrigens aus dem mexikanischen Spanisch, möglicherweise auch aus einer alten Indianersprache, der genaue Sinn des Wortes erschließt sich bis heute nicht. In der Populärwissenschaft galt lange die Theorie, der Begriff leite sich von einer Frau namens Maria Juana ab, das ist jedoch blanker Unsinn.

An den Drüsen dieser Marihuanablüten jedenfalls befinden sich winzige Bläschen mit dem Harz der Pflanze, hier steckt auch die höchste Konzentration an THC und den anderen Cannabinoiden. Im Stamm der Pflanze und den größeren blütenfernen Blättern gibt es kaum THC. Die Hanffasern sind aber sehr widerstandsfähig und wurden seit Jahrtausenden für die Herstellung von Seilen, aber auch Stoffen verwendet.

Der Begriff »Cannabis« wird aber in letzter Zeit auch für künstliche, also synthetische Produkte verwendet. Einerseits versteht man darunter Medikamente, die THC und/oder andere ähnliche Wirkstoffe enthalten. Zunehmend drängen aber auch künstliche

Cannabinoide als Drogen auf den Weltmarkt, meist unter dem Decknamen »Spice«. Diese enthalten Wirkstoffe, die zwar THC ähnlich sind, aber in der natürlichen Pflanze nicht vorkommen.

Freilich kann Cannabis auch in Form von Wasserpfeifen konsumiert werden, wie etwa den seit ein paar Jahren sehr beliebten sogenannten »Bongs«. Andere Möglichkeiten der Aufnahme sind als Beigabe in selbst gemachten Lebensmitteln, beispielsweise in Cookies oder Muffins, Müsliriegeln oder auch in Smoothies. Im Internet finden sich schon die beliebtesten Rezepte, welche Gerichte mit dem Zusatz von ein wenig Cannabis ganz besonders fein munden sollen. In der Erdnussbutter als Brotaufstrich zum Frühstück oder in von cannabishaltiger Flüssigschokolade ummantelten Erdbeeren zum Dessert. Mahlzeit.

Die Form der Aufnahme von Cannabis spielt auch eine wichtige Rolle in der Art, dem Zeitpunkt und der Dauer des Rauschzustands.

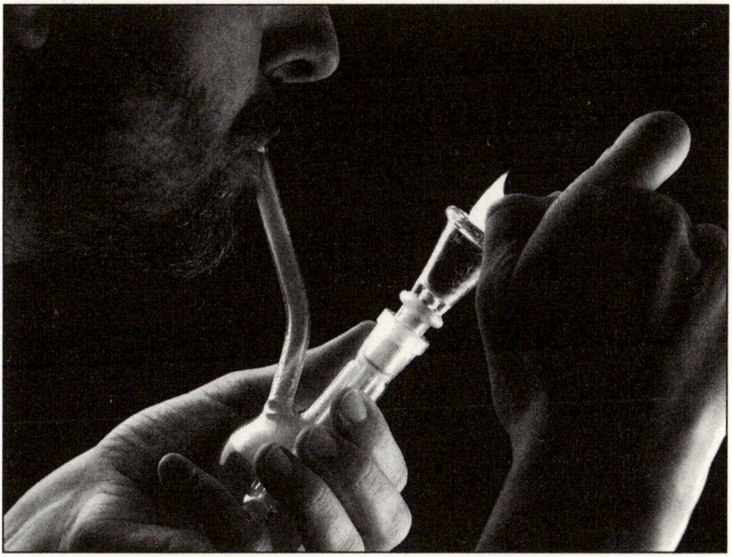

Wasserpfeife, auch Bong genannt.

Wird Cannabis als Joint geraucht, erfolgt eine unmittelbare Wirkung, das heißt, das THC gelangt über die Atemwege sehr schnell ins Gehirn. Der Höhepunkt der Wirkung tritt nach einigen Minuten ein, je nach Konstitution und Tagesform des Konsumenten lässt die Wirkung nach 30 bis 60 Minuten wieder nach, nach einer Zeit von zwei bis drei Stunden ist zumindest subjektiv kein Effekt mehr spüren.

Bei der Aufnahme durch cannabishaltige Lebensmittel dauert es ungleich länger, bis der erwünschte Rauschzustand erreicht ist. Hier muss das THC erst über den Magen und den Verdauungstrakt in die Blutbahn gelangen, um schließlich auf verschlungenen Umwegen durch den Körper das Gehirn zu erreichen. Dabei ist wegen des längeren Wegs und der verschiedenen Stationen der Zeitpunkt des Wirkeintritts unvorhersehbarer. Da ein Teil des Cannabis bei der Form der Nahrungsaufnahme bereits in der Leber abgebaut wird, ist auch schwer vorherzusehen, wie stark die Wirkung sein wird. Aber auch beim Joint hängt die Menge des aufgenommenen THC und damit die Stärke des Rausches von verschiedenen Faktoren ab, wie z.B. der THC-Konzentration im Marihuana oder Haschisch, der Tiefe der Inhalation und der Geschwindigkeit des Rauchens. So oder so ist das Ganze ein wenig wie eine Wundertüte, bei der man oft nicht weiß, was kommt.

Wie aber wirkt Cannabis, was empfindet der Konsument nach der Aufnahme von Haschisch oder Marihuana? In der Regel stellt sich ein Gefühl der Entspannung und des Wohlbefindens ein, man gerät in einen Glückszustand, wird zufriedener und lustiger, man empfindet Einflüsse von außen, egal ob optisch und akustisch, noch stärker. Manchmal kann Cannabis aber auch genau das Gegenteil bewirken, kann einen negativen Gemütszustand noch weiter intensivieren, Unruhe, Panik und Angst schüren. Manche Konsumenten wähnen sich dabei in einem Albtraum, aus dem sie ausbrechen wollen, aber nicht können, sie verlieren die Kontrolle über ihre Sinne, kurz, es geht ihnen ziemlich schlecht. So kann Cannabis auch zu Wahnvorstellungen führen, zu Paranoia und gerade bei regelmäßigem Konsum zu Psychosen und Schizophrenie. Auch das wird später noch ein wesentlicher Punkt dieses Buchs sein.

Die biologischen Langzeitfolgen auf den menschlichen Organismus untersuchen Wissenschaftler bereits seit den 1970er Jahren, also seit jener Zeit, in der Cannabis auch in der westlichen Welt salonfähig wurde. Etliche Studien belegten, dass sich langjähriger regelmäßiger Konsum sehr wohl massiv in der Leistungsfähigkeit der betreffenden Person niederschlägt und Cannabis zu großen Beeinträchtigungen im Gehirn führt. Die Folge: Aussetzer im Gedächtnis, schwere Konzentrationsstörungen, Probleme beim Lernen. Dabei gilt: Je früher im Leben mit dem Konsum begonnen wird, desto vehementer und schwerwiegender die Auswirkungen.

Cannabis belastet aber auch die Atemwege und kann zu Lungenkrankheiten wie COPD führen, der »Chronic Obstructive Pulmonary Disease«. Darüber hinaus führt Cannabis zu einem erhöhten Herzinfarktrisiko, beeinträchtigt Kreislauf und Immunsystem und stellt auch auf dem Gebiet der Sexualität und der Fortpflanzung eine Gefahr dar. So hat Cannabiskonsum nicht nur Auswirkung auf die Konzentration und die Qualität der männlichen Spermien, dazu ist auch schwangeren Frauen dringend vom Genuss von Cannabis abzuraten, die Folgeschäden für das ungeborene Kind sind wie bei der Aufnahme von anderen Drogen wie Nikotin oder Alkohol unabsehbar.

Fazit: Mag Cannabis kurzfristig zu einem subjektiven Glücksgefühl führen, zu Leichtigkeit, Heiterkeit und Wohlempfinden – langfristig stellt Cannabis eine große Gefahr dar und entwickelt ein zerstörerisches Potenzial – für den einzelnen Menschen und, wenn wir der Bedrohung nicht Einhalt gebieten, auch für unsere gesamte Gesellschaft.

2

CANNABIS – DIE FAKTEN

Die in Mitteleuropa nach wie vor am meisten konsumierte illegale Droge ist Cannabis, zu diesem Schluss kommt auch der Drogenbericht von Marlene Mortler, der Drogenbeauftragten der deutschen Bundesregierung 2015.[1] Jeder 13. Jugendliche im Alter von zwölf bis 17 Jahren (7,8 Prozent) hat demnach schon mindestens einmal in seinem Leben Cannabis zu sich genommen. Und fast jeder vierte Bundesbürger im Alter zwischen 18 und 64 Jahren (23,2 Prozent) hat bereits Erfahrung mit der Substanz gemacht. Während in einem Zeitraum der vergangenen zwölf Monate bei den Erwachsenen noch 4,5 Prozent Cannabis konsumierten, lag die Quote bei anderen illegalen Drogen wie etwa Crystal Meth, Heroin oder Kokain bei nur 1,4 Prozent. »Die Offenheit und Akzeptanz gegenüber dem Konsum von Cannabis ist gestiegen«, schreibt Mortler, »Abhängigkeit von Cannabis oder missbräuchlicher Konsum dieser Substanz bestehen bei 0,5 Prozent der deutschen Erwachsenen.« Die erschreckende Erkenntnis dabei: »Cannabiskonsum ist bei den unter 25-Jährigen mittlerweile der Hauptgrund für eine ambulante und stationäre Behandlung sowie die Inanspruchnahme von Einrichtungen der Suchthilfe bei Problemen mit illegalen Drogen. Cannabis bleibt damit weiterhin das wichtigste Thema in der Prävention illegaler Suchtstoffe.«[2]

In meiner Heimat Österreich liegt die Quote noch höher, hier gaben laut Drogenbericht der österreichischen Bundesregierung 2015 sogar 30 bis 40 Prozent an, zumindest einmal in ihrem Leben Cannabis konsumiert zu haben.[3] Natürlich ist hier zu unterscheiden zwischen jemandem, der vielleicht mal an einem Joint gezogen hat, einem, der sich ab und zu selbst einen Joint dreht, und demjenigen, der regelmäßig konsumiert. Doch auch hierzu hat das »Suchtmittel-Monitoring« des Instituts für Empirische Sozialforschung in Wien, das alle zwei Jahre als repräsentative Studie Erhebungen zu den Konsumerfahrungen anstellt, einen klaren Trend ausgemacht. Denn hier stieg die Zahl derer, die angaben, Cannabis mindestens einmal in den vergangenen 30 Tagen konsumiert zu haben, innerhalb von zehn Jahren um das Dreifache.[4]

Die Zahlen aus Deutschland und Österreich stimmen auch in etwa mit den gesamteuropäischen Erhebungen überein, aus dem Europäischen Drogenbericht der Europäischen Beobachtungsstelle für Drogen und Drogensucht 2015 geht hervor, dass 78,9 Millionen, also 23,3 Prozent aller EU-Bürger, schon einmal in ihrem Leben Cannabis konsumiert haben, 19,3 Millionen Menschen (5,7 Prozent) davon in den vergangenen zwölf Monaten.[5]

Innerhalb Europas gibt es dabei durchaus interessante Unterschiede. Betrachtet man die Statistik, wie viele Schüler im Alter von 15 und 16 Jahren bereits wenigstens einmal Erfahrungen mit Cannabis gemacht haben, erkennen wir enorme Gefälle. So hat in der Tschechischen Republik mit 42 Prozent fast jeder zweite Schüler jener Altersgruppe bereits Erfahrung mit Cannabis gemacht, in Frankreich waren es 39 Prozent, in den Niederlanden 27 Prozent. Schlusslichter in dieser Tabelle auf den letzten drei Plätzen sind die skandinavischen Länder Schweden und Norwegen (jeweils fünf Prozent) und die Türkei mit vier Prozent.

In Deutschland jedenfalls stieg allein in den Jahren zwischen 2007 und 2013 die Zahl der Patienten, denen in den Einrichtungen ambulanter Suchtbehandlungen die Hauptdiagnose Cannabiskonsum gestellt wurde, um fast ein Drittel, genau um 31 Prozent, eine Feststellung, die sich mit der Erfahrung an meiner Suchtklinik haargenau deckt. Die Zahl derer, die auf Opioide wie Heroin und Kokain diagnostiziert wurden, verringerte sich in Deutschland dagegen um jeweils fast 20 Prozent.

»Dies spiegelt sich wider in der hohen Nachfrage nach cannabisbezogener Beratung und Behandlung«, so das Statement im bundesdeutschen Drogenbericht, »38,7 Prozent aller Klientinnen und Klienten haben Probleme mit ihrem Cannabiskonsum (...). Hochgerechnet ist davon auszugehen, dass rund 600.000 vorwiegend junge Menschen Probleme mit dem Konsum von Cannabis haben.«

600.000! Junge Menschen! Müssten da nicht längst bei uns die Alarmglocken läuten? Wie können wir uns es da noch erlauben, Cannabis zu verharmlosen, zu verniedlichen? Wir wissen doch alle, dass Jugendliche noch mehr ausprobieren wollen, noch wesentlich experimentierfreudiger sind als Erwachsene. Dass sie Dinge ausprobieren, vor allem die Sachen, die ihnen als harmlos erscheinen. Klar – wenn ich in jungen Jahren nicht experimentiere, wo ich noch nicht als erwachsener und verantwortungsbewusster Bedenkenträger durch die Welt gehe, wann dann? Und natürlich mutet eine Substanz wie Cannabis wesentlich harmloser an als etwa Heroin, selbst als Alkohol.

Bei Heroin assoziiert man unwillkürlich abgestürzte Existenzen, die sich an unappetitlichen Orten wie Bahnhofstoiletten verzweifelt einen Schuss setzen. Auch mit Alkohol werden viele schon schlechte Erfahrungen gemacht haben, etwa weil sie selbst in Unkenntnis ihrer eigenen Grenzen auf einer Party zu viel erwischt haben – oder weil sie es bei Freundinnen und Freunden schon mitbekamen, den Suff und die Folgen, das Schwanken, das Lallen, Übelkeit, Erbrechen. Alkohol hat also auch einen fahlen Beigeschmack.

Bei Cannabis hingegen denken die wenigsten an ein Risiko, eher beispielsweise an eine entspannte Party, vielleicht beim Lagerfeuer am See, an lustige T-Shirts, auf denen Hanfpflanzen abgebildet sind und wo aus dem alten Logo der Firma Adidas etwa drei Hanfblätter herauswachsen mit der Unterschrift »Adihasch«. Wie lustig.

Längst ist es erwiesen, dass zwischen der Wahrnehmung der Harmlosigkeit einer Substanz und der Konsumfreudigkeit ein direkter Bezug herrscht. In den 1970er Jahren, als das Kiffen erstmals eine Modeerscheinung wurde, war bei den Jugendlichen in den USA das Gefühl, dass Cannabis schädlich für ihre Gesundheit sein könnte, auf Nachfrage quasi nicht vorhanden. In der Ära unter dem republikanischen Präsidenten Ronald Reagan in den 1980er Jahren, als Cannabis wieder in Verruf geriet und verstärkt auf die Risiken hingewiesen wurde, da erhöhte sich die Wahrnehmung von Cannabis als einer gefährlichen Droge – und schon ging auch der Konsum wieder zurück. Erst ab Mitte der 1990er Jahre folgte wieder der Umkehrtrend, mit dem Bestreben und der Umsetzung einiger US-Bundesstaaten für eine Legalisierung oder Teillegalisierung herrschte bei vielen Jugendlichen wieder die Haltung vor, wenn es schon erlaubt werden soll, dann kann es ja nicht so schlimm sein. Und schon stieg die Zahl der Konsumenten wieder (siehe Abbildung 1). Belegt wurde diese Korrelation zwischen subjektiv empfundenem Risiko und täglichem Konsum in einer fast Jahrzehnte währenden Langzeitstudie.[6] Übrigens zeigte sich hier auch, dass in den USA bei Collegestudenten der Konsum von Marihuana mittlerweile beliebter als Zigaretten ist. Sieben Prozent der männlichen und 3,9 Prozent der weiblichen Studenten rauchen Marihuana täglich. Was für ein absurder Trend: Während Zigaretten zu Recht wegen der gesundheitlichen Folgen verteufelt werden, wird das weitaus schädlichere Rauchen von Marihuana verherrlicht. Danke, Cannabis-Industrie!

Und der Trend geht immer weiter in die gleiche Richtung. Je mehr wir Cannabis mit einem positiven Gefühl behaften und je weniger wir vor den Auswirkungen warnen, desto mehr wird die Zahl der Konsumenten steigen, sowohl die Zahl der Gelegenheitskiffer als auch die der extrem Cannabisabhängigen. Unter allen Menschen, die Cannabis konsumieren, entwickeln 9 Prozent eine Cannabisabhängigkeit im Sinne einer Suchterkrankung. Wenn der gelegentliche Cannabisgebrauch noch vor dem 18. Lebensjahr beginnt, werden später 17 Prozent süchtig danach. Und wenn vor dem 18. Lebensjahr bereits mit täglichem Konsum begonnen wird, entsteht zu 25 bis 50 Prozent (je nach Studie) eine Cannabissucht.[7] Umso mehr ärgert es mich, wenn immer wieder behauptet wird, Cannabis würde nicht süchtig machen. Oder falls doch, dann würde Cannabis wohl »nur psychisch« abhängig machen, aber nicht »körperlich«. So ein Schwachsinn! Was heißt »nur psychisch«? Ist das Gehirn denn kein Teil des Körpers? Wie kann etwas psychisch sein, aber nicht körperlich, oder körperlich, aber nicht psychisch? Ich habe den Unterschied, den manche hier machen, nie wirklich begriffen. Letztlich sind es die gleichen chemischen Botenstoffe, die sowohl die Psyche als auch den Körper lenken und regulieren.

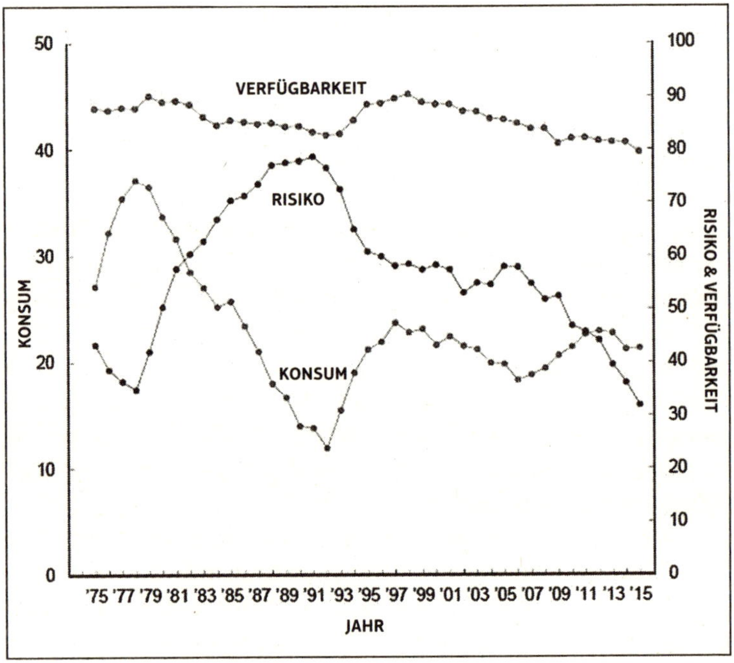

Abbildung 1. ***Verfügbarkeit:*** *80 bis 90 Prozent der Jugendlichen sagen, dass Cannabis leicht zu besorgen ist.* ***Risiko:*** *Einschätzung der Gefahr des regelmäßigen Konsums schwankte sehr zwischen 1975 und 2015.* ***Konsum:*** *Der Cannabis-Konsum der Jugendlichen verhält sich umgekehrt zur Einschätzung der Gefahr. Je gefährlicher Cannabis einschätzt wurde, desto weniger wurde konsumiert (z.B. Anfang der 1990er Jahre), und umgekehrt.*

Auch Werbung kann einiges anrichten. In den USA ist leider in jenen Bundesstaaten, in denen Marihuana aus medizinischen Gründen bezogen werden kann, auch Werbung für den Konsum von Marihuana für die entsprechenden Symptome und Erkrankungen erlaubt. Es hat sich aber gezeigt, dass für Kinder und Jugendliche, die diese Werbung sehen, Marihuana dadurch harmloser erscheint. Für Alkohol und Tabak gibt es natürlich Werbeverbote gerade deshalb, um Kinder nicht zu beeinflussen. Aber da Marihuana quasi als (Pseudo-)Medikament gilt, darf man dafür Werbung machen.[8]

Besonders perfide ist dabei die Strategie der PR-Experten, die genau wie in vielen anderen Bereichen auch hier mit bunten Verpackungen und lieblich harmlosen Bezeichnungen genau Kinder und Jugendliche gezielt ins Visier nimmt, natürlich nicht offiziell. Exemplarisch dargestellt am Beispiel eines Cannabis-Händlers in Seattle im US-Bundesstaat Washington wird ersichtlich, wie die Werbemaschinerie genau die junge Zielgruppe im Teenager-Alter anspricht. Angepriesen wird hier beispielsweise ein Produkt mit dem niedlichen, nach einem berühmten Märchen benannten Namen »Alice in Wonderland«, das in der Produktbeschreibung aber gleich einmal eine THC-Konzentration von satten 21,16 Prozent aufweist. Wer dieses Cannabis zu sich nimmt – vier Gramm kosten hier übrigens 59 Dollar – dürfte mit seinem Sinneszustand tatsächlich in ein Wunderland geraten, fraglich nur, ob es dort nicht wie auch in der Novelle von Lewis Carroll auch zu bösen Albträumen führen kann.

Andere einfallsreiche Bezeichnungen sind der nach einem Wild-West-Helden benannte »Buffalo Bill« mit immerhin noch 15,9 Prozent THC oder auch der »Harlequin«, der vergleichsweise fast schon lächerlich mit ganzen 3,84 Prozent THC aufweist, was aber immer noch ausreicht, um sich in einen recht soliden Rausch zu kiffen.

Noch extremer lesen sich Bezeichnungen aus einem Gras-Shop in Colorado, das Unternehmen »Strawberry Fields Alternative Health« etwa wirbt hier für Produkte wie »Skywalker OG« in Anlehnung an den Filmhelden Luke Skywalker aus dem Sternen-Epos *Star Wars* oder auch mit dem sehr schlichten Titel »Bubble Gum«. Dass dieser Bubble Gum wesentlich gefährlicher ist als ein echter Kaugummi, das steht freilich nicht in der Beschreibung. Vielmehr ist von »einem fruchtigen und süßen Aroma« die Rede, das einen »für mehrere Stunden schwerelos und entspannt« werden lässt. Um auch jene Kundschaft einzufangen, die tatsächlich aus gesundheitlichen Gründen glaubt, kiffen zu müssen, steht auf der Packung noch die Ergänzung dabei, dass es ein großartiges Produkt für Multiple-Sklerose-Patienten und Menschen mit bipolarer Störung, früher manisch-depressive Erkrankung genannt, sei. Wenn es gesunde Menschen zu sich nähmen, würde es aber nach der Intention der Produzenten sicher auch nicht schaden. Zumindest nicht dem Konto der Firma. Übrigens, glauben Sie bitte nicht, dass für Menschen, die unter einer manisch-depressiven Erkrankung leiden, Cannabis gesund wäre. Ganz im Gegenteil, falls Sie eine bipolare Erkrankung haben, bitte Finger weg – das Kiffen macht Sie langfristig instabil.

Im Zuge der Legalisierungen und Teillegalisierungen in einzelnen Bundesstaaten blühte in den vergangenen Jahren sogar ein ganzer Industriezweig auf, der sich darauf spezialisierte, Cannabis in Leckereien wie Schokoriegel, Kekse, Speiseeis oder Popcorn zu verarbeiten und sie derart zu verpacken, dass sie den echten cannabisfreien Lebensmitteln zum Verwechseln ähnlich sahen. Dem Erfindungsreichtum der Hersteller waren dabei kaum Grenzen gesetzt.

Die *Huffington Post* veröffentlichte 2013 eine Top-Ten-Rangliste derjenigen cannabishaltigen Produkte, die auf den ersten Blick kaum zu unterscheiden waren von den richtigen Lebensmitteln. Mit dabei waren unter anderem eine Barbecue-Sauce, bei der man nur anhand der kleingedruckten Abbildung einer Cannabispflanze die entscheidende Zutat erahnen konnte, dann mit Marihuana karamellisiertes Popcorn mit dem sinnigen Namen »Pot-Corn«

oder auch herrlich bunte Lutscher in Rosa, Hellblau und Orange, der Traum eines jeden Kindes, mit Benennungen wie »Blue Dream Purple Haze« oder »Chocolate Thai«, dann die Eismarke »Dixie Chills« mit mindestens 80 Milligramm an Cannabidoiden pro Dose, wahlweise in den Geschmacksrichtungen Vanille und Schokolade, dazu garantiert vegan, glutenfrei und ohne Laktose.

Unangefochten an der Spitze rangierten aber zwei Verpackungen, die ganz bewusst an weltberühmte Süßigkeiten erinnerten. Der »Krondike«-Schokoriegel, eine Anlehnung an die in den USA legendären »Klondike-Bars« und natürlich das in Grün eingewickelte »Kif Kat«, das aber weniger deswegen verboten wurde, weil es Cannabis enthielt, sondern weil es als Produktpiraterie eine massive Verletzung der Urheberrechter des Kitkat-Herstellers Nestlé darstellte.

Warum sich die Hersteller und Verkäufer sowie Cannabis-Lobbyisten auf die Zielgruppe der Jugendlichen stürzen, liegt natürlich auf der Hand. In den Vereinigten Staaten beträgt das Durchschnittsalter beim erstmaligen Marihuanakonsum 17,9 Jahre. Heißt im Umkehrschluss: Je älter ein US-Bürger also wird, desto unwahrscheinlicher wird es von Jahr zu Jahr, dass er statistisch gesehen irgendwann zum ersten Joint greift. Je früher sich die Industrie also die Käuferschaft krallt und an das Produkt bindet, je früher der Kunde als zum Drogensüchtigen oder zumindest regelmäßigen Drogenkonsumenten wird, desto lukrativer das Geschäft, desto abgesicherter der Zukunftsmarkt für diese Industrie.

Ähnlich war es früher auch bei den Zigarettenwerbungen. Unvergessen das Cartoon-Maskottchen Joe Camel, das in den USA zwischen 1987 und 1997 in lustigen und coolen TV-Spots Werbung für »Camel« machte, weil der Hersteller der eigenen Marke eine Verjüngungskur anordnen wollte. 1991 veröffentlichte das *Journal of the American Media Association* eine Studie, die besagte, dass die fünf- bis sechsjährigen Kinder in den USA Joe Camel besser kannten als alte Comichelden wie Fred Feuerstein oder Micky Maus. Zwar dauerte es nach massiven Protesten von Verbraucherschützern und Jugendorganisationen noch weitere sechs Jahre, immerhin knickte die R.J. Reynolds Tobacco unter dem Druck des US-Kongresses als Produzent schließlich ein und stellte die Kampagne ein.

Schon irrwitzig anachronistisch muten alte Spots aus den 1950er Jahren in Deutschland an, eine Zigarettenmarke namens »Güldenring« warb mit einem Vater, der sich von seinem auf dem Boden mit einer Modelleisenbahn spielenden Sohn Feuer bringen lässt, bevor seine Frau den Raum betritt und sich ebenfalls glücklich einen Glimmstängel ansteckt und den Raum mit dem spielenden Jungen in Nebelschwaden einhüllt. Was würde das heute für Empörung sorgen, und natürlich absolut berechtigt.

Nach jahrzehntelangen Widerständen haben wir es erfreulicherweise geschafft, Tabakwerbung weitestgehend aus dem Fernsehen und den Kinos zu verbannen – was nur herzlich wenig bringt, wenn nun mit immer mehr auf Jugendliche ausgerichteter Werbung und PR-Kampagnen statt Nikotin nun eben Cannabis als lässig und hip verkauft wird. Selbst wenn Cannabis in weiteren Staaten oder auch bei uns in Europa ganz oder teilweise legalisiert werden sollte, muss der Gesetzgeber dringend darauf achten, sämtliche Produkte mit ähnlichen drastischen und abschreckenden Warnhinweisen wie bei Zigaretten auszustatten, um vor den großen Gefahren des Konsums zu warnen. Auch die Werbung für medizinische Zwecke muss klar reguliert und eingeschränkt werden. Cool ist Cannabis für den Konsumenten nicht. Sondern nur für die Industrie.

Dass die nicht zuletzt durch die massive Werbung bedingte Cannabisabhängigkeit ein echtes Problem bei Minderjährigen ist, zeigen die Daten der europäischen Beobachtungsstelle für Drogen und Drogensucht. Unter jenen, die in Europa wegen irgendeiner Suchterkrankung in Behandlung gehen, ist die Gruppe der Cannabissüchtigen mit durchschnittlich 25 Jahren am jüngsten. Bei den Jugendlichen in Suchtbehandlung haben 76 Prozent Cannabis als Primärdroge, bei den Unter-15-Jährigen sogar 86 Prozent. Viele

Cannabissüchtige haben auch noch mindestens eine weitere Suchterkrankung, 19 Prozent sind zusätzlich süchtig nach Amphetaminen, 10 Prozent nach Kokain und 25 Prozent nach Alkohol.[9]

Noch mal also: 600.000 junge Menschen allein in Deutschland! Mehr als eine halbe Million von heranwachsenden Menschen, die Gefahr laufen, ihr gesamtes Potenzial zu verschenken, die drohen, in einen Teufelskreis mit möglicherweise anderen Abhängigkeiten zu geraten, die ihre Gesundheit aufs Spiel setzen und chronische psychotische Erkrankungen riskieren bis hin zur Schizophrenie. Wollen wir das wirklich?

3

CANNABIS – HABEN GESETZE WIRKLICH KEINEN EINFLUSS?

Leider sind auch vernünftig klinge Argumente für eine Cannabislegalisierung meist falsch. Haben Sie den schon gehört? »Trotz Verbot kann sich jetzt schon jeder, der will, Marihuana besorgen. Somit würden nicht mehr Menschen kiffen, auch wenn es legal wäre.« Das musste ich mir im Rahmen einer Expertensitzung von einem sogenannten Suchtexperten anhören. Noch schlimmer, es war ein Sucht-Präventionsexperte. ES IST TROTZDEM FALSCH!!! Die Gesetzeslage hat einen entscheidenden Einfluss darauf, wie viel

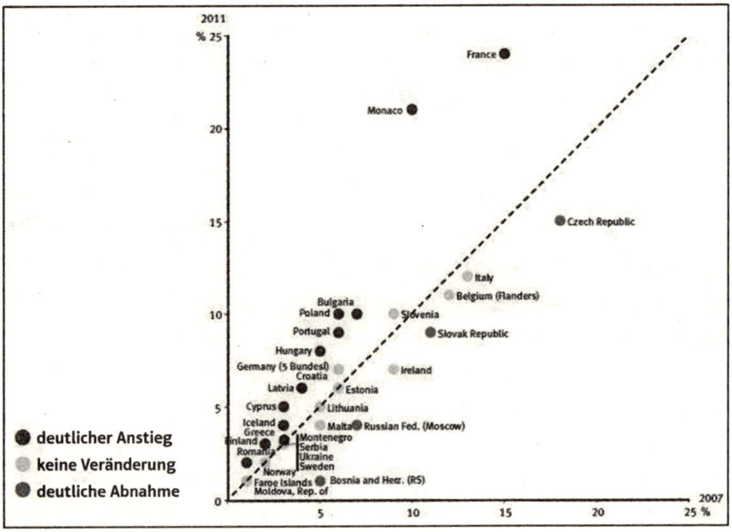

Abbildung 2. Monatlicher Cannabis-Konsum von Schülern in europäischen Ländern 2007 im Vergleich mit 2011.

konsumiert wird, auch wenn es Menschen gibt, die sich durch ein Verbot nicht abschrecken lassen. In europäischen Ländern mit liberalerer Cannabispolitik konsumieren Jugendliche deutlich mehr Cannabis als in Ländern mit strengeren Gesetzen. Das zeigte die europäische Schüleruntersuchung ESPAD (siehe Abbildung 2).[10]

Wenn man sich den Cannabiskonsum der Jugendlichen innerhalb von 30 Tagen ansieht, dann zeigt sich der Effekt der Gesetzgebung eindeutig: Im europäischen Durchschnitt konsumierten monatlich 8 Prozent der Jungen und 5 Prozent der Mädchen, in Frankreich 26 und 22 Prozent, in der Tschechischen Republik 17 und 12 Prozent, in Spanien 14 und 13 Prozent, in Italien 14 und 9 Prozent, in Belgien 13 und 9 Prozent und in Deutschland aber nur 10 und 4 Prozent. In Deutschland ist der Konsum bei Jugendlichen von 2003 bis 2011 deutlich zurückgegangen, nämlich von 12 auf 7 Prozent bei Jungen und Mädchen zusammen, was ein beachtlicher Erfolg auch der strengen Vorschriften des deutschen Betäubungsmittelgesetzes ist. In den Niederlanden und der Schweiz, wo der Cannabiskonsum bei Jugendlichen ebenfalls weit überdurchschnittlich ist, wurden entsprechende Zahlen in den letzten Jahren spannenderweise nicht gemeldet, was eine brillante Möglichkeit ist, Diskussionen und Kritik zu entgehen. Wenn man die Zahlen von 2007 heranzieht, dann waren es in den Niederlanden 18 und 11 Prozent, in der Schweiz 19 und 12 Prozent und in Österreich (ebenso mit eher strengen Gesetzen) nur 8 und 4 Prozent. Für die Niederlande, Schweiz und Österreich gibt es leider zu wenige Daten über die Jahre, um einen Trend bei Jugendlichen zu sehen.

Auch innerhalb der USA bestimmt die Gesetzgebung die Konsummenge, sogar bei den Jugendlichen, für die Cannabis eigentlich überall verboten wäre. In Colorado, einem jener US-Bundesstaaten, in denen Cannabis für Erwachsene komplett legalisiert wurde, konsumieren die 12- bis 17-Jährigen, für die Cannabis natürlich verboten ist, um 39 Prozent mehr als die Durchschnittsquote in den USA. Genauer gesagt konsumieren in Colorado 10,5

Prozent der Jugendlichen innerhalb von 30 Tagen, während der Durchschnitt in den USA in dieser Altersgruppe bei 7,6 Prozent liegt.[11]

In jenen US-Bundesstaaten, in denen der medizinische Gebrauch von Marihuana bei Erwachsenen legalisiert wurde, ist auch der Konsum von Jugendlichen deutlich mehr, nämlich bei Zwölftklässlern um 35 Prozent, bei Zehntklässlern um 23 Prozent und bei Achtklässlern um 18 Prozent mehr als in jenen Bundesstaaten ohne medizinische Legalisierung von Marihuana.[12] Das sind keine guten Nachrichten, wenn man bedenkt, dass es auch in Europa einen beträchtlichen politischen und gesellschaftlichen Druck gibt für die Freigabe von Marihuana für medizinische Zwecke.

Fazit: Auch wenn viele Menschen trotz Verbot konsumieren, hat die Gesetzgebung sehr wohl einen bestimmenden Einfluss auf die Gesamtmenge des Konsums. Das ist bei legalen wie bei illegalen Drogen der Fall, also auch bei Cannabis.

4

CANNABIS – DER EINSTIEG IN DIE WELT DER DROGEN

Wie oft habe ich das schon gehört, dass Cannabis ja nur ein unschädliches Kraut sei und keinerlei Gefahr mit sich bringe, weitere Abhängigkeiten nach sich zu ziehen. Ein beliebtes Argument der Befürworter. Ist aber grundlegend falsch.

Wenn ich eine Substanz wie Cannabis konsumiere, ist die Wahrscheinlichkeit, dass ich eine andere Substanz übermäßig konsumiere, auch höher. Nehmen wir nur das Beispiel Zigaretten. Zigaretten sind die klassische Einstiegsdroge Nummer eins. Denn Zigaretten sind überall verfügbar, man bekommt sie am Kiosk, an der Tankstelle, im Supermarkt, überall. Und selbst wenn man mittlerweile beim Kauf am Automaten mit dem Personalausweis oder der EC-Karte sein Alter nachweisen muss: Das ist nett gemeint, hindert aber keinen Jugendlichen daran, sich nicht auf anderem Weg eine Schachtel Kippen zu besorgen.

Wer Zigaretten raucht, ist viel eher anfällig, auch andere Substanzen mit Abhängigkeitspotenzial zu benutzen. Ich kenne keinen Heroinabhängigen, keinen Alkoholsüchtigen und keinen krankhaften Cannabiskonsumenten, der nicht mit dem Zigarettenrauchen angefangen hat.

Der Grund dafür liegt im Gehirn. Wenn sich das Gehirn nämlich einmal daran gewöhnt hat, nach einer Substanz süchtig zu sein, dann wird es viel schneller auch von anderen Stoffen abhängig. Denn fast alle diese Substanzen greifen an die gleichen Hirnstrukturen, die dann nicht unterscheiden, wonach man süchtig ist. Sondern nur dass man süchtig ist. Dies hat zur Folge, dass völlig unterschiedliche Substanzen verwendet werden können, nur um im Falle des Nichtvorhandenseins der primären Suchtsubstanz die Entzugssymptome besser auszuhalten. Dadurch kommt es zum Phänomen der Suchtverschiebung, das heißt: Mein Hirn will süchtig bleiben, egal wonach.

Beispielsweise wird der Junkie, dem das Geld ausgegangen ist, um sich mit Heroinnachschub einzudecken, und der deswegen bereits in Richtung Entzug schlittert, den nächstbesten Stoff nehmen, den er bekommt. Wenn ihm jemand Crystal Meth anbietet, dann wird er danach greifen, obwohl es genau das Gegenteil von Heroin bewirkt. Meth ist erregend, stimulierend, aufputschend, während Heroin sediert und beruhigt. Und doch fühlt sich der eigentlich Heroinabhängige besser und erleichtert, denn die für das Belohnungssystem im Gehirn zuständigen Bereiche unterscheiden letztlich nicht, welche Substanz sie erreicht hat. Sondern Hauptsache, dass überhaupt eine Substanz bei ihnen angekommen ist. Letztlich landen alle Substanzen mit Suchtpotenzial beim Dopamin, dem sogenannten Glückshormon. Wie das Belohnungszentrum im Gehirn zu seinem Dopamin kommt, ist dem Gehirn egal – ob durch Alkohol, Nikotin, Heroin, Cannabis, oder auch durch Verhaltensweisen mit Suchtpotenzial wie Glücksspiel, Online-Spiele oder Online-Pornografie.

So ist jemand, der zigarettenabhängig ist, auch viel eher gefährdet, in eine Glücksspielsucht hineinzuschlittern. Oder in Alkoholismus. Das heißt somit auch, dass jede Droge, die ich als allererste in meinem Leben zu mir nehme, auch eine Einstiegsdroge sein kann, weil sich damit mein Gehirn bereits an die kurzfristig angenehm wahrgenommene Wirkung gewöhnt.

Bleiben wir beim Einstieg in die Sucht, dann sind immer noch Alkohol und Zigaretten die ersten Drogen, mit denen die Menschen meist schon in jugendlichen Jahren in Berührung kommen. Ganz abgesehen von den immer gravierenderen Auswüchsen des Komasaufens, bei denen sich Pubertierende in Unkenntnis ihrer eigenen Grenzen vorsätzlich mit Schnaps und Mischgetränken ins

Nirwana trinken und dabei bereits ihr Hirn irreversibel schädigen können – sprechen wir einfach nur von den zwei Flaschen Bier auf der Teenie-Party oder von der halben Schachtel Zigaretten beim Sommerfest am See. Gehörte ja schon immer dazu. Auch wenn es einem gar nicht schmeckt, wer mag da den Abstinenzler geben und sich freiwillig ins Abseits stellen. Ist doch uncool.

Allerdings, so cool ist die Zigarette vielerorts gar nicht mehr. Der Glimmstängel, der sich ab den 1950er Jahren des 20. Jahrhunderts zu einer Lebenseinstellung entwickelt hat, zu einem zur Schau gestellten Gefühl von Freiheit und Unabhängigkeit, von Rebellion und Individualität, hat an Popularität mächtig eingebüßt. Rauchen ist gar nicht mehr so lässig und so angesagt. Rauchen wird oft schon als proletarisches Relikt aus der Vergangenheit verächtlich angesehen, die neue Zeitgeist-Zigarette für Intellektuelle heißt dafür Cannabis. In Kalifornien, wo Cannabis, wie später noch genauer erläutert

Marihuana und Tabak werden gemischt und mit einem Papiermundstück und Zigarettenpapier zu einem Joint gedreht.

wird, eigentlich nur zu medizinischen Zwecken freigegeben ist, rauchen bereits jetzt mehr Jugendliche Joints als Zigaretten.

Nun gibt es das seit Ewigkeiten gepredigte Totschlagargument, dass Cannabis niemals eine Einstiegsdroge sei. Ein bisschen kiffen, so die Befürworter, ist doch ganz harmlos. Genau das ist es aber eben nicht. Wie sehr Cannabis sehr wohl das Suchtgedächtnis aktiviert und den Suchtdruck erhöht, zeigte vor neun Jahren eine Studie aus Deutschland.[13] Ergebnis: Das Gehirn eines Cannabissüchtigen reagiert bereits beim Anblick des Bildes einer Hanfpflanze krankhaft über. Beim Nicht-Konsumenten oder beim gelegentlichen Kiffer löst das Bild keine besondere Reaktion aus. Diese krankhafte Reaktion kennen wir auch von Alkoholkranken, die Alkohol-assoziierte Bilder sehen, oder von Glücksspielsüchtigen, denen entsprechende Fotos gezeigt werden.

Im Detail wurden 15 Cannabissüchtige und 15 Gesunde, die noch nie in ihrem Leben Cannabis konsumiert hatten, miteinander verglichen und zwar mittels EEG (Elektroenzephalografie). Bei einer EEG-Untersuchung werden Hirnströme, also die elektrische Aktivität der Nervenzellen, mittels Elektroden gemessen, die – meist in einer Haube eingearbeitet – an der Kopfhaut anliegen. Dadurch kann man relativ einfach zeigen, wie aktiv welche Hirnregion gerade ist. Bei dieser Studie wurde im EEG die Reizbarkeit und Erregung bestimmter Hirnteile der Teilnehmer gemessen, wenn man ihnen unterschiedliche Bilder vorlegte, Fotos von Cannabis, von Alkohol, aber auch neutrale Bilder. Ergebnis: Jene Probanden, die täglich kifften, zeigten eine erhöhte Reaktion bei den Cannabis-Bildern, aber auch nur bei diesen. Bei Alkohol-Fotos oder bei neutralen Bildern zeigte sich kein Ausschlag. Bei den Gesunden ohne Vorerfahrung mit Cannabis oder anderen Drogen war keinerlei Reaktion messbar, egal bei welchen Bildern.

Einerseits zeigt das Ergebnis eindeutig, dass das Gehirn eines Süchtigen allein schon beim Anblick eines Suchtmittels auf besondere, nämlich krankhafte Weise reagiert. Übrigens konnten

Wölfling und sein Team den gleichen Effekt auch bei Glücksspielsüchtigen beim Anblick von mit Glücksspiel assoziierten Bildern nachweisen. Andererseits sieht man hier, dass es keinen Unterschied zwischen einer psychischen und einer körperlichen Abhängigkeit gibt. Denn gemessen wurde ja mittels EEG die körperliche Manifestation eines psychischen Vorganges. Somit kann und sollte man auch bei der Cannabisabhängigkeit nicht differenzieren zwischen psychisch und körperlich, jede Suchterkrankung ist sowohl psychisch als auch körperlich.

Einen weiteren Beleg liefert auch eine wissenschaftliche Studie aus Skandinavien. In ihrem 2006 im Fachmagazin *Neuropsychopharmacology* veröffentlichen Bericht bewiesen Maria Ellgren und weitere Forscher vom Karolinska-Institut in Stockholm, dass der im Cannabis enthaltene Wirkstoff Tetrahydrocannabinol (THC) gerade das sich noch entwickelnde Gehirn von jungen Menschen durchaus wesentlich anfälliger für weitere Suchtmittel macht.[14]

Bei Versuchen mit den aus biologischer Sicht dem Menschen sehr ähnlichen Ratten konnten sich die Nagetiere selbst Heroin verabreichen. Sie mussten mit der Schnauze nur einen Hebel betätigen, schon floss der Stoff über eine Kanüle in ihre Adern. Allerdings waren die Tiere aufgeteilt in zwei Gruppen. Die eine Hälfte hatte in einer Phase, die dem menschlichen Entwicklungsstadium eines Teenagers entspricht, regelmäßig eine bestimmte Dosis an THC verabreicht bekommen. Die andere Hälfte war clean geblieben.

Als die Ratten dann im vergleichsweise Erwachsenenalter eines Menschen Zugang zum Heroin hatten, zeigte sich Erstaunliches: Jene Ratten, die keine Erfahrung mit THC gemacht hatten, waren leicht auf eine gewisse Menge Heroin zu konditionieren. Die andere Gruppe jedoch, die schon Erfahrung hatte und wusste, wie es sich anfühlt, stoned zu sein, entwickelte eine ungehemmte Gier nach noch mehr Stoff. Unter völligem Kontrollverlust versuchten sie, sich noch mehr und noch mehr Heroin reinzuziehen. Das Ergebnis: Die

THC-Ratten nahmen zwei Drittel mehr Heroin zu sich als die Ratten ohne Vorbelastung mit THC.

Und mehr noch: Als die Wissenschaftler später die Gehirne der toten Ratten untersuchten, fanden sich eindeutige biologische Spuren, dass THC-Konsum im jugendlichen Alter einen massiven Einfluss auf das Belohnungssystem ausgeübt hatte. Anders formuliert: Das Gehirn jener Ratten brauchte nach den ersten Erfahrungen mit THC schon deutlich mehr Suchtmittel, um überhaupt noch das Gefühl von Wohlbehagen und Zufriedenheit auszusenden.

Eine Studie, von der sich damals auch führende Mediziner überzeugten wie Prof. Falk Kiefer, Ärztlicher Direktor der Klinik für Abhängiges Verhalten und Suchtmedizin des Zentralinstituts für Seelische Gesundheit in Mannheim: »Es ist die erste Arbeit, die zeigt, dass der jugendliche Cannabiskonsum biologische Auswirkungen auf Empfänglichkeit gegenüber anderen Drogen hat«, sagte der Experte der Mannheimer Suchtklinik.[15]

Es gibt aber auch noch andere Kriterien, die Cannabis so gefährlich machen. In Mitteleuropa ist Cannabis bekanntermaßen noch verboten. Möchte ich mir also Cannabis besorgen, muss ich – vorausgesetzt, ich kann es nicht über einen Freund oder Bekannten beziehen – zu einem Drogendealer. Damit bin ich aber bereits in der Illegalität und rein gesetzlich im kriminellen Milieu. Nun wissen wir aus Erfahrung, dass ein Drogendealer ja nicht nur Cannabis in seiner Angebotspalette hat, sondern dass sein Sortiment auch mit anderen Substanzen bestückt ist. Kokain, Ecstasy, Crystal Meth. Und wenn man zehn Mal beim gleichen Dealer war und man sich schon etwas näher kennt, dann wird er beim elften Mal vielleicht etwas von dem einen oder anderen Stoff anbieten. Möglicherweise sogar gratis. Eine Probierpackung zum Reinschnuppern. Buy ten, get one free.

Für den Dealer steckt dahinter natürlich reines Kalkül, weil er mit dem Käufer noch mehr Geschäfte machen möchte. Und der Jugendliche, ein Kiffer, der sich ans Cannabis schon gewöhnt und

Gefallen daran gefunden hat, wird er das ablehnen? Nein, vermutlich wird er einmal testen wollen, wie das so ist, eine andere Substanz zu sich zu nehmen. Und schon ist er in einem Prozess, in die nächste Abhängigkeit hineinzurutschen.

Zugegeben, natürlich ist dieser Aspekt ein berechtigtes Argument für die Legalisierung. Wäre Cannabis nicht illegal, dann müsste man auch nicht zum bösen Drogendealer, der einem auch noch anderes Zeug andreht. Richtig.

Aber letztlich ist es völlig unerheblich, ob legal oder illegal. Jugendliche verspüren doch schon von Natur aus den Hang zum Experimentieren. Neue Dinge ausprobieren. Allein einen gemütlichen Abend bei Freunden verbringen, zu chillen, wie man heute neudeutsch sagt, abzuhängen, ein paar Joints zu rauchen und noch sieben Pizzas bestellen und den Kühlschrank leer räumen, denn ganz nebenbei führt Cannabis auch noch zu starkem Hungergefühl und monströsen Fress-Attacken. Genau nach mehreren solcher Abende dürften einige die Lust danach verspüren, etwas Neues zu versuchen – nicht immer diese beruhigende, oft einschläfernde und träge machende Wirkung von Cannabis über sich ergehen zu lassen, sondern auch eine aufputschende Komponente auszuprobieren. Die Hemmschwelle, zu einer meine Wahrnehmung und Empfindung verändernden Substanz zu greifen, ist ja eh schon niedrig. Was soll also schon dabei sein bei Crystal Meth? Der Abwechslung halber einen neuen Stoff versuchen. Ist doch reizvoll, spannend. Und danach dann Kokain? Und zum Schluss Heroin?

Natürlich, weltweit gibt es Millionen und Abermillionen von Menschen, die sehr wohl Cannabis konsumieren, vielleicht hier und da mit ihren Kumpels ein bisschen kiffen und nie auf die Idee kämen, sich von einem Dealer auch noch anderen Stoff andrehen zu lassen. Und natürlich ist nicht jeder Cannabiskonsument, auch wenn er schon in einer Abhängigkeit drinsteckt, automatisch verdammt dazu, ein drogensüchtiger Junkie zu werden.

Zahlreiche Studien wie etwa die der Forscher der neuseeländischen Christchurch School of Medicine and Health Sciences haben ergeben, dass regelmäßige Cannabis-Konsumenten wesentlich häufiger auch andere illegale Drogen zu sich nehmen als diejenigen, die nur selten oder gar nicht kiffen.[16] Eine Einstiegsdroge ist Cannabis also in jedem Fall.

Der Weg ist also nicht so weit, wie viele denken – der Weg vom Joint an die Nadel.

5

KONTROLLVERLUST UND GRENZENLOSE GIER

Eines der Hauptsymptome einer jeden Suchterkrankung ist die sogenannte Toleranzentwicklung. Darunter versteht man in der Medizin, dass die Wirkung eines Stoffes, wenn man ihn regelmäßig zu sich nimmt und der Körper sich daran gewöhnt hat, mit der Zeit abnimmt. Das bedeutet im Umkehrschluss wiederum, dass ich von der betreffenden Substanz immer größere Mengen zu mir nehmen muss, um den gleichen Effekt zu erzielen. Wir haben das bei dem vorhin erwähnten Versuch mit Ratten bereits gesehen. Dieses Phänomen gibt es auch bei Verhaltensweisen mit Suchtgefahr wie Glücksspiel oder Internet.

Der Biertrinker beispielsweise, der am Anfang mit zwei Bier schon ganz happy und lustig ist, braucht bei täglichem Konsum einige Jahre später dann schon acht Bier, um in den gleichen zufriedenen Zustand zu geraten. Statt 0,5 Promille hat er dann eben 2,0. Oder der Computer spielende Jugendliche, der vor seinem Online-Echtzeit-Strategiespiel am Bildschirm früher zwei Stunden gesessen hat, steht später vielleicht erst nach zehn Stunden wieder von seinem Stuhl auf.

Und wenn das alles nicht reicht, dann steige ich eben auf etwas anderes um. Vom Bier auf Schnaps, vom Lotto auf Online-Poker. Auf etwas, was mich noch mehr reizt, fesselt, auf eine noch potentere Substanz, weil mir die alte nicht mehr reicht.

In der Welt der Drogen unterscheiden wir nun jene Mittel, die einen anstacheln und aufputschen, und jene, die einen beruhigen und dämpfen, kurz die Uppers und die Downers. Wenn ich innerhalb einer dieser beiden Gruppen bereits auf eine bestimmte Wirkung geeicht bin, dann vertrage ich eine stärkere Substanz mit den ähnlichen, aber noch intensiveren Effekten wesentlich besser. Konsumiere ich also Methadon oder bin schon Morphium gewohnt, dann vertrage ich Heroin in der Regel ganz gut. Spritze ich mir dagegen zum allerersten Mal Heroin, ohne jemals davor überhaupt eine Droge genommen zu haben, dann falle ich vielleicht tot um oder komme in eine lebensbedrohliche Situation, deren Unterhaltungswert überschaubar ist.

Ähnlich bei den Uppers, wenn ich schon einmal oder öfter eine Linie Kokain gezogen habe, dann vertrage ich auch Crystal Meth besser, als wenn ich noch ganz unbelastet wäre mit Drogen.

Manchmal aber gibt es auch Schnittmengen zwischen Uppers und Downers. Habe ich beispielsweise an einem Abend viel Alkohol getrunken und dazu auch noch gekifft, dann reichen am nächsten Morgen keine zwei Tassen Kaffee, dann muss ich etwas Aufputschendes nehmen, um meinen unschönen Zustand auszugleichen, um mich wieder zu regulieren. Wenn ich also daheim Ecstasy habe, dann schmeiße ich mir eben ein oder zwei Pillen rein, oder wenn ich noch härter drauf bin, Amphetamine.

Oder umgekehrt, ich habe die ganze Nacht davor durchgetanzt in einem Club, vollgepumpt mit Ecstasy, und komme nach Hause und kann aber nicht schlafen, weil die Pillen noch so wirken in meinem Körper. Dann drehe ich mir eben einen Joint oder schütte mir noch einige Gläser Whiskey rein, dann geht das schon.

So gibt es zum Thema Einstiegsdroge also die beiden Varianten, dass ich auf eine Substanz gepolt bin und dann auf eine härtere umsteige – oder dass ich die Wirkung der einen mit der Wirkung der anderen kompensiere, um aus meinem momentan als irritierend empfundenen Zustand wieder herauszukommen.

Unabhängig davon hängt natürlich viel von der individuellen Neigung eines jeden Einzelnen ab, Drogen zu vertragen oder nicht. Manche werden auf Cannabis entspannt und glücklich, auf andere übt Cannabis eher eine beunruhigende und beklemmende

Wirkung aus. Auch LSD kann unterschiedliche Reaktionen und Empfindungen hervorrufen, sogar auf Kokain oder Crystal Meth reagieren viele ängstlich und paranoid.

Klar ist aber auch, je angenehmer die subjektive Wirkung einer Droge ist, desto höher ist auch die Wahrscheinlichkeit, dass ich sie übermäßig konsumiere und irgendwann auch davon süchtig werde – und eines Tages auch zu härterem Zeug greife.

6

DIE FOLGEN FÜR DAS GEHIRN

Schranken erfüllen in der Regel einen einzigen Zweck. Sie haben eine klare Botschaft. Schranken sagen »Stopp«. An Bahnübergängen beispielsweise. Nähert sich ein Zug, dann senkt sich die Schranke mit lautem Gebimmel und Blinklicht, um zu verhindern, dass Autos oder Fußgänger die Gleise queren. Auch in unserem Körper gibt es so etwas: Die Blut-Hirn-Schranke. So nennt man die physiologische Grenze zwischen den Flüssigkeitsräumen in unserem Blutkreislauf und dem Zentralen Nervensystem. Die Blut-Hirn-Schranke ist auch eine Art Filter, die selektiert, welche Stoffe ins Gehirn rein dürfen oder nicht. Bildlich gesprochen, für die vom Gehirn benötigten Nährstoffe öffnet sie sich, sind hingegen unerwünschte Substanzen im Anmarsch, geht sie schnell wieder nach unten.

Eine für unsere Spezies überlebenswichtige Einrichtung, die uns die Natur hier beschert hat. Allerdings gibt es Lücken, Schwachstellen, kleine Achillesfersen. Denn einige Substanzen, die im Gehirn besser nichts verloren hätten, denken gar nicht daran, vor der Blut-Hirn-Schranke haltzumachen. Ihnen gelingt es, die Barriere geschickt zu überwinden – wie etwa der im Cannabis enthaltene Wirkstoff THC.

Was passiert also nun, wenn ich einen Joint rauche und das THC ins Gehirn eindringt?

Das THC dockt im Gehirn an die an bestimmten Nervenzellen sitzenden sogenannten Cannabinoid-Rezeptoren an, über die wir natürlich ursprünglich gar nicht wegen der externen Cannabis-Zufuhr verfügen, sondern wegen der im Gehirn produzierten Endocannabinoide. Diese körpereigenen Substanzen weisen eine ähnliche Molekülstruktur auf wie das THC, was dazu führt, dass das THC sich genau hier niederlässt – und damit massiv in unser Nervensystem eingreift.

Nun gibt es die vehementen Befürworter von Cannabis, die hier von einer positiven Wirkung sprechen, weil das THC so entspannend wirke, so beruhigend, dass man damit die Welt gleich ganz anders sieht. Das ist natürlich auch so, aber leider nicht ganz ohne Nebenwirkungen.

Keine Substanz, kein Medikament hat nur einen einzigen bestimmten Effekt für das Gehirn. Manche nehmen im ersten Moment womöglich nur die positiven Wirkungen wahr – aber das bedeutet doch nicht, dass es auch wirklich unbedenklich zu nehmen ist und dass Cannabis nur Gutes tut.

Die negativen Wirkungen bestehen allein schon in dem Potenzial, den Konsumenten dank der Effekte im Belohnungssystem in eine Abhängigkeit zu stürzen, so wie bei jeder Droge auch, egal ob eine vermeintlich harte oder eine weiche. Allein diese Unterscheidung ist eine hanebüchene Willkür – warum soll Nikotin eine weichere Droge sein als Heroin? Warum impliziert man, Cannabis als weiche Droge sei ungefährlicher als Kokain? Warum wird den Menschen suggeriert, lieber die Finger vom Heroin zu lassen, weil man davon ja nur süchtig werden kann, während Cannabis ja kein Risiko darstellen würde? Unfug. Cannabis kann mich genauso süchtig machen, Droge ist Droge, die Attribute hart oder weich sind unpassend. Ganz im Gegenteil: Es sind die weichen Drogen, die in der Gesellschaft mehr Schaden anrichten, wie Alkohol, Zigaretten und eben auch Cannabis. An den Folgen von Zigarettenkonsum und Alkohol sterben weit mehr Menschen in Europa als durch Heroin. Gesamtgesellschaftlich sind Zigaretten und Alkohol somit weit gefährlicher als Heroin.

Eine der schwerwiegenden Folgen des Cannabiskonsums ist die Psychose. Ein Phänomen, das ich bei meinen Patienten schon oft erlebt habe, wie ich später anhand von konkreten Fallbeispielen noch detaillierter erörtern werde. Bei einer Psychose kommt der

Gehirnstoffwechsel so durcheinander, dass ich plötzlich komplett falsche Wahrnehmungen habe und halluziniere, also dass ich Dinge sehe, die es nicht gibt. Dass ich Stimmen höre, wobei niemand in meiner Umgebung spricht. Oder dass ich eine Paranoia entwickle und mich verfolgt fühle, dass ich auf der Straße das Gefühl habe, die Leute würden mich alle komisch anstarren. Oder dass sie gleich vom FBI oder CIA oder einem anderen Geheimdienst sind und mich überwachen, warum auch immer.

Halluzinationen und Paranoia sind ganz typische psychotische Symptome.

Ein anderes Symptom ist Zerfahrenheit, also ungeordnetes Denken. Die Unfähigkeit, mir bestimmte Zusammenhänge zu erschließen. Wenn etwa mein Flugzeug in vier Stunden am Flughafen abhebt, wann ich von zu Hause los muss, um mit der Bahn rechtzeitig am Flughafen zu sein. Das zu schlussfolgern, dazu bin ich in solch psychotischen Zuständen nicht mehr in der Lage.

Aber woher kommt das? Wie etwa Crystal und LSD kann auch Cannabis in einem bestimmten Teil des Gehirns die Dopamin-Konzentration derart beträchtlich erhöhen, dass es zu akuten Psychosen bis hin zur chronischen Schizophrenie führen kann. Psychosen, akute wie chronische, sind also Stoffwechselstörungen des Gehirns. Nun gibt es sicher Menschen, die von vornherein eine starke Veranlagung zu einer Psychose haben und die im Laufe ihres Lebens auch ohne Drogenzufuhr schizophren werden. Genauso wie manch einer genau entgegengesetzt nicht die geringste Veranlagung aufweist, und er, selbst wenn er sich zukifft oder andere Drogen nimmt, höchstens kurzfristig psychotisch wird, wenn überhaupt.

Nur dann haben wir noch diese vielen Fälle, wo die Menschen genau zwischendrin sind. Zwischen einer extremen Neigung und gar keiner Veranlagung. Bei dieser Gruppe ist es immer eine Frage der Menge, wie viel sie zu sich nehmen, bis sie die ersten krankhaften Realitätsverluste aufweisen. Bis sie bunte Farben sehen oder glauben, fliegen zu können, oder bis sie sogar Musik, die sie gerade hören, visualisiert vor sich sehen. Diese Menschen brauchen nur genug zu konsumieren, bis sie irgendwann garantiert aus dem Gleichgewicht kommen und die anfangs kurzzeitige drogeninduzierte Psychose gar nicht mehr aufhört. Selbst wenn die Substanz im Blut nicht mehr nachweisbar ist, kann es immer noch sein, dass sie weiter psychotisch bleiben. Manche einige Tage, andere ein paar Wochen. Wieder andere sind dann ein ganzes Leben lang psychotisch, was dann Schizophrenie genannt wird.

Mag schon sein, dass ich bei einer entsprechenden Veranlagung irgendwann im Laufe meines Lebens so oder so psychotisch geworden wäre. Aber muss ich das Ausbrechen der Krankheit Schizophrenie tatsächlich dadurch beschleunigen, indem ich mich mit Cannabis volldröhne? Wenn ich theoretisch gesprochen die Wahl hätte, mit 17 eine Psychose zu erleiden, wo ich noch gar nichts habe, keine Familie, keinen Beruf, keinen Ausbildungsplatz, vielleicht noch nicht einmal einen Schulabschluss. Oder lieber doch erst mit 47, wo ich wenigstens aufgefangen werde von meinem Umfeld, meinem Partner, meinen Kindern, und wo die Krankheit existenziell nicht mehr ganz so bedrohlich ist wie zuvor, weil ich mir schon einen gewissen finanziellen Grundstock aufgebaut habe und über Ressourcen verfüge, aus denen ich nun schöpfen kann.

Aussagekräftige Forschungsprojekte, die belegen, dass Cannabis zu schweren Psychosen führen kann, gibt es genügend. In einer holländischen Studie[17] wurden 30 Personen vor und nach der Zugabe von Cannabis untersucht: Zehn Schizophrene, zehn gesunde Verwandte ersten Grades der Schizophrenen, sowie zehn Gesunde ohne Schizophrenie in der Familie. Mittels radioaktivem Kontrastmittel wurde in einer speziellen Computertomografie (sogenannter Positronen-Emissionstomografie oder PET-CT) die Aktivität von Dopamin in verschiedenen Teilen des Gehirns angezeigt. Speziell in jener Hirnregion (dem sogenannten Striatum), die bei psychotischen Erkrankungen wie Schizophrenie eine gestörte Dopamin-Aktivität aufweist, bewirkt bereits der einmalige Konsum von THC, dass bei Schizophrenen, aber auch bei deren gesunden Verwandten die Dopamin-Ausschüttung stark ansteigt.

Bei Gesunden ohne genetische Vorbelastungen hinsichtlich einer Psychose stieg die Dopamin-Konzentration im Striatum kaum an. Ein eindeutiger Hinweis dafür, dass THC-Konsum jene Menschen psychotisch machen kann, die eine genetische Veranlagung für Schizophrenie haben, egal, ob die Krankheit bereits ausgebrochen ist oder sie noch gesund sind (siehe Abbildung 3).

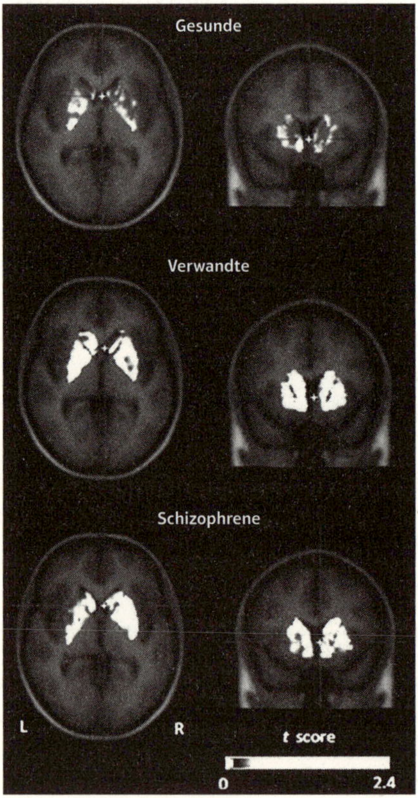

Abbildung 3. Stärke der Dopamin-Ausschüttung bei Cannabis-Konsum in der Hirnregion Striatum bei Gesunden (oben), gesunden Verwandten von Schizophrenen (Mitte) und Menschen mit Schizophrenie (unten) im PET-CT (Positronen-Emissionstomographie). Das Gehirn von Schizophrenen und deren gesunden Verwandten zeigt eine deutliche Überreaktion auf Cannabis.

Aus der Forschung gibt es bereits erste Hinweise, welche Gene mitverantwortlich sein dürften. Menschen, die diesbezüglich erblich belastet sind, können sogar psychotisch reagieren sowie Gedächtnisstörungen entwickeln, wenn sie nur einmal im Monat Marihuana konsumieren.[18] Außerdem zeigte sich aber, dass man auch ohne erbliche Vorbelastung durch Cannabis psychotisch werden kann, wenn man täglich konsumiert.

Lediglich jene, die genetisch keine Veranlagung für Schizophrenie haben, dürften eher geschützt sein vor den chronischen psychotischen Symptomen bei THC-Konsum, aber auch nur, wenn sie nicht täglich oder fast täglich konsumieren. Das Problem ist nur: Woher weiß ich, ob ich eine Veranlagung habe oder nicht? Eine genetische Neigung dazu ist schließlich nicht ohne Weiteres nachweisbar. Es sei denn, dass es in der Familie schon bei meinen Eltern oder Großeltern, bei meinen Onkeln oder Tanten Fälle von Schizophrenie gegeben hat. Dann sollte ich erst recht die Finger von Cannabis, LSD und allen anderen Psychose fördernden Substanzen lassen.

Wie hoch das Risiko einer Schizophrenie-Erkrankung bei Cannabis-Konsum ist, zeigte übrigens schon vor 30 Jahren eine Studie aus Schweden.[19] Damals wurden in einem groß angelegten Projekt 45.570 schwedische Wehrpflichtige nach ihrem Cannabis-Konsum befragt. Danach wurden sie 15 Jahre lang beobachtet. Unter denen, die in jenem Zeitraum nicht oder nur kaum Cannabis zu sich genommen hatten, trat Schizophrenie selten auf, in 0,5 Prozent der Fälle. Diejenigen aber, die Cannabis häufig konsumierten, hatten ein sechsfach höheres Risiko, an Schizophrenie zu erkranken, nämlich 2,8 Prozent (siehe Abbildung 4).

Sicher, der menschliche Körper hat sich über die Jahrtausende der Evolution so phänomenal entwickelt, dass er in der Lage ist, sich bei vielen Krankheiten selbst zu heilen. Und ja, auch das Gehirn hat prinzipiell das Potenzial, sich wieder zu regenerieren und gesund zu werden. Die Frage ist in solchen Fällen nur: Wie sehr ist es schon durcheinandergekommen, wie stark hat sich die Psychose schon chronifiziert? Dazu kommen von Mensch zu Mensch die völlig unterschiedlichen individuellen Anlagen, welche Regenerationsmechanismen mein Gehirn letztendlich hat, um wieder zu gesunden. Bei manchen dauert es vielleicht Wochen und Monate, bis die Psychose wieder abgeflaut ist, bei anderen Jahre oder Jahrzehnte – bei anderen bleibt sie für immer.

In jedem Fall setzt dieser Prozess natürlich voraus, dass ich alles dafür tue, um diese Regeneration zu unterstützen. Dass ich also keine Mittel und Substanzen mehr nehme, die der Heilung der Psychose entgegenwirken und sie stattdessen eher noch verstärken.

Nehmen Sie nur andere Stoffwechselerkrankungen. Diabetes zum Beispiel. Zu starke Zuckeraufnahme und Übergewicht füh-

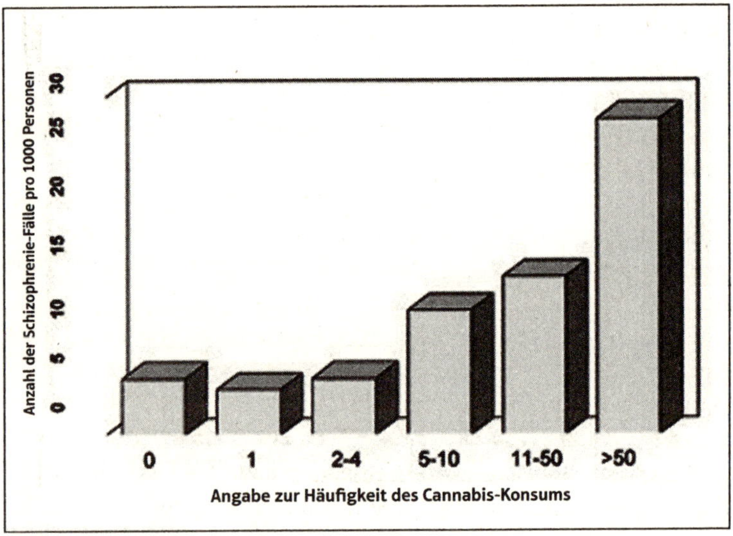

Abbildung 4. Häufigkeit des Cannabis-Konsums im Alter von 18 Jahren und Anzahl der Schizophrenie-Fälle pro 1000 Personen im Beobachtungszeitraum von 15 Jahren. Je höher der Cannabis-Konsum, desto größer das Risiko für eine spätere Schizophrenie.

ren bei vielen Menschen über Jahrzehnte dazu, dass die Bauchspeicheldrüse den hohen Zuckerspiegel mit dem körpereigenen Insulin nicht mehr kompensieren kann. Das bedeutet, die Patienten müssen extern Insulin oder andere Medikamente zu sich nehmen. Auch hier beobachten wir in der Medizin, dass viele Zuckerkranke ihren Lebenswandel ändern, ihre Ernährung umstellen, auf Süßigkeiten verzichten und alle anderen selbst beeinflussbare Faktoren minimieren, die ihre Krankheit weiter verschlimmern würden. Tatsächlich bewirkt dies, dass viele nach einer bestimmten Zeit, wenn sie deutlich an Gewicht verloren haben, keine Arznei mehr zu sich nehmen müssen.

Andere Beispiele jedoch belegen, dass es auch hier individuell extreme Differenzen gibt. Bei Menschen beispielsweise, die noch viel mehr auf sich aufpassen, noch mehr Sport treiben, noch mehr abnehmen, sich noch gesünder ernähren und noch mehr Gewicht verlieren – und denen am Ende all das gar nichts hilft, weil sie doch den Rest ihres Lebens Pillen schlucken und Insulin spritzen müssen. Hier sehen wir also, wenn eine Stoffwechselerkrankung einmal aufgetreten ist, dass der Körper mancher Menschen aufgrund genetischer oder sonstiger Veranlagungen eben nicht mehr in der Lage ist, sich so weit zu erholen, dass er die bereits entstandenen Schäden wieder regulieren und wettmachen kann. Womit der Schaden dann irreparabel ist. Genau dieses Phänomen erleben wir oft bei der Psychose.

Denn so wie Zucker Diabetes fördert, so befeuert Cannabis psychotische Erkrankungen. Warum wollen wir uns also erzählen lassen, dass Cannabis so ungefährlich ist? Warum wollen wir es zulassen, so fahrlässig mit unserer Gesundheit umzugehen?

Sie können sich das auch wie bei einem Automotor vorstellen, der zu lange ohne Öl läuft. Irgendwann hilft es nichts mehr, Öl hineinzuschütten. Irgendwann sind die Kolben aufgerieben. Dann ist der Motor kaputt. Auf immer und ewig.

TEIL 2

DIE WIRKUNG

7

CANNABIS DAMALS, CANNABIS HEUTE – WIE BIER UND SCHNAPS

In einem Online-Magazin namens *The Potlander* habe ich im Frühjahr 2016 einen erschütternden Bericht gelesen. In der Überschrift war von vier »C« die Rede, es ging um eine »Cultivation Classic Cannabis Competition« in Portland, Oregon, also einen Wettbewerb für hochgezüchtetes Cannabis, und zwar dort, wo Cannabis komplett legalisiert ist.[20] Blumig wurde beschrieben, wie schön das Wetter bei der Veranstaltung gewesen sei und wie glücklich die Besucher, wenn sie sich bei einem oder zwei Bier durch die verschiedenen Proben durchkiffen konnten. Na bestens.

Gewinner des Wettbewerbs wurde ein gewisser Jack Herer, der auf seiner Homepage seine Züchtungen mit einem THC-Gehalt von bis zu 23 Prozent anpreist, und auf dessen Webseite Cannabis-Konsumenten ganz euphorisch in den höchsten Tönen von seinem Kraut schwärmen. »Das ist meine Morgenmedizin«, schreibt ein – im doppelten Wortsinn – User, »ich nehme es jeden Tag, bevor ich in meinen Job gehe, es macht mich zu einem glücklichen, entspannten Menschen, der in der Lage ist, zu arbeiten und mit Menschen zu reden.«[21] Ist das nicht ein entsetzliches Armutszeugnis? Ein schrecklicher Offenbarungseid? Ich kann nur noch bekifft, sonst geht gar nichts mehr? Ist der nette Herr im nüchternen Zustand nicht einmal mehr in der Lage, mit Menschen zu reden? So etwas gibt es tatsächlich bei Menschen, aber da braucht man eine Behandlung – und keine Droge.

Wettbewerbe mit Preisverleihungen für das Cannabis mit dem höchsten THC-Gehalt gibt es übrigens auch in Europa. Ende Januar

2016 fand in Valencia etwa zum sechsten Mal der »THC Cannabis Cup« statt. Mit 200 Cannabis-Züchtern aus aller Welt.[22] Klingt so nett und harmlos. Cannabis Cup. Eigentlich ein Wahnsinn.

Aber es geht noch besser: Auch die einschlägige Zeitschrift *High Times* veranstaltet jährlich einen Wettbewerb für professionelle Marihuana-Züchter.[23] Die Firmen, die daran teilnehmen, konkurrieren untereinander um den Stoff mit der höchsten THC-Konzentration und verdienen mit ihren ethisch fragwürdigen Produkten Millionen am legalen Cannabismarkt in den USA. Sieger war 2016 ein in der Szene bekannter Hersteller namens »Next Harvest« mit seiner Züchtung »Chem D.O.G« mit 32,13 Prozent THC. Im Vergleich: Beim selben Wettbewerb hatte der Gewinner 2014 einen THC-Gehalt von 27,46 Prozent und 2011 gar »nur« von 25,49 Prozent. Das heißt, seit in den USA immer mehr Bundesstaaten Cannabis legalisieren, stieg die maximale THC-Konzentration um ein bis zwei Prozent jährlich, und ein Ende ist noch nicht in Sicht. Übrigens, in Jamaika, in jenem Land also, in dem laut gängiger Meinung nicht zuletzt wegen der Reggae-Bewegung (Bob Marleys Klassiker *Legalize It* klingt uns noch allen in den Ohren) seit jeher eine hohe Affinität zu Cannabis herrschte, hatte die stärkste Züchtung 2016 ganze 17,8 Prozent. Also gerade einmal die Hälfte vom amerikanischen Spitzenwert. Falls es also stimmt, dass die Jamaikaner viel kiffen, dann kiffen sie wenigstens eine Droge, die halb so stark ist wie jene der Amerikaner.

Vielen wird das womöglich gar nichts sagen, ein THC-Gehalt von 32 Prozent. Ist das wenig? Oder viel?

Zur Veranschaulichung: Wenn wir an die Zeit der Hippies und der Flower-Power-Bewegung denken, an die 1960er und 1970er Jahre, als die Leute Janis Joplin und Jimi Hendrix hörten, mit ihrem schönen friedlichen Idealismus die Welt verbessern wollten und auf einer Wiese im New Yorker Central Park einen Joint kreisen ließen, da hatte das Cannabis einen THC-Gehalt von unter drei Prozent. Und jetzt 32 Prozent? Und das ist ja noch nicht das Ende. Mittlerweile haben wir Züchtungen von bis zu 40 Prozent THC-Gehalt! Das 15-Fache der Werte vor 40, 50 Jahren.

Vergleichen Sie das nur einmal mit Alkohol. Macht es nicht einen gehörigen Unterschied, ob ich einen Liter Bier (oder gar Most) trinke, mit einem Alkoholgehalt von drei bis fünf Prozent? Oder einen Liter Schnaps mit 38 bis 40 Prozent? Und welche Eltern mit nur einem Hauch von Verantwortungsbewusstsein würden sagen, es sei ihnen nicht wichtig, ob ihr 16-jähriges Kind eine Flasche Weizenbier oder eine Flasche Wodka zu sich nimmt? Ein fataler Irrtum, auch seitens der Erziehungsberechtigten, zu glauben, ein bisschen kiffen habe einem selbst ja früher auch nicht geschadet.

Dass der vermeintlich harmlose Joint heute gefährlicher denn je ist, das war auch Thema einer Podiumsveranstaltung im schwäbischen Kirchheim/Teck im Frühjahr 2016. Auf der Bühne saßen Professor Dr. Christian Jakob, der Leiter der psychiatrischen Klinik in Nürtingen, sowie ein Kriminalhauptkommissar, ein Rauschgiftfahnder sowie der Leiter der örtlichen Jugend- und Drogenberatung. Die erschreckende Erkenntnis dieses Abends: Bereits Kinder im Alter von elf Jahren hätten heute problemlos Zugang zu Drogen. Rauschgiftermittler Florian Schepp berichtete, dass das Einstiegsalter immer weiter sinke und dass der Joint »bei den meisten jungen Leuten als harmlos« gelte.[24] Eine fatale Fehleinschätzung, wie Professor Jakob bestätigte. Eben wegen der hochgezüchteten Pflanzen, die heute einen vielfach höheren THC-Gehalt als früher aufwiesen, deren Genuss als Joint daher viel früher zu Psychosen führe und auch zum Tod, denn die Selbstmordrate würde nach längerfristigem Genuss von Betäubungsmitteln stark zunehmen.

Der Joint von heute ist anders als der Joint von damals. Cannabis heute ist anders als Cannabis früher. Extremer. Gefährlicher. Lebensbedrohlicher. Bei Alkohol sind wir uns der Risiken bewusst. Je hochprozentiger, desto schädlicher.

Natürlich tritt eine Leberzirrhose eher und wahrscheinlicher auf, wenn ich jeden Tag zwei Liter Schnaps trinke, als würde ich täglich zwei Liter Bier konsumieren. Genau das Gleiche bei Cannabis. Je höher der Prozentgehalt des THC, desto größer das Risiko einer Psychose oder anderer teils irreversibler Krankheiten – wie etwa auch der Cannabis-Demenz (siehe folgendes Kapitel).

Es gibt aber noch einen Grund, warum das heutige Marihuana giftiger ist als früher. Ursprünglich hatten Cannabispflanzen wenig THC, aber relativ viel Cannabidiol. Dieses Cannabidiol wirkt quasi als Gegenspieler zum THC und kann Psychosen verhindern. Da die Cannabispflanze aber entweder vermehrt THC oder Cannabidiol herstellen kann, ist in den heutigen Züchtungen, die unnatürlich viel THC produzieren (siehe Abbildung 5), kaum mehr Cannabidiol enthalten. Vor 20 Jahren gab es im Marihuana ein Verhältnis von ca. 10 zu 1. Auf zehn Anteile THC kam ein Anteil Cannabidiol. Heute ist es fast 100 zu 1 für THC (siehe Abbildung 6).[25] Dadurch wird man natürlich stärker berauscht, aber auch eher psychotisch. Das moderne Marihuana hat nichts mehr von der einstigen natürlichen Balance. Es ist so wenig natürlich wie überzüchtete Hunde, die Gelenkprobleme haben und verhaltensgestört sind. Mit dem gepriesenen Naturheilmittel, das schon in der chinesischen Medizin vor Jahrtausenden verwendet wurde, hat das neue Zeug nichts mehr zu tun. Wie absurd, das Geschwafel vom berauschenden Wundermittel, das Traurige glücklich macht und Kranke gesund. Wie viele von jenen, die behaupten, wegen chronischen Erkrankungen wie Epilepsie zu kiffen, holen sich THC-armes und Cannabidiol-reiches Marihuana und verzichten freiwillig darauf, stoned zu werden? Was sagen die zu ihrem Drogendealer oder in den USA zum legalen Cannabisverkäufer? »Nein, bitte verkaufen Sie mir nicht das coole Zeug, sondern nur langweiliges Kraut mit viel Cannabidiol!« Wohl kaum.

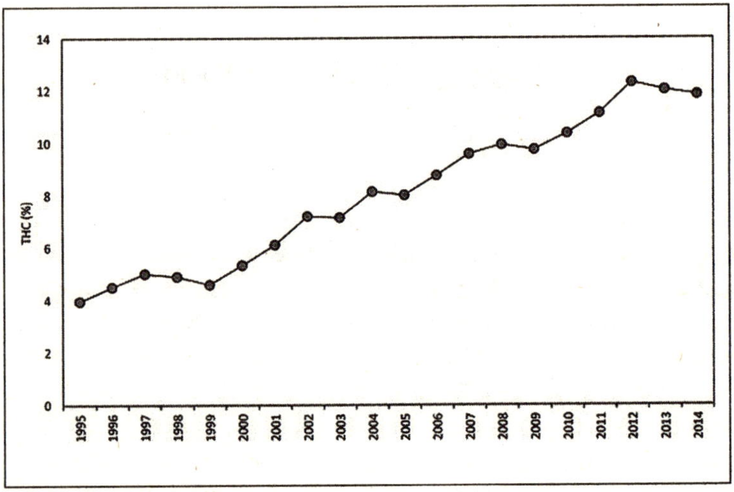

Abbildung 5: Durchschnittliche THC-Konzentration von beschlagnahmtem Marihuana in den USA von 1995 bis 2014.

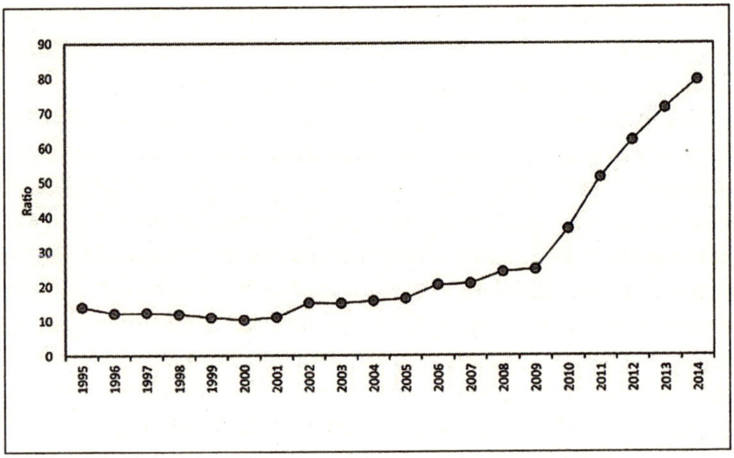

Abbildung 6: Verhältnis von THC zu Cannabidiol des beschlagnahmten Marihuanas.

8

DUMM DURCHS KIFFEN: DIE CANNABIS-DEMENZ

Die vorhin erwähnte Psychose zeichnet sich durch Symptome aus wie Verwirrtheit, Zerfahrenheit, durch Halluzinationen, Paranoia und Konzentrationsmängel. Das kann bleiben, das kann wieder vergehen, je nach Konsum und je nach eigener Veranlagung. Nun gibt es neben der Psychose noch eine andere, in jedem Fall irreparable Krankheit, ich nenne sie Cannabis-Demenz. Ein Ausdruck, den man bisher kaum liest, aber es gibt diese Demenzform dennoch. Vielleicht kennen Sie ja auch den Spruch, etwa über erwachsene Menschen irgendwo in den Vierzigern und Fünfzigern, die seit Jahrzehnten Cannabis zu sich nehmen und träge wirken, müde, antrieblos und vor allem geistig extrem reduziert. Da sagt man gerne: »Der hat sich sein Hirn weggekifft.« Das ist allerdings nicht nur eine lapidare Redensart. Das ist oft die Wahrheit.

Bei Alkohol haben Wissenschaftler schon vor Jahrzehnten herausgefunden, dass steter Tropfen nicht den Stein, sondern in diesem Fall das Hirn höhlt. Wie auch bei anderen Erkrankungen gibt es auch hier noch frühe Stadien, in denen sich das Gehirn bei konsequenter Abstinenz wieder halbwegs regenerieren kann. Allerdings gibt es dann einen »Point of no return«, einen Moment, an dem es dann kein Zurück mehr gibt, an dem keine Selbstheilung mehr möglich ist, an dem einfach zu viele Hirnzellen abgestorben sind. Ein Punkt, an dem das Hirn nie wieder in der Lage sein wird, die einstigen Leistungen zu erbringen. Der Punkt, ab dem der Trinker dann eine Alkohol-Demenz hat.

Dieses Phänomen kennen wir seit geraumer Zeit auch bei Cannabis.

Gleich vorneweg, es muss ganz klar differenziert werden: Es geht hier nicht um den gelegentlichen Cannabis-Konsumenten. Genauso wenig, wie der Genussmensch von einer Alkohol-Demenz bedroht ist, der sich bei entsprechenden Anlässen alle paar Wochen mal zu einem schönen Essen ein Glas guten Rotwein gönnt, genauso wenig droht jemand zu verblöden, nur weil er hin und wieder an einem Joint zieht. Nein, hier geht es um Menschen, die sehr regelmäßig über viele Jahre und Jahrzehnte kiffen – und die vor allem schon in jungen Jahren damit angefangen haben.

Wie sehr sich der Missbrauch von Cannabis aufs Gehirn auswirkt und den IQ (Intelligenzquotienten) vermindert, wurde vor einigen Jahren in einer 25 Jahre dauernden Langzeit-Studie von einer neuseeländischen Forschergruppe nachgewiesen.[26] Unter normalen Bedingungen sollte der IQ eines jeden Menschen im Laufe seines Lebens konstant bleiben. Der IQ bezieht sich immer auf den Vergleich zur jeweiligen Altersgruppe, der Mittelwert ist 100, wer mit 18 einen IQ von 110 hat, sollte ihn in der Regel mit 70 Jahren auch noch haben.

In der besagten Studie wurde zu Beginn bei 1000 Jugendlichen im Alter von jeweils 13 Jahren mittels Intelligenztests der IQ nachgewiesen und beobachtet, wie sehr sich der Intelligenzquotient im Laufe der folgenden zweieinhalb Jahrzehnte bis zum Alter von 38 Jahren entwickelt.

Nach fünf Jahren, ab dem 18. Lebensjahr also, wurde immer wieder erhoben, ob und wie oft Cannabis konsumiert wurde. Als regelmäßiger Cannabiskonsum galt viermal pro Woche oder noch öfter. Das Ergebnis: Bei denjenigen, die noch als Minderjährige mit regelmäßigem Konsum begannen, fiel der IQ eindeutig. Bei anderen, die ebenfalls noch vor dem 18. Lebensjahr mit dem Kiffen anfingen, aber sich eher als Gelegenheitskonsumenten bezeichneten, fiel der IQ ebenfalls, aber nicht so dramatisch und wissenschaftlich betrachtet auch nicht signifikant. Genauso übrigens bei allen Probanden, die erst im Erwachsenenalter mit regelmäßigem Kiffen anfingen, auch bei ihnen war ein leichter, aber nicht bedeutsamer Intelligenzverlust erkennbar. Bei Erwachsenen hingegen, die nach dem 18. Lebensjahr ihren ersten Joint rauchten und dann aber nur ab und an kifften, war keinerlei IQ-Verlust erkennbar.

Andere Faktoren wie Schulbildung, zusätzliche Nikotinabhängigkeit, zusätzliche Alkoholabhängigkeit, zusätzliche Abhängigkeit von anderen Drogen (außer Cannabis), momentane Beeinträchtigung durch Cannabis während der IQ-Testung und Schizophrenie wurden aus diesen Ergebnissen übrigens herausgenommen und sind somit keine mögliche Erklärung für die Ergebnisse.

Zusammengefasst bedeutet dies in Zahlen: Fängt man als Jugendlicher mit regelmäßigem Cannabiskonsum an, verliert man innerhalb von 20 Jahren zehn Prozent seines IQ! Von einem IQ von 100 mit 18 auf einen IQ von 90 mit 38 (siehe Abbildung 7). Nun ist diese bahnbrechende Studie, die erstmals medizinisch belegt, wie sich Kiffen auf das Gehirn und die Intelligenz auswirkt, erst

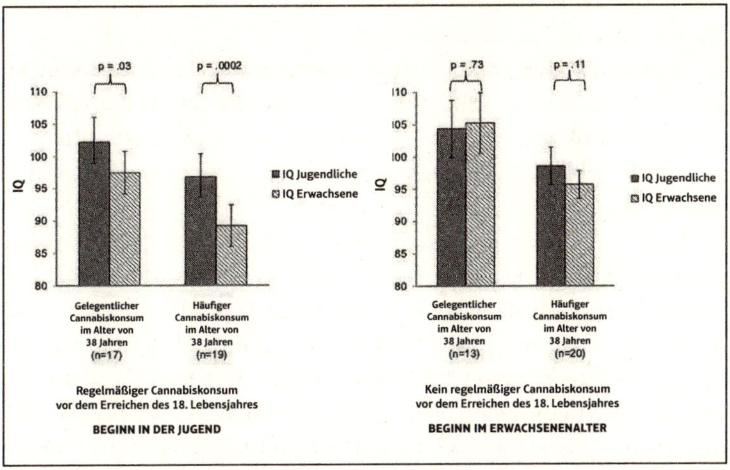

Abbildung 7. Links: Entwicklung des Intelligenzquotienten vom 18. auf das 38. Lebensjahr bei gelegentlichem und regelmäßigem Cannabiskonsum mit Beginn in der Jugend. Rechts: Entwicklung bei Beginn des Konsums im Erwachsenenalter

2012 erschienen. Deswegen können wir aus wissenschaftlicher Sicht noch gar nicht belegen, aber schon einmal darüber spekulieren, wie es mit den Testpersonen denn in den kommenden Jahren und Jahrzehnten weitergehen wird.

Wird sich der IQ bei den Dauerkiffern einpendeln? Oder wird er sich weiter reduzieren? Ich bin fest davon überzeugt, dass der Intelligenzverlust bei diesen Menschen in den nächsten 20 Jahren bei weiterem Konsum fortschreitet. Anders formuliert: Wer seit der Jugend kifft, ja, der wird irgendwann dement sein. Weil sich wie bei anderen Drogen wie eben Alkohol oder auch Crystal Meth die Synapsen an den Hirnzellen abbauen. Und wenn eine Hirnzelle keine Synapse mehr hat, dann wird sie unnötig und stirbt ab.

Völlig unverantwortlich und entsetzlich empfinde ich, wie viele Befürworter von Cannabis in den vergangenen Jahren diese Studie diskreditierten und anzweifelten, wo hier doch ganz klar der fürchterliche Effekt und die Auswirkungen von regelmäßigem Konsum auf die Hirnstruktur ersichtlich werden. Gibt es wirklich jemanden, der sich das freiwillig antun würde? Einfach so auf 10 Prozent seiner Intelligenz verzichten? Mit Mitte dreißig, eigentlich in einer Lebensphase der höchsten menschlichen Schaffenskraft? Als ob die Menschheit von Haus aus mit so viel IQ gesegnet wäre, dass wir uns das wirklich leisten können. Wollen wir da wirklich noch so viel Hirn herschenken?

Dass regelmäßiger Cannabiskonsum bei Tieren neurotoxisch, also giftig für Nervenzellen, ist, wissen wir aus zahlreichen Studien. Aber eine australische Studie von 2008 beweist es nun auch beim Menschen. In dieser Studie wurde mittels MRT (Magnetresonanztomografie) sehr genau das Volumen einzelner Hirnregionen gemessen. Die Teilnehmer konsumierten viel und regelmäßig Cannabis, aber kaum andere Drogen, auch Alkohol nur in geringen Mengen. Verglichen wurden die Befunde mit gleichaltrigen, gleichgeschlechtlichen, gleichintelligenten Personen, die kaum Cannabis konsumierten (Alkoholkonsum im gleichen Ausmaß wie die

Cannabis-Gruppe). Die Untersuchung mit MRT konzentrierte sich auf die beiden Hirnregionen mit den meisten Cannabisrezeptoren. Diese sind der Hippocampus, wichtig für Lernen und Gedächtnis, und die Amygdala, wichtig für Emotionsregulierung und Fokussierung. Das Resultat war nicht nur eine deutliche Abnahme des Volumens dieser beiden Hirnregionen bei der Cannabisgruppe mit 12 Prozent Schrumpfung beim Hippocampus und 7,1 Prozent bei der Amygdala. Sondern speziell der Hippocampus schrumpft dosisabhängig, das heißt, je mehr jemand in den letzten zehn Jahren insgesamt konsumiert hat, desto kleiner der Hippocampus. Das ist besonders tragisch, weil der Hippocampus die zentrale Stelle im Gehirn ist für die Aufnahme von sachbezogenen Inhalten, wie man es z.B. in jeder Ausbildung unbedingt braucht. Und tatsächlich konnten sich diese Personen schlechter Dinge merken als Menschen ohne Cannabiskonsum. Auch ohne in einer Ausbildung zu sein, ist es fraglich, ob man auf eine gute Kapazität zu lernen verzichten möchte. Ebenfalls in der Entstehung von Schizophrenie spielt der Hippocampus der linken Gehirnhälfte eine Rolle. Und eine Abnahme von Hippocampus-Volumen steht auch in Zusammenhang mit Entstehung und Chronifizierung von schweren Depressionen. Umso absurder, wenn manche, wie beispielsweise der deutsche Jugendrichter Andreas Müller in seinem Buch *Kiffen und Kriminalität*, Cannabis als Therapie von Depressionen propagieren. Der Verlust an Volumen der Amygdala ist auch tragisch, weil diese Hirnstruktur für Emotionsregulation, Fokussierung, motivationales Lernen (also Lernen in Aussicht auf Belohnung) sowie emotionales Lernen verantwortlich ist.[27]

Auch auf das gesamte Gehirn bezogen sieht man durch Magnetresonanztomografie, dass Cannabiskonsum vor dem 25. Lebensjahr die Hirnreifung aufhält.[28]

Woran aber liegt es, dass Jugendliche, die mit dem Kiffen beginnen, stärker betroffen sind als Erwachsene? Das Gehirn ist erst in etwa mit dem 25. Lebensjahr voll ausgereift, bis dahin ist es noch viel steuerbarer und beeinflussbarer als im höheren Alter. Auch im positiven Sinne: Warum wollen wir denn, dass unsere Kinder etwa viele Sprachen lernen? Sicher, vielleicht brauchen sie später kein Französisch, kein Russisch, kein Chinesisch, aber rein aus medizinischer und neurologischer Sicht macht das sehr wohl großen Sinn, denn indem ich lerne und viel lerne wie zahlreiche Fremdsprachen oder Mathematik, verstärke ich jene Hirnregionen, die für die Intelligenz und für das Lernen zuständig sind, und schaffe hier schon eine gewisse Konditionierung auch für später, Lernstoff aufzunehmen und ihn für mich zu speichern und zu verwerten.

Umgekehrt jedoch beeinflusst mich eine Substanz, die mich krank und psychotisch machen kann, in jungen Jahren noch viel mehr, als würde ich sie erst später zu mir nehmen. Das Hirn ist noch im Umbau und gewöhnt sich viel eher an den Wirkstoff als im späteren Alter, wird also einerseits schneller süchtig – außerdem bewirken Drogen, dass die natürliche Reifung des Gehirns eben ins Stocken gerät und sich die Hirnzellen untereinander weniger vernetzen. Wer früher anfängt, läuft also wirklich viel größere Gefahr, sich das Gehirn wegzukiffen.

9

CANNABIS: DIE MOTIVATIONSBREMSE

Kennen Sie den? Sagt der eine Kiffer zum anderen: »Hast du schon gehört? Cannabis macht gleichgültig.« Sagt der andere: »Na und? Mir doch egal.« Leider ist das kein Witz, sondern traurige Wirklichkeit.

Wie haben wir vorhin in dem beglückten Kommentar des Cannabis-Users gelesen? Das morgendliche Kiffen würde ihn jeden Tag so glücklich machen und für die Arbeit motivieren. Genau das tut Cannabis ja genau nicht. Denn Cannabis ist auf Dauer eine absolute Motivationsbremse. Natürlich, wenn ich mich jeden Tag über meine Arbeit, meine Kollegen und meinen Chef ärgere und jeden Morgen Schweißausbrüche bekomme, wenn ich nur daran denke, dass ich in die Arbeit muss, dann hilft ein Beruhigungsmittel wie Cannabis kurzfristig, dass ich mit weniger Angst in meinen Job gehe. Aber dann kann ich auch gleich in der Früh Alkohol trinken. Auch Heroin würde da ganz fabelhaft helfen. Aber erstens ist damit mein Arbeitsproblem nicht gelöst, sondern ich bin nur zugedröhnt, um das Problem nicht zu spüren. Und zweitens leiste ich in der Arbeit bekifft sicher keinen besseren Job als nüchtern.

Bei regelmäßigem Konsum passiert folgendes: Wie wir wissen, erzeugt Cannabis im Gehirn eine Ausschüttung von Dopamin. Dopamin ist ein wichtiges Hormon, genau genommen ein Neurotransmitter. Dopamin bewirkt nicht nur ein Glücksgefühl (und bei Überdosis leider auch Psychosen), es ist auch verantwortlich für Motivation. Nehme ich jetzt allerdings ständig eine Substanz wie Cannabis, die die Dopaminkonzentration im Gehirn erhöht, dann wird es dem Gehirn irgendwann zu viel, und es versucht aus Gründen der Selbstregulierung gegenzusteuern. Also baut das Gehirn die zuständigen Rezeptoren für das Dopamin ab, damit nicht mehr so viel Dopamin an der nächsten Hirnzelle empfangen werden kann. Übrigens nebenbei: Der Dopaminausstoß durch Drogeneinnahme ist um Vielfaches höher als bei natürlichen Verhaltensweisen wie z.B. Sex. Das macht es auch für den Süchtigen so schwer, auf die Verführung der Droge zu verzichten.

Damit reduzieren sich aber auch genau die notwendigen Bereiche, die mich eigentlich motivieren, meinen Antrieb fördern sollen. Das bedeutet: Wenn ich dauernd kiffe, beraube ich mich selbst immer mehr meiner physiologischen Voraussetzungen, mich zu motivieren. Wir sprechen hier vom von Cannabis verursachten Amotivationssyndrom. Viele Dauerkiffer haben für nichts mehr Motivation, außer sich wieder Cannabis zu besorgen, wenn der Vorrat zur Neige geht. Ähnlich ist es bei schwer Alkoholkranken: Manche schwere Spiegeltrinker haben keine Motivation für Arbeit, Familienleben, Hobbys oder gar Körperpflege. Nur wenn in der Nacht der Alkohol ausgeht, ist plötzlich Motivation da, um die nächste Tankstelle aufzusuchen.

Auch das ist einer dieser negativen Effekte, die Cannabis auf den menschlichen Körper, insbesondere das Gehirn, hat. Nur tut ein Teil unserer Gesellschaft und leider auch der eine oder andere Mediziner so, als gäbe es diese Auswirkungen nicht. Als würde Cannabis nur Gutes tun. Als sei Cannabis das beste Allheilmittel. Was für eine Absurdität.

Bei jedem Medikament, bei jedem Aspirin und bei jedem Paracetamol wird in der Werbung auf die Risiken und Nebenwirkungen hingewiesen, und dass man dazu Arzt und Apotheker befragen sollte. Nur beim Cannabis nicht? Dass nicht einmal erwähnt wird, dass Cannabis potenziell eine negative Wirkung haben könnte, das ist doch schon ein Unding. Die pauschale Verharmlosung der Droge Cannabis, das ist in meinen Augen ein Verbrechen.

10

CANNABIS AM STEUER: EINE GEFAHR FÜR LEIB UND LEBEN

Kein vernünftiger Mensch wird bestreiten, dass Alkohol am Steuer gefährlich ist. Allein in Deutschland starben 2014 bei Verkehrsunfällen unter Alkoholeinfluss 260 Menschen, 16.856 wurden verletzt.[29] Eine erschreckende Statistik. Von Alkohol wissen wir aber auch, dass es eine kurze Halbwertszeit hat. Trinke ich also am Abend in der Kneipe drei Bier, so empfiehlt es sich nicht, sich noch ans Steuer zu setzen, allerdings kann ich davon ausgehen, dass ich am nächsten Vormittag unter normalen Bedingungen wieder Auto fahren kann.

Natürlich muss man auch hier aufpassen. Wer um drei Uhr nachts noch sternhagelvoll ist, sollte sich um sieben Uhr morgens gründlich überlegen, ob er schon wieder in der Lage ist, aktiv am Straßenverkehr teilzunehmen. Und dennoch: Der Alkoholgehalt im Blut senkt sich in der Regel recht schnell wieder. Bei Cannabis ist das anders.

Cannabis bleibt viel länger im Körper. Man muss es gar nicht merken, man muss nicht das Gefühl haben, high zu sein und stoned. Aber die Wirkung auf den Körper ist immer noch da, auch fünf, zehn, zwanzig Stunden oder gar Tage nach meinem letzten Joint. Dazu kommen wie bei Alkohol auch die individuellen Unterschiede, dass sich Cannabis von Mensch zu Mensch unterschiedlich rasch abbaut. Bei Alkohol habe ich bezüglich der Abbaurate bekanntermaßen in etwa den Richtwert von 0,15 Promille pro Stunde – bei Cannabis kann ich das nicht sagen. Wie viel habe ich gekifft, wie stark war das Zeug, das ich geraucht habe, wie hoch die THC-Konzentration? Habe ich einen Joint genommen oder das

Cannabis in einen Muffin gerührt? Oder als Keks genommen? Und wie viele Joints habe ich kurz hintereinander geraucht, und wie viel Körperfett steht dem THC als Speicher zur Verfügung? All das sind wesentliche Faktoren, die eine völlig unterschiedliche Konzentration im Körper hervorrufen.

Wie unwissend viele Menschen in unserer Gesellschaft sind, und bedauerlicherweise auch zahlreiche Politiker, das zeigte ein Gesetzentwurf mit dem Titel »Entwurf eines Cannabiskontrollgesetzes« der deutschen Bundestagsfraktion Bündnis 90/Die Grünen vom 4. März 2015. Darin wurde nicht nur angeregt, dass erwachsenen Privatpersonen der Erwerb und Besitz von bis zu 30 Gramm Cannabis oder drei Cannabispflanzen zum Eigenbedarf erlaubt sein soll. Nein, darüber hinaus forderte die Fraktion auch noch die Einführung eines Grenzwertes für Cannabis beim Fahren von Kraftfahrzeugen. Verankert bei 5,0 ng/ml THC im Blutserum. Dazu heißt es in der Begründung: »Ein solches Grenzwertmodell würde ermöglichen, dass ›sich der Cannabiskonsument ähnlich wie der Alkoholkonsument durch verantwortungsvolles Verhalten, d.h. eine ausreichend lange Drogenabstinenz vor aktiver Teilnahme im Straßenverkehr, auf die durch ein Grenzwertmodell gestellten Anforderungen einstellen kann‹.«[30]

Eine sehr gewagte These, denn hierzu stellt Professor Rainer Thomasius, Ärztlicher Leiter des Deutschen Zentrums für Suchtfragen des Kindes- und Jugendalters (DZSKJ) im Universitätsklinikum Hamburg-Eppendorf (UKE), fest: »Die für das Führen eines Kraftfahrzeugs notwendigen Leistungsfunktionen sind während der Cannabis-Akutwirkung signifikant eingeschränkt. Dieser Befund wird nicht nur durch neuropsychologische Untersuchungen, sondern auch durch Studien am Fahrsimulator sowie durch Fall-Kontrollstudien zum Unfallrisiko beim Fahren unter Cannabiseinfluss gestützt.«[31]

Prof. Thomasius geht aber noch weiter: »Bereits bei sehr geringem Wirkspiegel von THC im Blut (1 bis 2 ng/ml), wie dieser auch noch mehrere Stunden nach herbeigeführtem Rauschzustand bestehen kann, können besonders schwere Verkehrsunfälle mit Personenschäden und Todesfolge verursacht werden. In einer Analyse drogenassoziierter Verkehrsunfälle (Kauert & Iwersen-Bergmann, 2004) stellten Cannabis-Befunde die größte Gruppe.«[32] Bemerkenswert ist dabei die extrem hohe Differenz zwischen den einzelnen Werten: So variierte die Höhe der THC-Konzentration im Blut zwischen 1,3 und 20,1 ng/ml. Ein Beleg dafür, wie wenig die Konsumenten ihren eigenen Zustand nach Cannabiskonsum noch einschätzen können.

Wie eine Studie aus Kalifornien belegt[33], einem jener amerikanischen Bundesstaaten, in denen Marihuana aus medizinischen Gründen abgegeben werden darf, hat sich die Zahl der Autofahrer, die unter Cannabiseinfluss am Steuer sitzen, seit der partiellen Legalisierung deutlich erhöht. Von 4,9 Prozent, die noch in den Zeiten des Cannabis-Verbots Auto fuhren, auf 7,8 Prozent danach.

Eine weitere amerikanische Studie[34] mit einer Untersuchung von mehr als 2600 tödlich verunglückten Autofahrern bewies, dass das Risiko für einen Unfall mit Todesfolge bereits bei 2ng/ml THC im Blut deutlich ansteigt, während das Risiko unter Medikamenteneinfluss mit Antidepressiva oder opiathaltigen Schmerzmitteln konstant blieb. Auch unter Einfluss von Beruhigungs- und Schlafmitteln erhöhte sich das letale Unfallrisiko nur minimal. Heißt: Cannabis ist weit gefährlicher beim Autofahren als die meisten anderen Mittel, und das bereits bei einer Konzentration von weit weniger als der im Gesetzentwurf geforderten 5ng/ml, wobei die Kombination aus Cannabis und Alkohol das Risiko logischerweise laut einer weiteren Studie[35] noch vervielfacht, und zwar gleich um das 40-Fache.

Auch das Ergebnis einer Untersuchung an der Columbia University Mailman School of Public Health widerlegt eindeutig all die Thesen, die dafür plädieren, Marihuana zu legalisieren, da Alkohol ja viel gefährlicher sei: »Wenn ein Autofahrer unter Alkoholeinfluss steht, ist das Risiko, einen tödlichen Verkehrsunfall zu verursachen,

13 Mal höher, als wenn er in nüchternem Zustand ist«, so die Forscher. »Wenn der Fahrer aber unter dem Einfluss von Alkohol und Marihuana steht, dann ist die Gefahr gleich 24 Mal höher als bei einer nüchternen Person.«[36] Dies war beileibe nicht das Resultat einer willkürlich stichprobenartig durchgeführten Untersuchung. Die Ärzte und Wissenschaftler um das Team von Dr. Guoha Li bezogen sich auf Ergebnisse von 23.500 Verkehrstoten zwischen 1999 und 2010 in jenen sechs US-amerikanischen Bundesstaaten, die toxikologische Tests an Menschen vornehmen, die bei Verkehrsunfällen getötet wurden: Kalifornien, Hawaii, Illinois, New Hampshire, Rhode Island, West Virginia – überwiegend also Staaten, in denen Cannabis illegal ist. Dass die Zahl an Verkehrsunfällen unter Cannabis-Einfluss mit oder ohne Kombination mit Alkohol bei einer Legalisierung weiter steigen würde, bedarf wohl keiner weiteren Erläuterung. »11 Prozent aller getöteten Verkehrsteilnehmer standen unter Cannabis-Einfluss«, sagte Dr. Li bei der Präsentation der Studie. »Wenn es so weitergeht, wird Alkohol in fünf, sechs Jahren nicht mehr wie bisher diejenige Droge sein, die die meisten tödlichen Unfälle hervorruft, sondern dann werden die nicht alkoholischen Drogen Spitzenreiter sein.«[37]

Wie Prof. Thomasius in seiner Expertise wiederum schlussfolgert, »erhöht sich das Risiko für die Verursachung eines Verkehrsunfalls bei Cannabis-Einfluss unter Hinzuziehung aller Studienarten um das 1,9-Fache bzw. bei Zugrundelegung allein der wissenschaftlich hochwertigen Fallkontrollstudien um das 2,8-Fache.«

Das Problem ist nur: Den Alkoholgehalt im Blut kann man wunderbar mit dem Alkomaten messen, einmal ins Röhrchen pusten, schon zeigt das Display den Wert. Bei Cannabis und THC gibt es mit den derzeitigen Möglichkeiten noch keine Methode, die ein Polizeibeamter bei einer Verkehrskontrolle anwenden könnte, um die Konzentration genau zu messen. Sogenannte Streifentests für Urin oder auch für Speichel sind viel zu unpräzise, und sogar die Harntests in einem Labor können erst Konzentrationen von mehr als 25 ng/ml im Harn oder 3ng/ml im Blut nachweisen, was also schon jenseits jener Grenze liegt, die erwiesenermaßen zu einer Beeinträchtigung der Fahrtauglichkeit führt.

Möglich wäre eine exakte Messung nur mit einer sogenannten Gaschromatografie-Massenspektrometrie-Maschine, kurz GC-MS, die aber sehr teuer ist, unhandlich und viel zu groß, um sie mobil bei einer Verkehrskontrolle auf der Straße zu verwenden. Es ist also heuchlerisch, 5,0 ng/ml als Grenzwert zu fordern, wenn die Polizei keine Möglichkeit hat, dies auf der Straße überprüfen zu können.

Fazit: Es ist ein großer Irrtum zu meinen, Cannabis sei für meine Fahrtauglichkeit ungefährlicher als Alkohol. Subjektiv meinen viele Cannabiskonsumenten, sie könnten natürlich auch nach dem einen oder anderen guten Joint noch Auto fahren. Aber lassen Sie diese Leute mal nur an einen Fahrsimulator setzen. Da sehen Sie erst, wie verlangsamt das Reaktionsvermögen ist. Kurzum, dieser Grenzwert, den die Grünen forderten, ist zum einen willkürlich aus der Luft gegriffen, zum anderen ist er viel zu hoch.

Wenn wir uns entscheiden wollen, wie in anderen Kulturen – etwa in manchen asiatischen Ländern – bewusst ein höheres Risiko auf der Straße einzugehen, indem wir etwa die Einbahnstraße in falscher Richtung fahren (wie in dem Land, in dem ich geboren bin) oder mit einem Esel auf der Autobahn reiten, dann können wir gerne auch über Cannabis am Steuer sprechen. Wenn wir unsere Regeln aber aufrechterhalten wollen, wenn uns unsere Sicherheit weiterhin lieb ist, dann muss auch hier weiter ein striktes Verbot herrschen. Sonst manövrieren wir uns in eine Sackgasse, aus der wir nur schwer wieder herausfinden. Ich erinnere mich noch daran, wie schwierig es war, den gesetzlichen Grenzwert für Alkohol am Steuer von 0,8 auf 0,5 Promille herabzusetzen, obwohl es offensichtlich war, dass die meisten Menschen bei 0,8 Promille deutlich beeinträchtigt sind.

11

DIE LÜGE VOM NATURHEILMITTEL

Mit Kopfschütteln verfolge ich seit Jahren die Berichte in den Medien über das – wie es so gerne bezeichnet wird – Naturheilmittel Cannabis. Auch hier zeigt sich einerseits die erschütternde Ahnungslosigkeit in weiten Teilen unserer Gesellschaft. Und andererseits, wie sehr bestimmte Interessensgruppen ganz bewusst Lügen verbreiten oder die Wahrheit einfach beiseite lassen.

Ja, Cannabis ist ein natürliches Produkt, und ja, es ist in bestimmten wenigen, später noch näher zu vertiefenden Beispielen auch ein Mittel, das zu einer gewissen Linderung bestimmter Krankheitssymptome beiträgt, ich spreche hier ganz bewusst nicht von Heilung. Aber nur, weil Cannabis ein natürlicher Stoff ist, muss es deswegen schon gesund sein? Die allergiftigsten Stoffe, die wir kennen, sind Naturprodukte. Denken wir an die Tollkirsche. An den Knollenblätterpilz. An das Maiglöckchen. Alles Gewächse aus dem Grünen, und teilweise auch noch mit lieblichem Namen. Aber würden Sie sie deswegen essen?

Nur weil etwas in der Natur entsteht, ist es doch nicht schon automatisch gesund. Tabak, ganz natürlich. Warum haben wir dann so viel Angst davor? Warum sterben jedes Jahr so viele Menschen an Tabakkonsum? Oder Heroin, wird auch aus einer natürlichen Substanz gewonnen, nämlich aus dem Saft der Schlafmohnkapsel. Basiert also auch auf einem Naturprodukt. Oder Kokain aus den Blättern der Coca-Pflanze. Sagen wir deswegen, Heroin und Kokain sind super, während Ecstasy und Crystal Meth schlecht für uns sind, wegen ihrer synthetischen Herstellung? Die Gefährlichkeit oder die Verträglichkeit einer Substanz lässt sich nicht dadurch bemessen, ob sie natürlich ist oder nicht. Mehr noch: Bei der künstlichen Herstellung kann ich zumindest genau festlegen und feststellen, was darin enthalten ist.

Bei Marihuana kann ich das nicht sagen. Denn es besteht nicht nur aus THC, sondern aus bis zu 200 anderen Substanzen, die mit dem THC verwandt sind und deshalb Cannabinoide genannt werden. Wir haben zwar die meisten dieser Cannabinoide im Marihuana entdeckt, aber die Wirkung der meisten ist bis heute noch völlig unklar. Die Forschung wird noch viele Jahre brauchen, bis alle Cannabinoide erforscht sind. Somit wissen wir also noch sehr wenig von den Nebenwirkungen dieser Inhaltsstoffe.

Ein verantwortungsvoller Befürworter der Cannabis-Legalisierung müsste also, läge ihm die Gesundheit des Konsumenten am Herzen, für die Verabreichung eines hochgereinigten Cannabisprodukts wie z.B. Cannabidiol plädieren, in dem die anderen cannabisartigen Substanzen nicht mehr vorkommen. Tatsächlich aber wollen die Befürworter lieber Marihuana, also die getrocknete Blüte des Hanfes mit viel THC, legalisieren.

Hinzu kommt noch die extreme Gesundheitsgefährdung, wenn ich regelmäßig Cannabis in Form eines Joints zu mir nehme. Bei der Zigarette wissen wir, dass darin mehr als 200 krebserregende Stoffe enthalten sind, die erst durch die Verbrennung ihre schädliche Wucht entfachen. Marihuana hingegen ist noch weitaus gefährlicher, denn da es erst bei viel höherer Temperatur verbrennt, entstehen dadurch noch weitaus mehr krebserregende Stoffe. Die Forschung steckt hier noch in den Kinderschuhen, es gibt jedoch bereits erste Studien, die einen Zusammenhang zwischen Cannabis und der chronischen Lungenerkrankung COPD, Lungenkrebs sowie auch Asthma sehen. Übrigens birgt Cannabis auch andere Gefahren: Cannabiskonsum verengt temporär (solange es wirkt) die Blutgefäße des Gehirns, damit im Zusammenhang stehend gibt es Hinweise auf Erhöhung des Risikos eines Schlaganfalles. Auch kann es Herzrhythmusstörungen hervorrufen.[38] Alles andere als harmlos also. Nur die öffentliche Wahrnehmung ist eine andere.

In den Vereinigten Staaten gilt das Rauchen heute als verpönt, man darf nirgendwo mehr rauchen, nicht einmal mehr an öffentlichen Plätzen, es ist das Böse schlechthin. Kiffen hingegen ist gesellschaftsfähig. Was für eine groteske Logik. Was ist allein mit dem Passivrauchen? Wie groß ist die Aufregung, wenn sich im Beisein von Nichtrauchern jemand eine Zigarette anzündet. Dabei ist es mindestens genauso gefährlich, wenn ich neben jemandem sitze, der sich gerade einen Joint reinzieht. Hier inhaliere ich dann ungewollt eben THC und die anderen krebserregenden Substanzen. Nicht jedes hässliche Kraut, das in der Natur vorkommt, ist ein bekömmliches Heilmittel ohne jegliche Nebenwirkung. Cannabis erst recht nicht.

12

KIFFEN MACHT KAPUTT: DIE KÖRPERLICHEN LANGZEITSCHÄDEN

Neben den bereits besprochenen dramatischen Folgen für das Gehirn verursacht Cannabis auch weitere schwere körperliche Erkrankungen. Besonders gefährlich für den Körper wird das Kiffen dadurch, dass die meisten Marihuana-Konsumenten keine Filter für ihre Joints verwenden, damit das begehrte THC nicht im Filter hängen bleibt, sondern ungefiltert und zur Gänze aufgenommen wird. Leider werden dann aber die vielen Giftstoffe im Rauch auch nicht gefiltert und zur Gänze aufgenommen. Dazu kommt, dass Marihuana bei viel höherer Temperatur verbrennt wie gewöhnlicher Tabak. Und durch die höhere Temperatur werden noch weit mehr Giftstoffe gebildet, als bei der normalen Zigarette.

Allen voran wird die Lunge geschädigt in Form der im letzten Kapitel kurz angerissenen COPD, die »Chronic Obstructive Pulmonary Disease«, eine chronische Erkrankung der Lunge, die auf entzündeten und dauerhaft verengten Atemwegen beruht und die so schwer sein kann, dass der Patient ohne Medikamente keine Luft mehr bekommt, er keine Stufen mehr hinaufgehen kann oder nicht mehr in der Lage ist, ohne Sauerstoffflasche aus dem Haus zu gehen.

Die größte Risikogruppe für diese Krankheit sind – wenig überraschend – die Raucher, wobei ich nicht nur von den Zigarettenrauchern spreche, sondern auch von den Cannabisrauchern. Denn wie bei der normalen Kippe töten auch die Verbrennungsstoffe eines Marihuana-Joints sukzessive Lungengewebe ab. Das Lungengewebe vernarbt, und die Lungenbläschen verschwinden, sodass man keine Möglichkeit mehr hat, Sauerstoff aufzunehmen. Die Lunge ist nur noch ein großer Hohlraum (auch Lungenemphysem genannt).

Je mehr ich nun also rauche, desto größer ist die Gefahr, an COPD zu erkranken; ziehe ich mir drei Joints am Tag rein, erwischt es mich mit Sicherheit eher, als wenn ich dreimal in der Woche kiffe. Wir wissen, wie bereits erwähnt, dass im Cannabisrauch bis zu 200 verschiedene kanzerogene, also krebserregende Stoffe stecken. Und wir wissen, dass jeder einzelne Joint, so wie jede einzelne Zigarette auch, entlang der Atemwege genetische Mutationen der Zellen hervorruft. Rein theoretisch könnte also bereits einmal Rauchen zu Krebs führen, tatsächlich aber regenerieren sich die Zellen in 99,9999 Prozent der Fälle von alleine wieder.

Die Frage ist eben nur: Wie lange muss ich rauchen, um Krebs zu bekommen? Die einen haben Pech und haben ihn nach einem Jahr. Die anderen hingegen haben Glück und kommen mit fünfzig Jahren Kettenrauchen ohne Krebs durch ihr Leben. Wäre es theoretisch und biologisch möglich, ewig zu leben, dann wäre es nur eine Frage der Zeit, dann erwischte es mich als Raucher garantiert irgendwann einmal. Egal, ob ich rauche, um Nikotin zu mir zu nehmen oder THC.

Bei Rauchern wie bei Kiffern ist aber nicht nur die Lunge gefährdet, sondern auch andere Organe, zu denen das Blut die giftigen Stoffe transportiert. Ganz typisches Beispiel ist die Harnblase. Weil sich dort die giftigen Substanzen sammeln, erleiden viele Raucher Harnblasenkrebs. Dass Menschen, die häufig kiffen, sich auch dieser Gefahr aussetzen, ist logisch, aber wissenschaftlich nicht leicht nachzuweisen. Denn da dic meisten Kiffer auch Zigaretten rauchen, ist es wissenschaftlich nicht auseinander zu halten, wodurch das Krebsgeschwür ausgelöst wurde – klar ist aber auch, wer kifft, erhöht sein Risiko, an Krebs zu erkranken, um ein Vielfaches.

In einigen Jahren werden wir sicher die ersten Studien haben, die medizinisch belegen können, dass Kiffen Krebs verursacht. Denn in den Vereinigten Staaten sinkt die Zahl jener, die normale Zigaretten konsumieren, immer weiter, dafür steigt die Zahl der Kiffer dramatisch. Dadurch wird es leider bald genügend Menschen geben, die ausschließlich Cannabis rauchen und keine Zigaretten, wodurch die negativen Effekte des Marihuana-Rauches auf den Körper eindeutig belegbar sein werden.

Ähnlich verhält es sich beim Herz. Bei Zigaretten wissen wir, dass sie häufig die sogenannte koronare Herzerkrankung hervorrufen, dass also die Herzkranzgefäße durch Verkalkung eng werden mit der möglichen Folge eines Herzinfarkts. Daran ist nicht das Nikotin schuld, sondern die anderen Inhaltsstoffe des Rauches. Diese gefährlichen Stoffe inhaliert man auch beim Kiffen. Wie oben beschrieben, sind im Marihuana-Rauch sogar noch mehr Gifte durch die höhere Temperatur bei der Verbrennung.

Erst seit Kurzem konzentriert sich die Forschung auf diese schädlichen Wirkungen des Cannabis-Rauchens. Dies wird zunehmend möglich, weil die Zahl jener, die normale Zigaretten konsumieren, immer weiter sinkt, und dafür steigt die Zahl der Kiffer dramatisch. Je mehr Menschen ausschließlich Cannabis rauchen und keine Zigaretten, desto leichter werden die negativen Effekte des Marihuana-Rauches auf den Körper eindeutig belegbar sein. In letzter Zeit beschreiben immer mehr wissenschaftliche Veröffentlichungen die Zusammenhänge zwischen Kiffen und Lungenentzündung, verringerte Lungenkapazität, chronische Bronchitis, COPD und Lungenkrebs.[39, 40, 41]

Betrachten wir also nur diesen Aspekt, die Lunge, das Herz, die Gefäße, so wäre es wesentlich gesünder, Cannabis nicht durch das Rauchen, sondern in einer anderen Form zu sich zu nehmen. Etwa mit Plätzchen oder mit Muffins. Allerdings wirkt das THC dann deutlich später und deutlich länger, was wiederum andere Nachteile hat, wie zum Beispiel die längere Beeinträchtigung der Fahrtüchtigkeit. Besonders beunruhigend sind auch die zunehmenden Berichte über Kinder, die Cannabis-haltige Muffins und Cookies essen, weil sie auf der Suche nach Süßem diese in Kuchenläden finden und sie für normale Kuchen halten. Ich stelle es mir schwierig vor, kleinen

Kindern zu erklären, dass sie diese toll aussehenden Leckereien nicht essen dürfen.

Übrigens ist der Cannabiskonsum über einen Bong, also über Wasserpfeife, nicht gesünder. Ich kenne das Gerücht, der Rauch würde beim Durchqueren des Wassers gereinigt. Nur stimmt das leider nicht, auch nicht bei der ganz gewöhnlichen Wasserpfeife mit Tabak oder sonstigen Kräutern. Der Rauch wird im Wasser nur gekühlt, wodurch es angenehmer wird, aber eben nicht gesünder.

Cannabis in Form von Lebensmittel wäre also weniger schädlich für den Körper, aber jetzt kommt der Haken an der Sache: Welcher Raucher würde sich damit zufrieden geben, das Nikotin über Lebensmittel zu sich zu nehmen? Welcher Raucher würde sich damit zufrieden geben, das Nikotin über ein Lebensmittel zu sich zu nehmen? Oder mit einem Nikotinpflaster? Das Rauchen ist wie das Kiffen auch bei vielen ein Ausdruck eines bestimmten Lebensgefühls. Gerade bei Jugendlichen ist es cool, sich eine Zigarette anzuzünden, das ist eine Demonstration nach außen, die oft auch durch eine unvermeidliche Gruppendynamik erzeugt wird, mehr noch, durch einen Gruppendruck. Menschen sind Rudeltiere, die dem Herdentrieb folgen. Raucht der Leitwolf, raucht auch das Rudel. Kifft einer, kiffen alle. Gerade in diesen Gemeinschaften, in diesen Peer-Groups, will natürlich jeder dazugehören. Man will auffallen und auch provozieren, weshalb es auch unvorstellbar wäre, dass sich Teenager bei einer Party gegenüberstehen und sich gegenseitig ihre Nikotinpflaster zeigen.

Ganz bedeutend in diesem Zusammenhang ist die orale Komponente, die uns seit unserer Geburt prägt und die unser Leben lang nicht verloren geht. So wie Kleinkinder einen Schnuller haben wollen, an der Mutterbrust oder am Milchfläschchen saugen wollen, so wollen wir auch als Erwachsene immer etwas zwischen den Lippen haben. Das ist der Grund, warum wir lieber aus einem Strohhalm trinken statt direkt vom Glas, oder auch aus der Flasche trinken, wenn möglich aus einer mit diesen komischen Aufsätzen, an denen man nuckeln muss. Auch Nägelbeißen und Kaugummikauen befriedigt teilweise dieses orale Bedürfnis. Und das ist auch der Grund, warum Kiffer eben lieber kiffen, als sich THC in Butter gelöst aufs Brot zu schmieren und auf den wildesten Partys an einem Butterbrot kauend durch die Gegend zu laufen.

Viele Raucher stecken sich auch eine Zigarette in den Mund und vergessen ganz, sie danach anzuzünden. Andere machen das ganz bewusst zur Entwöhnung; einfach das Gefühl, eine Zigarette im Mund zu haben, befriedigt sie bereits, da muss sie gar nicht brennen. Weitergedacht könnte man an jeden Kiffer appellieren: Ja, kauf dir Cannabis, so viel du magst, dreh dir einen Joint und steck ihn dir in den Mund. Aber zünde ihn dir niemals an. Dann lebst du garantiert länger.

13

DAS KIFFEN UND DIE KINDER – SO ZERSTÖREN WIR UNSEREN NACHWUCHS

Schon jetzt ist es so, dass in amerikanischen Bundesstaaten mit einer medizinischen Freigabe viel zu viel Cannabis verschrieben werden darf. Wie zuvor bereits erwähnt, können Ärzte in Massachusetts etwa, wo die medizinische Abgabe von Marihuana in einem Referendum 2012 beschlossen wurde, völlig legal für einen Zeitraum von 60 Tagen bis zu zehn Unzen Cannabis anordnen. Nach Ablauf der 60 Tage dann die nächsten zehn und so weiter. Zehn Unzen, das sind umgerechnet 283 Gramm. Atemberaubend.

Aber nicht nur die Menge an Cannabis, die von Ärzten verschrieben wird, ist erschreckend. Sondern auch die fehlende Sorgfaltspflicht, überhaupt eine Diagnose zu stellen. Schon jetzt geben in Staaten wie Colorado und Kalifornien mehr als 90 Prozent der vermeintlichen Kranken, die beim Arzt einen Erlaubnisschein für Marihuana beantragen, an, sie hätten »starke chronische Schmerzen«. Und schon bekommen sie ihre grüne Karte, um sich im nächsten Shop Cannabis zu besorgen. Übrigens sind es meist Männer zwischen 25 und 35 Jahren.[42] Anscheinend haben in den USA die Jüngeren öfter chronische Schmerzen als Ältere.

Starke Schmerzen? Wer hat die nicht manchmal? Muss ich deswegen gleich einen Joint rauchen? Hier wird deutlich, dass es nicht um Medizin geht, nicht darum, dass die meisten Menschen irgendwelche Schmerzen lindern wollen. Die meisten wollen einfach nur kiffen und high sein. Es ist kein medizinisches Thema, es ist nur Big Business.

Vor allem aber ist es eine große Gefahr für unsere Kinder.

In all den amerikanischen Bundesstaaten, in denen Cannabis auf legalem Weg erhältlich ist, sei es zu medizinischen Zwecken oder zum »recreational use«, also zum reinen Vergnügen, wird immer wieder beteuert, wie streng die Auflagen bei der Abgabe seien – dass Cannabis nur an Erwachsene ab einem Alter von 18 oder sogar ab 21 Jahren verkauft werde, dass Minderjährige nicht einmal Zugang zu den »Dispensaries«, den Abgabestellen, hätten. Völlig ausgeschlossen, so heißt es immer wieder, dass Teenager die Möglichkeit hätten, sich Cannabis zu besorgen.

Das ist eine Lüge.

Wie Untersuchungen, Umfragen und Studien ergaben, ist die Zahl der kiffenden Jugendlichen gerade in diesen Staaten, in denen das Cannabisverbot aufgehoben wurde, dramatisch angestiegen. Nur ein Beispiel: Jugendliche, die in Denver/Colorado wegen Suchterkrankung psychiatrisch behandelt wurden, gaben zur Hälfte an, dass sie ihr Cannabis von jenen Erwachsenen bezogen, die wiederum legal Cannabis aus medizinischen Gründen kaufen konnten. Seit dem Jahr 2000 ist es nämlich in Colorado für Erwachsene möglich, vom Hausarzt eine Erlaubnis für den Kauf von Marihuana aus medizinischen Gründen ausgestellt zu bekommen. Das führte leider auch zu einer deutlich größeren Verfügbarkeit von Cannabis für Jugendliche, weil viele dieser Erwachsenen ihr legal erworbenes Marihuana an Jugendliche illegal weitergaben. Die Studie zeigt eindeutig, dass der Konsum von Marihuana bei Minderjährigen ansteigt, wenn der Gesetzgeber den Kauf von Marihuana aus (pseudo-)medizinischen Gründen an Erwachsene erlaubt. Das liegt unter anderem daran, dass dadurch für die Bevölkerung der Schein der Harmlosigkeit entsteht – frei nach dem Motto: »Ein Medikament kann ja wohl nicht schaden« – und damit viele Erwachsene ihren Stoff vielleicht ohne böse Absichten an Jugendliche in ihrem Umfeld weitergeben. Der Verdacht liegt nahe, dass ein Teil der Erwachsenen für Geld dealt. Die polizeiliche Kontrolle fällt hier besonders schwer, weil diese Erwachsenen legal

Cannabis bei sich haben dürfen. Die Studie zeigt aber auch, dass durch die medizinische Legalisierung für Erwachsene auch unter Jugendlichen der regelmäßige Konsum von Marihuana weniger geächtet ist. Übrigens waren in diesen Kliniken 91 Prozent dieser Jugendlichen gerade wegen Cannabis in Behandlung, neun Prozent wegen anderer Suchtmittel. Und sogar jene neun Prozent wiesen einen gelegentlichen Cannabiskonsum auf.[43]

In einem Selbstversuch recherchierte beispielsweise der kalifornische TV-Sender Fox 5, wie mühelos sich jeder Bürger einen Erlaubnisschein für den Gebrauch von Cannabis besorgen kann, so wie bei den Beispielen der »Green Doctors« von Venice Beach in Kapitel 27 geschildert. Beim ersten Arzt reichte die Angabe, man leide unter Schlafstörungen, schon wurde dem Besucher das Rezept ausgestellt. Noch viel bizarrer war der Besuch in der zweiten Arztpraxis. Dort war nämlich gar kein Mediziner aufzufinden. Die Testperson sprach dort auf einem Bildschirm via Skype mit einem Arzt und erklärte ihm, er könne nachts so schlecht einschlafen. Und schon teilte der Doktor seiner Mitarbeiterin mit, sie möge dem armen bemitleidenswerten Mann die »Medical Marijuana Card« doch bitte ausstellen. Nicht einmal zehn Minuten, dann hatte der Proband die Praxis wieder verlassen. Mitsamt der Green Card zum Kiffen. Cannabis-Befürworter werden jetzt sagen, dass ich wohl nur neidisch bin, weil diese Arztkollegen sich eine goldene Nase verdienen, und das über Skype.

Befragt wurde in dem Beitrag auch der Suchtberater Will Wooton, der sich selbst fassungslos über die Entwicklung äußerte und erklärte, dass es einigen Ärzten völlig egal sei, ob der vermeintliche Patient bereits volljährig sei oder nicht. Viele würden das Alter gar nicht überprüfen. Oder welcher Arzt, der seine unglaubliche Verantwortungslosigkeit im Umgang mit der Gesundheit der Menschen dokumentiert, wenn er Suchtsubstanzen über Skype verschreibt, ohne auch nur den Ansatz einer wirklichen Diagnostik zu stellen, welcher dieser Ärzte wird sich wirklich auch noch den

Personalausweis vor die Webcam halten lassen, um das Alter des Bittstellers zu verifizieren.

Wooton gab an, früher habe er in seinem Büro ein bis zwei Jugendliche pro Monat gesehen, denen eine »Medical Marijuana Card« ausgestellt wurde. Heute seien es wesentlich mehr. Allerdings pro Woche.[44]

Vorbei die Zeiten, in denen sich Teenager den Kopf zermartern mussten, wie sie sich am besten Gras besorgen können. Nie wieder Freunde anrufen oder Freunde von Freunden, die man fragen muss, ob sie jemanden kennen würden, der ihnen Zeug verkaufen würde. Nein, heute geht das ganz leicht. Rein zum Doktor, raus mit der Kifferkarte. Die Hürden sind nicht wirklich hoch.

In Kalifornien beispielsweise stieg die Zahl der Jugendlichen mit einem Erlaubnisschein für Marihuana 2014 innerhalb eines Jahres von 39 auf 248.[45]

Nein, man muss in Kalifornien keinen Krebs haben, keine Multiple Sklerose, kein HIV. Gesetzlich geregelt ist, dass der Patient schon eine Erlaubnis bekommt bei Arthritis, bei Migräne und bei »any other chronic or persistent medical symptom that substantially limits the ability of the person to conduct one or more major life activities«.[46] Symptome, die die Fähigkeit einschränken, eine oder mehrere Hauptaktivitäten im Leben durchzuführen – eine schön schwammige Formulierung in bestem Bürokraten-Englisch. Das klingt nach: »Wir tun das doch nur zum Wohle der Menschheit«. Aber sie öffnet Tür und Tor, bestens lässt sich das an den Statistiken ablesen.

In Arizona besaßen im Dezember 2012 34.000 Menschen eine »Medical Marijuana Card«. 3,76 Prozent davon hatten die Erlaubniskarte als Krebspatienten bekommen, um ihre Schmerzen zu lindern. 1,53 Prozent wegen ihres Grünen Stars. 1,06 Prozent wegen Aids. Aber jetzt kommt's: Beinahe neun von zehn Inhabern der Karte, 30.203 Menschen, genau 89,8 Prozent, hatten als Begründung für die Beantragung der Karte »schwere und chronische Schmerzen« angegeben.[47]

Und selbst wenn man als Teenager in einer Arztpraxis wirklich daran scheitern sollte, wegen seines Alters den Cannabis-Schein zu bekommen, dann geht man eben zum nächsten Arzt, lang wird die Suche nicht dauern, bis sich ein williger Mediziner findet. Oder aber, was auch ganz leicht funktioniert, man besorgt es sich eben von einem Erwachsenen. Ist kein Problem, geht ganz easy. Ob der Kumpel, der über 18 ist, ob der Nachbar, am Ende vielleicht sogar die eigenen Eltern, irgendjemand in der näheren Umgebung gibt es immer, der immer wieder ein paar Gramm Gras übrig hat.

Bei einer Untersuchung von drogenabhängigen Jugendlichen, die sich in Colorado einem Therapieprogramm unterzogen hatten, stellte sich heraus, dass annähernd drei Viertel, genau 74 Prozent, das Cannabis über einen Erwachsenen mit einer entsprechenden Medical Card bekommen hatten – oder noch besser, die sich die Medical Card von dessen Inhaber einfach borgten und damit dann im nächsten Cannabis-Shop ihr Zeug besorgten.[48] Und das, obwohl die Medical Card personalisiert ist, mit Name, Anschrift, Geburtsdatum und sogar einem Passfoto. Unvorstellbar, aber ein Beweis dafür, wie lax die Kontrollen hier gehandhabt werden, besser gesagt, wie sehr Kontrollen hier gar nicht stattfinden. Und wozu auch? Um Expräsident Bill Clinton zu zitieren: »It's the economy, stupid!« Frei übersetzt: Wirtschaftliche Interessen gehen nun einmal vor, du Depp!

Das Argument der Cannabis-Befürworter, die Auflagen seien so streng, dass es Jugendlichen unmöglich wäre, sich Marihuana zu besorgen, führt sich damit selbst ad absurdum. Je höher die generelle Verfügbarkeit in einer Gesellschaft, desto höher auch die Zahl des Konsumenten, auch in derjenigen Altersgruppe, denen der Zugang eigentlich verwehrt wäre. Mit Bauchweh sehe ich daher das Ansinnen der deutschen Bundesregierung, ab 2017 Cannabis auf Kassenrezept auszustellen. Das mag für diejenigen vom Schicksal getroffenen Patienten, die unter einer wirklich schweren, unheilbaren Krankheit leiden und das Pech haben, dass andere Medikamente nicht ausreichend helfen, zur Linderung ihrer Symptome eine gute und willkommene Nachricht gewesen sein. Für mich war es eine besorgniserregende. Denn klar ist damit auch, dass die Zahl derjenigen Erwachsenen wie auch Jugendlichen, die einfach aus Spaß und Genuss kiffen wollen, ansteigen wird, da können und mögen noch so große Einschränkungen und Zugangsrestriktionen gelten. Sich Gras zu besorgen, das wird damit wesentlich einfacher als bisher. Nicht nur für Schmerzpatienten und Schwerkranke. Sondern für jedermann.

14

CANNABIS IN DER SCHWANGERSCHAFT

Übelkeit und Unwohlsein, Gefühlsschwankungen und Angst vor den nächsten Monaten, das sind die klassischen Begleiterscheinungen einer Schwangerschaft im frühen Stadium. Ich hatte mehrmals schon cannabissüchtige schwangere Frauen in meiner Klinik, die mir erzählten, wie gut es ihnen täte, sich bei Auftreten dieser Symptome hin und wieder einen Joint reinzuziehen, danach ginge es ihnen schon viel besser, und sie würden den Zustand der Schwangerschaft leichter ertragen. Als ob Schwangerschaft eine Krankheit sei.

Ein paar werdende Mütter wiederum meinten stolz, dass sie in der Schwangerschaft keine Zigaretten mehr rauchen aus Rücksicht auf das ungeborene Kind, stattdessen würden sie sich jetzt eben drei bis vier Joints am Tag geben. Sei ja eh viel gesünder.

Längst ist erwiesen, dass Cannabiskonsum in der Schwangerschaft massive Folgen für das Baby im Bauch nach sich ziehen kann. Cannabis kann nicht nur die Gehirnentwicklung des Fötus beeinträchtigen, sondern auch nach der Geburt Schädigungen hervorrufen. Aus einer Studie von 2014, in der der Zusammenhang zwischen dem Cannabis-Wirkstoff THC und der Entwicklung des Gehirns bei ungeborenen Kindern untersucht wurde, wird ersichtlich, dass Cannabis in der Schwangerschaft zu einer erhöhten Fehlentwicklung von Nervenzellen in der Gehirnrinde führt, was die geistigen Funktionen und das Gedächtnis enorm beeinträchtigt und die Kinder damit noch vor ihrer Geburt bereits für das gesamte Leben schwer schädigt. THC setzt bei den Embryos genau dort an, wo sich während der Entwicklung des Gehirns die so wichtigen Verbindungswege, die Kommunikationsstränge zwischen den einzelnen Nervenzellen bilden. Wenn sich diese Wege durch den Einfluss des THC nicht optimal entwickeln, führt das zu einer irreversiblen Funktionsstörung des Gehirns.[49]

Eine weitere Studie aus den USA, die sämtliche Daten aus bisher bestehenden Studien zum Thema Cannabis und Schwangerschaft zusammenfasst, kam zu dem Ergebnis, dass Cannabiskonsum bei der schwangeren Frau zu Blutarmut führen kann mit der Folge, dass die Neugeborenen ein höheres Risiko für geringeres Geburtsgewicht haben und statistisch gesehen öfter nach ihrer Geburt auf der Intensivstation behandelt werden müssen.[50]

Da manche schwangere Konsumentinnen neben Cannabis auch andere Suchtmittel wie Alkohol und Nikotin zu sich nehmen, ist in vielen Fällen sicher nicht einwandfrei nachzuweisen, woher die Schädigung genau resultiert. Vom Saufen? Vom Rauchen? Vom Kiffen? Oder aus einer Kombination aller drei Substanzen? Will ich mein Kind wirklich dieser Gefahr aussetzen, während der Schwangerschaft oder der Stillzeit? Wer in der Schwangerschaft und in der Stillzeit sein Kind nicht schädigen will, lässt die Finger von jedweder Droge, auch vom Cannabis. Denn es tut den Schwangeren nicht gut. Cannabis schädigt das Kind. Für ein Leben lang.

15

VERGIFTUNG, ABHÄNGIGKEIT, ENTZUG

Wie erkennt man, wenn jemand im Moment unter Einfluss von THC steht? Wie zeigen sich Cannabisabhängigkeit oder -entzug? Diese kurze Anleitung soll helfen, die entsprechenden Symptome bei sich oder anderen zu erkennen. Eine hundertprozentig sichere Diagnose lässt sich allerdings ohne diagnostische Erfahrung und entsprechende Untersuchungsmöglichkeiten damit nicht stellen. Aber es sollte für eine begründete Vermutung genügen.

Bleibt zunächst die Frage, wozu das gut sein soll. Nun, ist man sensibilisiert und erkennt man bei sich selbst frühzeitig ein Problem, kann man seinen eigenen Weg hinterfragen und daran eventuell etwas ändern oder professionelle Beratung in Anspruch nehmen. Hat man bei einem Angehörigen, Bekannten oder Kollegen einen Verdacht, kann man diesen ansprechen und die Person vielleicht zum Nachdenken anregen oder gar zur Verhaltensänderung bzw. motivieren, entsprechende Hilfe anzunehmen.

Nun zum Ausdruck »Vergiftung«. Viele würden vielleicht sagen, dass bekifft zu sein ja keine Vergiftung darstellt, weil es sich meist gut anfühlt und sehr selten lebensgefährlich ist. Aber medizinisch heißt es nun mal »Cannabis-Intoxikation«, und Intoxikation heißt übersetzt Vergiftung. Und eigentlich stimmt es auch. Denn THC hat einen beträchtlichen Einfluss auf den Stoffwechsel im Gehirn. Die Wirkung ist um so vieles stärker, als die Natur mit den körpereigenen Endocannabinoiden vorgesehen hat, dass medizinisch gesehen für dieses chemische Durcheinander der Ausdruck »Vergiftung« gerechtfertigt ist. Und das bedeutet ohnehin nicht unbedingt, dass man gleich tot umfällt. Sondern viele Vergiftungen wirken sich nur langfristig aus, wie chronische Vergiftungen durch Blei oder Quecksilber oder auch durch radioaktive Strahlung. Auch beim Handy wissen wir noch nicht genau, ob es langfristig nicht zu Beeinträchtigungen durch die elektromagnetische Strahlung kommt, also ob es so etwas wie eine »Handyvergiftung« gibt, obwohl kaum jemand beim Telefonieren gleich umkippt.

Einigen wir uns auf den Ausdruck »Cannabis-Intoxikation«, weil andere Bezeichnungen wie »Momentane Auswirkung der psychoaktiven Cannabinoide« zu sperrig sind. Erkennbar ist solch eine Intoxikation durch folgende Anzeichen:

- Schneller Puls
- Rötung der Augen
- Trockener Mund
- Psychotische Symptome wie Verfolgungswahn oder Halluzinationen
- Angst und Panik
- Vergesslichkeit im Alltag
- Typische Verhaltensweisen wie distanzloses Witzeln, Verwenden von Parfüm zur Überdeckung von Marihuanageruch, Motivationslosigkeit, welche nicht mit Leidensdruck einhergeht, usw.

Beim Thema Abhängigkeit unterscheiden manche Experten die Begriffe »Sucht« und »Abhängigkeit«. Ich würde da keinen Unterschied sehen, wie ich bereits beschrieben habe, genauso wie ich auch zwischen körperlicher und psychischer Abhängigkeit keinen sehe. Meist versucht man heute nicht mehr »Sucht« zu verwenden, weil der Ausdruck ursprünglich von »Siechen« kommt und einfach nur Kranksein meinte.

Die recht moderne amerikanische Einteilung der psychischen Erkrankungen, das sogenannte DSM 5 (Diagnostic and Statistical Manual of Mental Disorders), beischreibt elf Symptome der Cannabisabhängigkeit. Je nachdem, wie viele dieser zutreffen, sprechen wir von milder (2 bis 3 Symptome), mittelgradiger (4 bis 5 Symptome) oder schwerer Störung (6 oder mehr Symptome). Ich gebe zu, dass man auch über den Ausdruck »Störung« streiten könnte, aber die Medizin ist eben unromantisch. Die elf Symptome sind:

- Mehr Cannabiskonsum als vom Betroffenen beabsichtigt (Kontrollverlust)
- Erfolglose Versuche des Betroffenen, seinen Konsum zu kontrollieren oder einzuschränken
- Hoher Zeitaufwand für Beschaffung oder Konsum von Cannabis bzw. Erholung nach Cannabiseinnahme
- Starkes Verlangen bzw. starker Drang nach Cannabiskonsum (Craving)
- Unvermögen, wichtigen beruflichen, schulischen oder privaten Verpflichtungen nachzukommen, als Folge wiederholten Cannabiskonsums
- Soziale oder zwischenmenschliche Probleme als Folge wiederholten Cannabiskonsums
- Vernachlässigung wichtiger sozialer, beruflicher oder Freizeitaktivitäten oder Einschränkung dieser Aktivitäten zugunsten des Cannabiskonsums
- Wiederholter Cannabisgebrauch in Situationen, in denen es aufgrund des Konsums zu einer körperlichen Gefährdung kommen kann
- Fortgesetzter Cannabiskonsum trotz Kenntnis der negativen körperlichen oder psychischen gesundheitlichen Folgen
- Toleranzentwicklung im Sinne einer ausgeprägten Dosissteigerung, um die erwünschte Cannabiswirkung zu erzielen, oder verminderten Wirkung unter derselben Dosis
- Entzugssymptome bei Nicht-Konsum von Cannabis bzw. Vermeidung von Entzugssymptomen durch erneuten Cannabiskonsum

Von Entzug sprechen wir dann, wenn sich jemand im Rahmen seiner Abhängigkeit schlecht fühlt oder auffällig benimmt, sobald er eine Weile sein Suchtmittel nicht konsumiert hat. Bei Cannabis sind Entzugssymptome meist folgende:

- Reizbarkeit, Wut oder Aggressivität
- Nervosität oder Ängstlichkeit
- Schlafstörung (Schlaflosigkeit oder belastende Träume)
- Verringerter Appetit oder Gewichtsverlust
- Unruhe
- Depressive Verstimmung
- Körperliche Beschwerden wie Bauchschmerzen, Zittern, Schwitzen, erhöhte Temperatur bzw. Fieber, Schüttelfrost oder Kopfschmerzen

Fallen derartige Zustände auf, bei einem selbst oder bei anderen, ist das ein ziemlich deutlicher Hinweis für eine bestehende Cannabisabhängigkeit. Allerdings kann jedes einzelne Symptom auch andere Ursachen haben. Es ist vielmehr das Auftreten mehrerer oder fast aller dieser Anzeichen verbunden mit vorherigem regelmäßigen Cannabiskonsum, das den entscheidenden Hinweis auf einen Cannabisentzug und damit auf die Abhängigkeit gibt. Hier konsumiert die Person nicht mehr nur zum Spaß Cannabis oder um Symptome anderer Erkrankungen zu mildern. Sondern der Konsum dient hauptsächlich der Verhinderung der Entzugssymptome. Es geht also nicht um Genuss, sondern um Abhängigkeit. Übrigens schließen sich Genuss und Abhängigkeit meist grundsätzlich aus, auch wenn es eine Übergangsphase auf dem unheilsamen Weg vom Genuss zur Sucht geben kann, in dem beides ein wenig vorhanden ist.

Wann ist der beste Zeitpunkt für Beratung und Behandlung? Immer! Man braucht nicht zu warten, bis eine bestimmte Anzahl an Symptomen erreicht ist, bis man Beratung aufsucht oder anderen Suchtberatung nahelegt. Je früher, desto besser. Aber es ist auch nie zu spät. Alles ist besser, als einfach nur mit dem exzessiven Cannabiskonsum weiterzumachen oder bei Mitmenschen mit vermeintlichen Suchtproblemen wegzuschauen.

TEIL 3

DIE GESELLSCHAFT

16

CANNABIS & LIVING EASY! DAS MÄRCHEN VOM BESSEREN LEBEN

Die Rolling Stones haben ein schönes Lied namens *Mother's Little Helper* geschrieben, darin singen sie von den Bürden des alltäglichen Lebens einer Mutter und wie es ihr dann besser geht, wenn sie jeden Tag ihr Mittelchen einwirft. »And though she's not really ill, there's a little yellow pill, ..., and it helps her on her way, gets her through her busy day.« So wie hier von der Wirkung der kleinen gelben Pille die Rede ist (übrigens ein Benzodiazepin), so schwören viele ja auch auf den Effekt von Cannabis als kleinen Freund und Unterstützer in allen Lebenslagen, vor allem den schwierigen.

Natürlich, es gibt viele Substanzen, die unser Wohlempfinden subjektiv kurzfristig steigern. Dazu zähle ich auch Lebensmittel. Schokolade etwa macht das Leben auch kurzfristig leichter (und langfristig leider schwerer, im wahrsten Sinne des Wortes). Und ja, Alkohol auch. Es hat kurzfristig eine beruhigende, eine entängstigende Wirkung. Das kann in einem ganz speziellen Moment manchmal auch eine Erleichterung sein, unbestritten. Nur würde doch niemand auf die Idee kommen, guten Gewissens einem anderen Menschen, der etwa unter Stress oder Einsamkeit leidet, zu empfehlen, sich den ganzen Tag mit Schokolade vollzustopfen oder, noch schlimmer, von früh bis spät zu saufen. Die Suchtgefahr, gerade beim Alkohol, ist hier viel zu groß. Eine Gefahr, die genau auch jene Beruhigungsmittel nach sich zogen, die in den 1960er und 1970er Jahren vielen Menschen verschrieben wurden, vor allem Frauen – eben die kleinen Pillen, »Mother's Little Helper«. Übrigens wusste man damals noch nicht, dass Benzodiazepine süchtig machen. Deshalb hielt man sie auch unter Medizinern als so etwas wie ein Wundermittel.

Bei Cannabis höre ich von manchen meiner Patienten oft, es habe ihnen immer so gut gegen die Depression geholfen, eine Aussage, die ein katastrophaler Trugschluss ist. Natürlich lindert Cannabis meine Pein für einen kurzen Zeitraum. So wie es bei Kokain auch der Fall ist. Schnupfen Sie nur genug davon, Sie werden sehen, Sie fühlen sich für einige Stunden prächtig. Sigmund Freud hat auf Kokain geschworen. Dies war damals legal zu haben, er selbst kaufte sich seine erste, damals legal im Handel erhältliche Dosis für 1,27 Dollar bei der Pharmafirma Merck und nahm das Mittel ein, weil er sich müde, schlapp und schwer fühlte. Oral, 0,05 Gramm. Aber das reichte schon. Und siehe da, wie leicht wurde doch plötzlich alles, Freud war so begeistert, dass er gleich eine hymnische Eloge zu Papier brachte und damit einen regelrechten Kokain-Boom in ganz Europa mit auslöste.[51] Übrigens glaubte Freud damals noch, dass Kokain keinerlei Nebenwirkung hatte, von der Gefahr, süchtig zu werden, ganz zu schweigen. Und er empfahl Kokain auch als Heilmittel bei Morphiumabhängigkeit, wodurch Menschen, die morphiumsüchtig waren, dann zusätzlich auch noch kokainsüchtig wurden. Bei all meiner Verehrung für Sigmund Freud für die Entwicklung der Psychoanalyse als erste Psychotherapieform muss ich hier wohl festhalten: Geniale Menschen, die Geniales vollbringen, machen eben manchmal auch geniale Fehler.

Freud verschrieb Kokain völlig bedenkenlos, als vermeintliches Allheilmittel von Verdauungsproblemen, bei Asthma oder auch als geistige Stimulanz. Auch seinem engen Freund, dem Wiener Physiologen Ernst Fleischl Edler von Marxow, stellte er nach dessen aufgrund einer Infektion bedingten Daumen-Amputation Rezepte für Kokain aus. Damit sollten die Schmerzen im Amputationsstumpf gelindert werden. Doch Fleischl wurde natürlich bald süchtig nach dem Kokain, und so erkannte Freud die verheerende Wirkung des zerstörerischen Suchtmittels erst, als sein enger Freund an den langfristigen Folgen des Kokains starb.

Mit Heroin geht es übrigens auch. Es gibt keinen Schmerz der Welt, den Sie mit genügend Heroin nicht sofort wegblasen können. Nehmen Sie Heroin bis an ihr Lebensende, permanent, der Haken daran ist, dass Ihr Lebensende dann wesentlich früher kommt als gewünscht. Wie bei Kokain wusste man bei der Markteinführung von Heroin auch nicht, dass es abhängig machen kann. Bei all diesen Mitteln gilt, wie auch bei Cannabis mit seiner empfundenen Linderung der Depression: Meine Krankheit wird durch das Präparat nicht geheilt, im Gegenteil, sobald die Wirkung nachlässt, kommen die Symptome, kommen die Schmerzen wieder zurück – und das noch stärker als zuvor. Folge: Ich greife wieder zur Substanz und nehme langfristig gesehen mehr, weil das Unbehagen ja noch größer geworden ist. Die Nervosität, die ich verspürt habe und die mich dazu bewogen hat, einen Joint zu rauchen, kommt danach noch viel heftiger zurück. Die Düsternis, die mich in meiner Depression umgeben hat, bevor ich als Folge Cannabis genommen habe, kommt noch viel dunkler und trostloser zurück.

Ein Teufelskreis, der einen in der Abwärtsspirale immer weiter hinab in den Abgrund zieht. In der Medizin sprechen wir hier vom sogenannten Rebound-Phänomen, wenn nach Absetzen einer Substanz die geheilt geglaubten Symptome wieder verstärkt hochkommen.

Es ist keine Heilung, der sich kranke und schmerzgeplagte Menschen hier unterziehen, es ist eine Betäubung. Und es ist eine Flucht vor der Realität.

Nehmen wir als Beispiel, ich hatte ein unangenehmes Gespräch mit meinem Chef. Das ist unschön und belastet und verdirbt mir die Stimmung. Völlig legitim ist da der Wunsch nach etwas, was mich wieder fröhlich und heiter macht . Einer Substanz wie Cannabis. Ein schneller Joint, schon scheint alles nicht mehr so schlimm. Ist es aber doch.

Denn dadurch, dass ich mein Gehirn verneble und in einen Rauschzustand gerate, verhindere ich ja, dass ich mich nüchtern und sachlich mit der Situation konfrontiere. Denn so ein unangenehmes Gespräch hat ja auch einen Sinn. Dass ich mich mit einer Situation konstruktiv auseinandersetze und mich und meine Lage hinterfrage. Hat der Chef recht, habe ich wirklich einen Fehler gemacht? Muss ich mein Verhalten ändern, war es wirklich meine Schuld? Oder fühle ich mich ungerecht behandelt? Muss ich am Ende Konsequenzen ziehen und mir einen neuen Job suchen, weil ich mit diesem Chef nicht mehr zusammenarbeiten kann? Oder muss ich von mir aus noch mal das Gespräch suchen, um die Fronten zu enthärten und die Lage nicht weiter eskalieren zu lassen?

In jedem Fall bin ich gezwungen, mich mit mir selbst und mit meiner Lage zu beschäftigen. Mit einer Krise, aus der heraus ich wachsen kann, aus der ich gestärkt hervorgehen kann. Viele Kulturen empfinden Negativerlebnisse auch als eine Chance, weil sie einen im Leben weiterbringen, zu Recht. Diese wichtige Konfrontation mit dem Konfliktpartner, in diesem konkreten Beispiel der Chef, und die noch viel wichtigere Konfrontation mit mir selbst, die nehme ich mir, wenn ich mit einem Rauschmittel wie Cannabis aus der kurzfristig schwierigen realen Welt flüchte. Die Probleme verschwinden in so einem Zustand nicht, ich nehme sie nur nicht mehr richtig wahr und verspüre auch nicht den Drang, eine notwendige Gegenstrategie zu entwickeln. Das bedeutet wiederum auch, dass die Probleme natürlich nicht kleiner, sondern eher größer werden und dass sich meine – in diesem Fall – berufliche Situation mit Sicherheit nicht verbessert, sondern eher verschlechtert und das Risiko, meinen Job zu verlieren oder in einer für mich ungesunden Situation weiterzuarbeiten, deutlich ansteigt.

Anderes Beispiel: die Kindererziehung. Natürlich sind Kinder oft fürchterlich anstrengend. Ja, sie können, auch wenn sie es gar nicht böse meinen, Kräfte zehrende Quälgeister sein und einem als Vater oder Mutter entsetzlich auf die Nerven gehen. Aber das Schlimmste, was ich als Erziehungsberechtigter da tun kann, ist, wenn ich mich auch hier der Situation entziehe und mich zudröhne, um das Leben und die Kinder leichter zu ertragen. Mother's little helper. Damals die kleine gelbe Pille, heute der Joint. Ganz abgesehen von der Verantwortungslosigkeit, seinen Kindern bekifft gegenüberzutreten, sollten Eltern doch ein Vorbild sein. Mich erschüttern Berichte aus Amerika, wenn ich Eltern höre, die behaupten, dass sie viel besser mit ihren Kindern zurechtkommen, seit sie kiffen. Ist das nicht ein erschreckendes Armutszeugnis, darauf auch noch stolz zu sein? Auf der Internet-Plattform YouTube gibt es inzwischen auch schon Videoclips von den »Stoned Mums«, Müttern, die in jenen Staaten, in denen es ganz oder teilweise erlaubt ist, bei sich zu Hause Cannabis anpflanzen und sich gerne den einen oder anderen Joint reinziehen. Mir wird schlecht, wenn ich mir das ansehe.

Ich kann verstehen, wenn man sich an manchen Tagen schwach fühlt, wenn man nicht stark sein möchte und sagt, nicht in jeder Lage möchte man an einer Krise wachsen, sondern stattdessen ausnahmsweise ein Glas Wein trinken oder einen Joint drehen. Nur wird dann von Mal zu Mal die Verführung immer größer, dass ich dann immer zu diesen Mitteln greife. Es tritt ein Gewöhnungseffekt ein, ich konditioniere mich. Das ist das Gefährliche.

Als gäbe es nicht andere Arten der Entspannung, ohne sich das Hirn zu benebeln. Ich will nicht sagen, betreiben Sie Sport zur geistigen Entspannung. Ich will nicht zu viel verlangen, weder von Ihnen noch von mir selbst. Gehen wir lieber ins Kino. Das ist auch besser als Kiffen.

Zusammengefasst: Der Mensch hat ein großes Potenzial, aus Krisen zu lernen. Wir dürfen uns selbst dieses Potenzials nicht berauben, in dem wir unsere Sorgen wegkiffen oder wegsaufen.

17

LÄNGER, BESSER, HÄRTER? CANNABIS UND DIE MÄR VOM BESSEREN SEX!

Vor einiger Zeit hatte ich eine Patientin bei mir, sie war etwas über 50, die mir sagte: »Herr Doktor, wenn Sie nur wüssten, wie gut der Sex ist, wenn man stoned ist.« Eine Aussage, die vor allem etwas über ihre Sexualität verriet – weil sie Sex offensichtlich nicht mehr genießen konnte, ohne stoned zu sein.

Nicht nur in meiner täglichen Arbeit, auch in vielen Medien wird das Thema gerne schön und groß ausgebreitet. Die *Huffington Post* hatte einmal den reißerischen Titel: »Marihuana soll Orgasmen besser, intensiver und länger machen.«[52] Geschildert wurden sexuelle Höhepunkte, die stärker und über einen längeren Zeitraum wahrgenommen werden als im Normalzustand, zitiert wurde auch eine Frau, die sich neben einem Glas Wein und einem Potenzmittel auch einen Joint gönnte und die dank der Kombination der drei Wirkstoffe endlich wieder einen Orgasmus gehabt habe.

Sex ist in unserer Gesellschaft ein schwieriges Thema, eines, über das sich viele Menschen auch oder gerade mit ihrem Partner nicht zu sprechen trauen. Ob sie gerne mehr Sex hätten oder weniger, ob sie zufrieden sind mit dem Sexualleben oder gerne andere Dinge ausprobieren wollen, das wird nicht gerne angesprochen. Tatsächlich gibt es einige, die auch wegen dieser Problematik einfach zu Rauschmitteln greifen, bis hin zu Kokain und Crystal Meth. Auch Alkohol und natürlich auch Cannabis. Entweder als Ersatzbefriedigung oder in der Hoffnung, das Sexualleben damit in den Griff zu bekommen.

All diese Stoffe enthemmen. Machen lockerer. Gefügiger. Entkrampfter. Es ist erst einmal auch nichts dagegen einzuwenden, vielleicht einmal ein Glas Prosecco zu trinken oder einen Joint zu rauchen, um in Stimmung zu kommen. Bedenklich wird es in der Tat nur, wenn ich das regelmäßig brauche, um guten Sex zu haben. Wenn ich gar nicht mehr anders kann, als nur bekifft oder besoffen mit meinem Partner ins Bett zu steigen, um ein mich befriedigendes Lustempfinden zu verspüren, dann habe ich in der Tat ein massives Problem mit meinem Sexualleben.

Die besagte Patientin erzählte, sie habe unter Cannabis-Einfluss viele Dinge im Bett getan, die sie sich sonst nicht getraut hätte. Sie empfand es als positiv. Im negativen Umkehrschluss kann ich aber genauso sagen, dass Menschen im Rauschzustand Dinge tun, die sie auch gar nicht wollten.

Solange jemand bestimmte Praktiken auslebt und solange es der andere auch will, solange alle erwachsen sind und alles auf gegenseitigem Einverständnis geschieht: alles in Ordnung. Schrecklich wird es allerdings bei jungen Menschen, die noch dabei sind, sich zu entwickeln, die noch zu sich, zu ihrem Körper, zu ihrer Sexualität finden müssen. Wenn sie unter Drogeneinfluss eine Form von Sex erleben, wie sie ihn eigentlich gar nicht haben möchten, dann kann so ein Erlebnis traumatisierend sein und zerstörerisch, mit der Gefahr, dass es zu einem gestörten Selbstbild führt und zu einem gestörten Verhältnis zur eigenen Sexualität. Vielleicht gäbe es Dinge, die ich später gerne tun würde, aber die ich mich dann nicht mehr traue, weil ich sie in jungen Jahren schon erlebt und sie da als unschön empfunden habe.

Es kann aber auch ganze Beziehungen ruinieren. Bei jungen Pärchen sollte sich die Sexualität schrittweise entwickeln, in einem Tempo, bei dem sich beide wohlfühlen. Unter Cannabis-Einfluss kann diese Entwicklung empfindlich gestört werden, was auch negative Folgen für das intime Vertrauensverhältnis innerhalb der Beziehung nach sich zieht.

Als junger Mensch muss ich mich darin üben, wie Sexualität für meinen Partner und mich langfristig befriedigend ist. Wenn Jugendliche allerdings Sex nur unter Alkohol, Cannabis oder sonstigen Drogen praktizieren, dann werden sie das nie lernen und eine völlig gestörte Sexualität entwickeln. Cannabis verbessert das eigene Sexleben also nicht, sondern nimmt auch hier die Möglichkeit, sich mit der Realität auseinanderzusetzen.

18

DYLAN UND McCARTNEY: DER IRRTUM MIT DEN KOMPONISTEN-KIFFERN

Viele große Denker haben im Lauf der Jahrhunderte gekifft. Schriftsteller, Lyriker, Philosophen. Auch ein paar große Komponisten haben angeblich Gras geraucht. Aber gibt es wirklich jemanden, der glaubt, dass sie bessere Symphonien und bedeutendere Werke für die Nachwelt hinterlassen haben, nur weil sie stoned waren bis unter die Haarspitzen? Oder dass einem Bob Dylan tiefschürfendere Texte für seine Balladen eingefallen sind, nur weil er sich vorher einen Joint reingezogen hat?

Nein, Cannabis führt nicht dazu, dass sich mein Bewusstsein erweitert, dass ich mehr Ideen entwickle und kreativer werde. Das hat schon mit LSD und Psilocybin in den 1970ern nicht geklappt, viele wurden psychotisch, keiner gescheiter. Ganz im Gegenteil, Cannabis bewirkt eine Minderung der Konzentration, es beeinflusst in negativer Weise mein Kurzzeit- wie mein Langzeitgedächtnis. Geniale Denker brauchen keinen Stoff. Und wer kein genialer Denker ist, dem wird auch mit Stoff nichts Geniales einfallen. Man wird natürlich unkritischer, diese Wirkung haben Alkohol und Drogen gemeinsam. Und wenn man weniger kritisch ist, auch sich selbst gegenüber, dann hält man schnell mal eine Idee für genial oder einen Scherz für lustig. Kritisch sich selbst gegenüber war der legendäre Beatles-Frontmann Paul McCartney in einem Interview, das er 2012 gab. Darin sprach er über seinen jahrzehntelangen Cannabis-Missbrauch und sagte, dass er noch zu Beatles-Zeiten mit so einer Normalität gekifft habe, wie die anderen Band-Mitglieder Tee getrunken haben. Nun aber, so McCartney 2012, habe er damit aufgehört, seiner achtjährigen Tochter Beatrice zuliebe. Eine späte Erkenntnis, als Vater dreier bereits erwachsener Kinder. Aber immerhin eine richtige Erkenntnis, eine bewundernswerte. Heute steht McCartney immer noch stundenlang auf der Bühne, und das ganz ohne Cannabis. Und seien wir ehrlich, geniale Lieder schufen die Beatles auch schon, bevor sie in Indien ihren Horizont erweitern wollten und stattdessen zu Dauerkiffern wurden.

Als McCartney erstmals mit Cannabis in Berührung kam, war das in einer Zeit, in der fest davon ausgegangen wurde, dass psychedelische Drogen generell zur großen Erleuchtung führen würden, um in andere Bewusstseinssphären vorzudringen, die im nüchternen Zustand gar nicht zu erlangen wären. Leider war das Quatsch. So wie ich es heute bei vielen meiner Patienten sehe, wird das echte Leben ringsherum auf Dauer unwichtig: Freunde, die Partnerschaft, Beruf, Hobbys, man kommt in einen Status der Gleichgültigkeit. Das war auch damals schon so. Man ist nach Indien gefahren, weil man sagte, man wollte irgendeinem Guru folgen, ist in Wahrheit aber nur zum Kiffen hin. Das waren diejenigen, die so unheimlich entspannt rüberkamen und in sich ruhten, oder wie man heute sagen würde, die so gechillt wirkten. Leute, die sich dann auch extrem weise vorkamen.

Nur, ganz ehrlich, was ist daran weise? Wenn das ganze Leben den Bach runtergeht und ich nichts mehr auf die Reihe bekomme, was ist daran weise? Wenn mir nichts mehr einfällt und alles egal ist, wenn meine Coolness nur eine umnebelte Pseudogelassenheit ist, was ist daran weise? Dieses Gerede von Reife und Weisheit ist ganz typisch für den Umgang mit psychedelischer Drogen, die Anpreisung der gewonnenen Erkenntnis, man würde die Welt jetzt mit anderen Augen sehen. Meist sind es leider dieselben Augen, aber nicht mehr die reale Welt, die man damit sieht. Ein Gehirn, dessen Stoffwechsel durch diese Substanzen durcheinandergeschüttelt wurde, nimmt die Realität natürlich verzerrt wahr. Dieses chemische Durcheinander kann manchmal als unangenehm und ein anderes Mal als angenehm empfunden werden. Aber dieses Durcheinander macht weder weise noch kreativ.

Sicher, das glaube ich auch jedem, der durch Indien reist und dort die armen Straßenkinder und die teilweise erbärmlichen Lebensverhältnisse sieht, dass da der Blick auf die Welt als Ganzes ein anderer wird. Ist nachvollziehbar. Aber dass jemand, der nach Indien nur zum Kiffen gefahren ist, jetzt das Leben so völlig verändert sieht, das ist Unsinn. Ein geschätzter ehemaliger Kollege von mir, der bis zu seiner Pensionierung mein Erster Oberarzt war, ist übrigens auch eingefleischter Indien-Fan mit Hang zum Hinduismus. Jedes Jahr fährt er für einen Monat nach Indien, um dort bei einem Guru zu meditieren. Er ist durchaus ein weiser und reifer Mann. Und er braucht kein Cannabis dafür. Es gibt keine Droge, die mich weiser und reifer macht. Es gibt nur Drogen, die das Potenzial haben, mich dumm und krank zu machen, und die zu einem sinnfreien Leben führen, ohne Antrieb und Motivation.

Es gilt deutlich zu unterscheiden zwischen gelassen und benebelt sein. Das sind zwei grundverschiedene Dinge, zwischen denen aber viele nicht mehr differenzieren können. So wie manche sagen, wenn man Alkohol trinkt, dann ist man lustiger. Falsch. Dann ist man nur besoffen. Und meist finden einen dann auch nur andere Besoffene lustig. Und jemand, der sich das Hirn zukifft, der meditiert auch nicht, wie er vielleicht gerne sagt. Der ist einfach nur stoned.

Wenn jemand seinen momentanen Zustand durch die Einnahme von Substanzen gelegentlich verändern möchte, bitte sehr, kein Problem. Das Problem ist nur die Regelmäßigkeit. Ein Bungee-Jumper verändert seinen Zustand ja auch, indem er sich von der Brücke runterstürzt und infolgedessen sein Gehirn Unmengen an Dopamin ausstößt. Aber wenn er es täglich fünf Mal machen würde, würden wir uns nicht auch fragen, was mit dem eigentlich los ist?

Jeder, der meint, unter Cannabis wäre seine geistige Schaffenskraft deutlich größer, betrügt sich selbst. Er fühlt sich besser, leistet aber nicht mehr oder Großartigeres.

19

CANNABIS – UNGEFÄHRLICHER ALS ALKOHOL?

Wollen Sie lieber Krebs oder Multiple Sklerose? Hätten Sie gerne Aids oder doch lieber Ebola? Oder wären Sie lieber blind oder würden eine Querschnittslähmung bevorzugen? Sind das nicht absurde Fragestellungen? Genauso absurd ist die Frage, ob Cannabis vielleicht ungefährlicher sei als Alkohol. Bin ich lieber den ganzen Tag besoffen oder stoned? Hole ich mir eine Leberzirrhose, oder werde ich dann doch stattdessen lieber schizophren? Die Gesellschaft tendiert dazu, Drogen in verschiedene Kategorien einzuteilen und sie je nach vermeintlicher Gefährlichkeit abzustufen. Allein die Unterscheidung zwischen harten und weichen Drogen: Jährlich sterben in Österreich etwa 100 Menschen an Heroin und 16.000 an den Folgen des Zigarettenkonsums. Ist Heroin da wirklich eine harte Droge? Und Zigaretten sind weiche Drogen?

Was an einer Droge wirklich gefährlich ist, ist der Schein der Harmlosigkeit. Deswegen sind Zigaretten auch viel gefährlicher, weil sie von vielen nicht für gefährlich gehalten werden. Ungefährlich wird es erst dann, wenn ich die Droge so konsumiere, dass sie nicht gefährlich ist – wie das kleine Glas Rotwein einmal die Woche zu einem guten Essen. Warum gerade zu einem guten Essen? Weil das schlechte Essen durch das eine Glas Wein auch nicht besser wird. Und wenn ich sieben Gläser trinke, dann verändert sich nicht das Essen, sondern ich nehme den Geschmack einfach nicht mehr wahr. Und wie Sie mittlerweile bemerkt haben, kann ich mich mit Realitätsverzerrung nicht so wirklich anfreunden.

Viele aber sind nicht mehr in der Lage, ihren Umgang mit dem Suchtmittel im Griff zu haben. In meiner Abteilung habe ich 84

Plätze für stationäre oder tagesklinische Patienten. 72 davon sind für Alkoholkranke und Medikamentenabhängige, zwölf Plätze sind für Drogensüchtige. Menschen, die es nicht mehr schaffen, kontrolliert zu konsumieren, bei denen es fast immer in massiven Kontrollverlust ausartet. Und genauso ist es bei Cannabis.

Wenn sich selbst ernannte Cannabis-Experten wie etwa der Wiener Allgemeinmediziner Dr. Kurt Blaas, »Österreichs führendem Experten für Cannabis-Medizin«[53], dazu berufen fühlen, Cannabis als ungefährlich und gesund zu titulieren, dann zeugt das nur von beängstigender Ahnungslosigkeit und/oder von gezielter Stimmungsmache – ich gehe von Letzterem aus. Denn Leute wie Dr. Blaas meinen, sie können Cannabis gesellschaftsfähig machen, indem sie der Welt einreden, welch großartiges Wundermittel Cannabis wäre.

Was für ein gefährliches Spielchen. Denn diesen Pseudoexperten genügen nicht die seit Langem verfügbaren THC-haltigen Medikamente. Sondern sie propagieren, dass Marihuana mit ihren unzähligen und zum größten Teil unbekannten Inhaltsstoffen als Medikament zugelassen werden sollte.

Cannabis ist kein Wundermittel, genauso wenig wie Alkohol. Uns würde nichts abgehen, wenn wir es erst gar nicht hätten. Oder ist irgendeine Kultur reifer und kreativer geworden, hat man mehr Kriege gewonnen oder mehr Frieden gestiftet, hat man bessere Literatur geschrieben oder schönere Häuser gebaut, nur weil man Alkohol getrunken oder Cannabis geraucht hat? Schwachsinn. Worauf es wirklich ankommt, ist der kluge Umgang damit.

Auch wenn ich nicht gerade ein Anhänger von Donald Trump bin, habe ich einmal etwas wirklich Kluges von ihm gehört: Es ging in einem Gespräch um seinen Bruder, der zu einem schweren Alkoholiker wurde. Donald Trump selbst sagte, er würde aus dem Grund keinen Tropfen trinken, weil er, so wie er sich kenne, sich nicht sicher sei, ob er auf Dauer seinen Alkoholkonsum kontrollieren könnte. Alle Achtung vor dieser Selbsterkenntnis. Und das für einen seltsamen Amerikaner mit seltsamer Frisur, der seltsamerweise Präsident der USA wurde.

Apropos Selbsterkenntnis und Selbstkontrolle: Manchmal ist es besser, von vornherein auf eine Versuchung zu verzichten, als die Erfahrung einmal zu machen und dann für immer darauf verzichten zu wollen – oder zu müssen.

Ein katholischer Priester zum Beispiel, der vor der Weihe und dem Bekenntnis zum Zölibat schon einmal guten Sex hatte, ist auch zu bedauern, weil er weiß, wie es sich anfühlt. Keusch zu bleiben bis zum Lebensende dürfte ihm mit Sicherheit viel schwerer fallen als einem, der ohne sexuelle Erfahrung Priester wird. Ich glaube es meinen Patienten, dass Kokain ein echter Genuss sein kann – und genau deswegen probiere ich es erst gar nicht. Ich weiß nicht, ob ich die Selbstdisziplin aufbringen könnte, danach für immer darauf zu verzichten.

Man muss nicht alles probieren. Auch Cannabis nicht. Natürlich gibt es dann noch die wenigen Glücklichen, die gewisse Drogen von vornherein nicht vertragen. Denen von Zigaretten massiv übel wird. Oder die von Cannabis Kopfweh bekommen. Ich selbst habe das Glück, dass ich zwar ganz gerne gelegentlich kleine Mengen Alkohol trinke, aber von Alkohol unangenehm müde werde. So würde ich einschlafen, noch bevor ich betrunken wäre. Dadurch genieße ich gerne mal ein Glas, aber nur sehr selten werden daraus zwei. Ich hoffe, dass ich somit vor einer Alkoholerkrankung gefeit bin. Aber wer weiß, wie schwer es mir fiele, nicht dem Alkohol zu verfallen, wenn ich nicht so rasch müde davon werden würde? Kokain probiere ich erst gar nicht, davon wird man munter, nicht müde, und es könnte mir schmecken.

Ein kokainsüchtiger Patient meinte einmal, ich wüsste nicht, wovon ich rede in der Behandlung, wenn ich es noch nie selber ausprobiert habe. Ja und nein. Ich weiß vielleicht wirklich nicht, wie toll sich Kokain kurzfristig anfühlt. Aber als Arzt muss ich nicht jedes Problem, das ich behandle, am eigenen Leib verspürt haben. Der Onkologe hat meist selbst noch nie Krebs gehabt und der Neurologe auch keinen Schlaganfall. Somit kann ich auch jene Süchte behandeln, deren Suchtmittel ich persönlich noch nie ausprobiert habe. Und man ist als Arzt auch kein besser Cannabis-Experte, wenn man die ganze Zeit zugekifft ist.

Und noch einen Seitenhieb gönne ich mir: So wie man kein Alkohol-Experte ist, nur weil man Alkohol verkauft, ist man auch kein Cannabis-Experte, nur weil man als Arzt Cannabis auf Rezept verschreibt. Man wird auch nicht zum Cannabis-Experten, wenn man wie der deutsche Jugendrichter Andreas Müller ein Buch darüber schreibt. Würden in den Medien häufiger jene Experten interviewt, die Menschen mit Cannabis-Problemen durch Beratung und Behandlung helfen, würde sich das mediale Bild von Cannabis etwas mehr der wenig glorreichen Realität nähern. Dann würde kaum mehr die Rede sein vom Wundermittel, das so ziemlich jede schlimme Erkrankung heilt, alle Menschen der Welt glücklich macht, und das alles natürlich gaaaanz ohne Nebenwirkungen.

20

CANNABIS UND DIE FOLGEN: FÄLLE AUS MEINER KLINIK

An der Suchtabteilung behandeln mein Team und ich viele Patienten, die unter den Folgen des Cannabiskonsums leiden – und bedauerlicherweise wurden es in der jüngeren Vergangenheit von Jahr zu Jahr immer mehr. Um Ihnen einen authentischen Eindruck zu vermitteln, hier ein paar Beispiele (Namen sind aus datenschutzrechtlichen Gründen geändert).

Die Philosophie-Studentin

Im Januar 2015 kam erstmals eine 30-jährige Frau, Andrea F. aus Wien, zu mir. Frau F. wurde von ihrer Mutter zu mir gebracht, da diese sich große Sorgen aufgrund des massiven Cannabiskonsums ihrer Tochter machte. Im Gespräch gab Andrea F. an, sie nehme seit dem 17. Lebensjahr Cannabis zu sich, also schon seit 13 Jahren. Sie habe auch einmal Speed probiert, ohne allerdings Gefallen daran zu finden, und früher auch viel Alkohol getrunken. Zigaretten und Alkohol konsumiere sie nur noch wenig, und immer nur dann, wenn ihr das Cannabis ausgeht. Cannabis selbst würde sie in Form von Marihuana zu sich nehmen, pro Tag rauche sie zwischen fünf und acht Joints, manchmal bis zu zehn.

Allerdings, und das ist ein ganz typisches Phänomen, sah sie in dieser quantitativ hohen Menge kein Problem. Das ist bezeichnend für viele Cannabissüchtige. Bei Alkohol, Heroin oder Kokain ist der Leidensdruck bei vielen Patienten so hoch, dass sie selbst aus eigenem Antrieb eine Entzugstherapie beginnen wollen, weil sie wissen, dieses Zeug tut ihnen nicht gut. Ich kenne keinen schweren Alkoholiker, der sagt, er würde gerne so weitersaufen wie bisher. Ich kenne keinen krankhaft Nikotinabhängigen, der nicht am liebsten sofort mit dem Rauchen aufhören würde, wenn es nur so leicht ginge. Ich kenne keinen Drogensüchtigen auf unserer Entzugsstation oder an unserer Drogenambulanz, der sagt, täglich Heroin sei so super. Cannabis hingegen sehen die wenigsten als Gefahr an. Sie empfinden es eher als wichtigen Begleiter durch ihr Leben und vor allem durch ihre Lebenskrisen. Cannabis ist die von Süchtigen am positivsten behaftete Droge. Auch Andrea F. gab an, Cannabis helfe ihr. Würde sie beruhigen. Würde ihren Schlaf regulieren. Wie sehr diese Droge bereits ihr Leben beeinträchtigt hatte, das erkannte sie nicht – weil der Cannabissüchtige eben meist nicht erkennt, dass die Substanz sein Unglück verstärkt.

F. erzählte, sie habe Philosophie studiert und auch ein Semester Jura, Letzteres aber vorzeitig abgebrochen. Nun lebe sie in einer kleinen Wohnung in Wien, ohne Arbeit, ohne Aussicht auf einen Job, nicht einmal eine geordnete Tagesstruktur konnte sie angeben. Finanziert werde sie von der Mutter, mit einem Taschengeld, mit dem sie sich neben Lebensmitteln natürlich vor allem Marihuana besorge.

An ihrer Ausdrucksweise war ersichtlich, über welch hohe Grundintelligenz diese Frau verfügt – und darum umso erschreckender, wie wenig das vorhandenes Potenzial Andrea F. nützte und es wohl auch nicht mehr nützen können wird, wenn sie mit Cannabis so weitermacht. In den folgenden Monaten kam Andrea F. immer wieder zu mir, ein gutes Dutzend Male. Ich hatte den Eindruck, sie fühlte sich wohl im Dialog mit mir, sie hatte ein gewisses Vertrauensverhältnis zu mir aufgebaut. Dass sie allerdings etwas ändern wolle an ihrem Suchtverhalten, das ließ sie nicht erkennen.

Ganz bezeichnend war unser Termin Mitte September 2015, als sie sagte, dass sie immer noch keine Aussicht auf eine passende Arbeit habe und ganz nebenbei Angebote, wie etwa in einem Callcenter tätig zu sein, abgelehnt habe. Aber sollte sie irgendwann mal einen Job haben, so mutmaßte sie, würde sie sicher auch wieder weniger kiffen. Meinen Einwand, dass es vielleicht umgekehrt besser sei, erst weniger zu kiffen, um sich dann mit klarem Kopf für eine Stelle zu bewerben, nahm sie nicht wirklich ernst.

Neben gelegentlichen psychotischen Symptomen war und ist Andrea F. umso mehr ein klassisches Beispiel für das Amotivationssyndrom, für Schlappheit, Trägheit, für innere Leere. Sich zu nichts mehr aufraffen zu können, sinnfrei in den Tag hineinzuleben, ohne Antrieb, ohne Ziel. Eine Behandlung in ihrem Fall war und ist extrem schwer. Denn wie bei allen Suchtpatienten muss auch hier die Motivation zu einer Veränderung von innen herauskommen und kann nicht aufgezwungen werden. Nur Andrea F. selbst kann mir den Auftrag geben, sie zu therapieren. Natürlich habe ich versucht, motivierend auf sie einzuwirken. Aber das gelingt meist nur dann, wenn zumindest ein Funken an Eigenmotivation vorhanden ist, oder zumindest in der Fantasie ein Leben ohne das Suchtmittel vorstellbar ist.

Würde ich nun versuchen, ihr aufzuzeigen, dass Cannabis ihr Unglück verstärkt, dann würde ihr Widerstand umso größer werden – sie würde sich dagegen wehren und mir unterstellen, ich habe ja keine Ahnung, wie gut ihr das Kiffen täte. Je öfter ich sagen würde, wie schlecht ihr Cannabis tut, desto mehr würden wir in Opposition geraten, statt gemeinsam ein Ziel zu definieren und ein therapeutisches Bündnis zur Erreichung dieses Zieles zu bilden. Wenn ich der Patientin das Gefühl gäbe, ich würde sie belehren, dann würde sie trotzig werden, was in gewisser Weise sogar nachvollziehbar und menschlich ist.

Also lege ich meine Ansprüche, sie schnell und effizient zu behandeln, beiseite und sehe mich einstweilen als Begleiter, wohin auch immer, ohne eine rasche Änderung der Situation zu erwarten. Das heißt nicht, dass ich sie aufgebe. Es heißt nur, dass ich derzeit wenig kurzfristiges Änderungspotenzial sehe. Aber ich setzte auf die therapeutische Beziehung und auf Zeit. Wer weiß, vielleicht möchte sie irgendwann doch eine Veränderung ihrer Situation, dann kann ich darauf reagieren und sie unterstützen, wenn wir bis dahin noch in Kontakt bleiben, also wenn ich bis dahin noch einen Fuß in der Türe habe. Wenn ich aber jetzt gut gemeint zu viel Druck ausübe, dann wird der Kontakt womöglich abbrechen, und wenn die Zeit reif ist, wird sie sich die nötige Unterstützung nicht holen. Noch immer kommt sie in regelmäßigen, wenn auch sehr weiten Abständen zu mir oder ruft mich an, und wir unterhalten uns. Manchmal frage ich mich, woran es liegt, dass sie noch Kontakt hält, wenn sie doch gar kein Bedürfnis sieht, etwas an ihrem Verhalten zu ändern. Sie meint, sie wolle nicht weg von der Droge, und kommt doch immer wieder zum Suchtmediziner. Irgendwo in ihr ist also eine Ambivalenz, irgendein Teil von ihr sagt ihr, dass es doch besser sein könnte, das Kiffen sein zu lassen oder zumindest weniger zu konsumieren. Vielleicht gärt diese Ambivalenz allmählich. Bis dahin versuche ich nicht, sie umzustimmen, sondern nur die Ambivalenz zu fördern. Andrea ist jetzt schon nicht mehr ganz so sicher wie zu Beginn der ambulanten Betreuung, dass für sie ein Leben ohne Cannabis niemals infrage kommen wird.

Sie ist übrigens bei Weitem kein Einzelfall. Im Gegensatz zu allen anderen Suchterkrankungen, bei denen die Betroffenen einen deutlichen Leidensdruck spüren und am liebsten wegkämen von ihrer Abhängigkeit, wenn es leicht ginge, ist Cannabis von den Süchtigen kaum negativ konnotiert. Dass also auch offensichtlich Suchterkrankte ihre Droge nicht als Problem sehen, macht das Teuflische an dieser Droge aus. Fast jeder Heroinsüchtige, den ich je kennengelernt habe, würde am liebsten sofort geheilt sein von seiner Sucht, wenn es doch nur einfach und ohne Qualen ginge. Das Gleiche ist bei Kokain- und Crystal-Süchtigen. Sogar die allermeisten Nikotinabhängigen empfinden eine Hassliebe zu ihren Zigaretten und bezeichnen oft ihre Droge als »Dreck«, den sie am liebsten loswerden würden. Nur bei Cannabis ist das nicht so. Sogar jene, deren

Leben offensichtlich sehr unter dem täglichen Kiffen gelitten hat, können nur schwer einen Zusammenhang zwischen Cannabis und ihren Problemen sehen. Das macht die Behandlung von Cannabisabhängigkeit, aber auch Cannabispsychose so schwierig, denn wo keine Veränderungsmotivation, dort auch keine Veränderung.

Glücksspiel und Cannabis – ein verheerender Cocktail

Vor einigen Jahren betreute ich die damals 42-jährige Gerda S. Sie hatte sich freiwillig zu uns begeben aufgrund ihrer Spielsucht und ihrer latenten Selbstmordgedanken im Rahmen einer Depression. Seit drei Jahren, sagte Frau S., sei sie spielsüchtig und verliere regelmäßig hohe Summen am Spielautomaten, wodurch sie mehrere Tausend Euro Spielschulden angehäuft hatte. Sie war alleinerziehende Mutter, das eine Kind schon volljährig, 19 Jahre alt, das zweite war acht Jahre. Einige Monate zuvor habe sie ihren Beruf als Behindertenbetreuerin verloren. Als wir ihr Blut und ihren Urin im Labor untersuchten, fanden wir eine deutlich erhöhte THC-Konzentration in ihrem Harn. Ja, sagte sie auf Nachfrage, natürlich würde sie konsumieren, schon recht viel sogar, seit ihrem 15. Lebensjahr. Als Problem sah sie das aber nicht an. Und sie zog auch nicht im Entferntesten in Erwägung, dass die Substanz THC mit ihrer Wirkung auf das Belohnungssystem im Gehirn unter Umständen auch mitverantwortlich für den Beginn ihrer Glücksspielsucht gewesen sein könnte.

Gerda S. lehnte mehrere Angebote einer therapeutischen Behandlung ihrer Cannabisabhängigkeit strikt ab, kam aber immer wieder zurück zu uns. Schließlich, es war 2009, erklärte sie sich bereit zu einer Aufnahme an einem der Standorte des Vereins »Grüner Kreis«. Der Grüne Kreis ist in Österreich eine Einrichtung mit viel Erfahrung in Sachen Rehabilitation und Integration suchtkranker Menschen. Die Patienten leben dort zusammen in verschiedenen

Einrichtungen, etwa auf Bauernhöfen, wo sie Landwirtschaft betreiben, wo sie zusammen kochen, putzen, Hobbys nachgehen, ein geregeltes Leben führen, dazu therapeutische Angebote wahrnehmen und natürlich keinerlei Suchtmittel konsumieren. Durch derartige Einrichtungen beginnen so manche schwer Suchtkranke ein neues, glücklicheres Leben.

Im Grünen Kreis verbrachte Gerda S. eineinhalb Jahre. Am Tag, als sie entlassen wurde, wollte sie mit dem Zug nach Hause fahren. Am Bahnhof verpasste sie den Zug um einige Minuten, also musste sie auf die nächste Verbindung warten, eine Stunde. In dieser Zeit entdeckte S. in der Bahnhofsgaststätte einen Spielautomaten. S. nahm die wenigen Euro, die sie bei sich hatte, und steckte sie in den Automaten. Sie gewann keinen Cent, weshalb sie so frustriert war, dass sie sich gleich nach der Ankunft in der Heimatstadt bei ihrem bekannten Dealer einige Gramm Cannabis besorgte und einen Joint rauchte. Und so waren eineinhalb Jahre für nichts und wieder nichts.

Dieses Beispiel zeigt auf, wie sehr Abhängigkeiten von auf den ersten Blick völlig unterschiedlichen Suchtmitteln sehr wohl zusammenhängen. Dass Cannabiskonsum das Glücksspiel fördert und umgekehrt. So wie er auch die Einnahme von anderen Drogen oder Alkohol begünstigt und umgekehrt.

Im Spätsommer 2010 kam Gerda S. erneut zu mir. Ihre Spielschulden hatten sich in der Zwischenzeit auf 30.000 Euro erhöht. Kurzzeitig hatte sie einen Job in einer Bäckerei, den aber wegen Unzuverlässigkeit, die laut ihren eigenen Angaben cannabisbedingt war, gleich wieder verloren. Nun war sie wieder arbeitslos. Einmal, zweimal die Woche, gab sie an, spiele sie noch am Automaten, manchmal auch mehr, je nachdem, wie viel Geld sie habe. Es war sehr traurig zu beobachten: Diese Frau, Mitte 40, hatte nichts in ihrem Leben im Griff. Zwei Wochen später kam sie ein letztes Mal zu mir. Sie berichtete von Streitereien mit ihrem Freund, einem schweren Alkoholiker, und dass sie sich deswegen getrennt hätten.

Dass sie zumindest ein Besuchsrecht bei ihren Kindern erwirkt habe, die nun bei ihrem leiblichen Vater wohnten. Einen neuerlichen Therapieaufenthalt lehnte sie nach wie vor ab. Gerda S., eine tragische Existenz, die am Cannabis und am Glücksspiel zugrunde zu gehen droht.

Sieben Bier und der tägliche Joint

Stefan K., ledig, kinderlos, 25, wohnt bei seinen Eltern in einem kleinen Dorf in der Provinz. Er ist ein einfacher, schlichter Mensch, Hauptschulabsolvent, Sonderschullehrgang Mathematik. 2013 kam er das erste Mal zu uns, stationär für einen Cannabis- und Alkoholentzug. So richtig rund lief es in seinem Leben nicht. Ein halbes Jahr zuvor war er nach 21 Monaten Haftstrafe aus dem Gefängnis entlassen worden, er hatte dort wegen Drogenschmuggels gesessen. Man hatte ihn bei einem Kurierdienst mit sieben Kilo Cannabis erwischt. Aus meiner Sicht war er nicht der Typ des erfolgreichen Drogenschmugglers. Irgendwer hatte wohl sein schlichtes Gemüt ausgenutzt und ihn dazu überredet.

K. gab an, seit seiner Freilassung zwei bis drei Bier am Tag zu trinken. Manchmal auch bis zu sieben. Meistens rauche er zwei bis dreimal die Woche Cannabis. Manchmal auch täglich. Grund für den Entzug war der Druck seines Arbeitgebers. K. arbeitete zu jener Zeit in einer Firma als Hilfsmaler, wirkte aber während der Dienstzeit müde, konzentrationsschwach, ohne Antrieb und Eigeninitiative. Bereits 2011 wurde von seinem damals behandelnden Psychiater eine schizodepressive Störung diagnostiziert, eine Kombination aus schizophrener Psychose und Depression, wogegen er ein Medikament bekam. Als er die Arznei während der Haftstrafe absetzte, kam es mehrmals am Tag zu akustischen Halluzinationen, er hörte fremde Stimmen. Als er die Tabletten wieder einnahm, ging es ihm besser.

Den gewünschten Erfolg hatte die Entzugsbehandlung aber nicht, die von unserer Seite empfohlene Langzeitentwöhnungstherapie sowie auch die Anmeldung für eine betreute Wohngemeinschaft lehnte er ab. Sein Suchtverhalten wurde schließlich immer schlimmer. Ein halbes Jahr nach seinem ersten Besuch kam er erneut zu uns, mit der Bitte um eine weiterführende Behandlung. Inzwischen habe sich sein Bierkonsum auf bis zu acht Bier am Tag erhöht, und aus den in der Regel zwei bis drei Joints pro Woche wurden vier bis fünf. Pro Tag!

Nach mehreren Therapien konnten wir Anfang 2016 feststellen, dass K. vollkommen alkoholabstinent war. Was er allerdings immer noch zu sich nahm, war Cannabis. Denn auch er empfand Cannabis nicht als eine gefährliche Droge, auch für ihn war es eher mit einer positiven Konnotation behaftet. Eine mögliche Mitschuld an seinen Psychosen, an seinen Halluzinationen erkannte er nicht.

Und wie es weitergeht, ist noch völlig offen. Aus Studien wissen wir, dass bei Alkoholikern, die abstinent sind und gelegentlich kiffen, die Rückfallgefahr um das Doppelte höher ist, als bei abstinenten Alkoholikern, die gar kein Cannabis konsumieren.[54] Das Gehirn erkennt nur, dass ich nach einer Substanz süchtig bin, nicht nach welcher. Anders gesagt, Cannabis aktiviert wie jede andere Droge auch mein Suchtverhalten, egal wonach ich süchtig bin. Und geht mir eines Tages mal das Cannabis aus, ist das Risiko, dass ich dann wieder zu einer Flasche Bier als Ersatz greife, enorm hoch.

Zeichen aus dem Universum und von Gott

Einer derjenigen Fälle, die vielleicht mit am besten und am tragischsten den katastrophalen und Psychosen erzeugenden Effekt von Cannabis schildern, den körperlichen, aber auch den seelischen Verfall eines Menschen erzählen, ist die Geschichte der Maria D. Mit gerade 19 Jahren kam sie 2001 das erste Mal in unsere Einrichtung. Maria D. hatte damals eine Tourismusschule besucht, als ihre Eltern, Wirtsleute in einem kleinen Dorf, von der Schulleitung eines Tages den Anruf erhielten, dass bei ihrer Tochter der Verdacht auf Haschischkonsum bestünde und sie sich auch psychisch verändert habe.

In ihrer Kindheit und Pubertät war Maria D. ein ganz unauffälliges Mädchen gewesen. Lebenslustig und aufgeweckt, natürlich auch mit den Problemen, die ein Teenager gelegentlich hat, manchmal hatte sie Liebeskummer und was sonst noch jungen Menschen das Leben schwer macht. Aber die Zuwendung und die Fürsorge ihrer Eltern ließen sie in einem behüteten Umfeld aufwachsen, nichts deutete darauf hin, dass sie später völlig aus der Bahn geworfen würde.

In jener Zeit, in der sie die Tourismusschule besucht hatte, kam Maria D. das erste Mal in Kontakt mit Cannabis. Anfangs zog sie erst an einem Joint, dann wurde es mit der Dauer mehr. Und das machte sich bemerkbar. Auch den Eltern war aufgefallen, dass ihre Maria anders war, dass sie seit einigen Monaten viel antriebsloser wirkte und sich sogar, und das machte den Eltern fast am meisten Angst, ab und an verfolgt gefühlt hatte. Maria selbst gab beim ersten Gespräch in der Klinik an, ja, sie habe Haschisch genommen. Psychische Veränderungen infolgedessen verneinte sie – beklagte aber gleichzeitig auch sehr wohl vermehrte Sinnestäuschungen und surreale Empfindungen. So hörte sie etwa Stimmen von Menschen, die gar nicht im Raum waren, und manchmal war sie sich tagsüber nicht sicher, ob sie noch träumte oder wach war.

In der Folgezeit kamen die Eltern mit ihrer Tochter immer wieder in unsere Einrichtung, denn der Haschischkonsum ließ nicht nach, sondern wurde immer stärker. Und immer mehr wirkte Maria D. entrückt, fernab der Realität, in einer ganz anderen Welt. Immer wieder saß sie fast apathisch da, starrte mit leerem Blick die Wand an. Jede Frage, die ihr gestellt wurde, beantwortete sie mit »Weiß ich nicht«. Das Medikament, das ihr schon beim ersten Besuch gegen die Psychose verschrieben worden war, hatte sie wieder abgesetzt. Warum, das konnte sie nicht erklären. Maria D. gab auch zu, weiterhin Cannabis zu sich zu nehmen. Gleichzeitig verneinte sie aber die Frage, ob sie Drogen konsumiere. Ein ganz typisches Phänomen. So wie viele meiner anderen Patienten empfand auch sie Cannabis nicht als Droge oder Suchtmittel.

Die Symptome verstärkten sich, immer mehr veränderte sich die Persönlichkeit von Maria D., immer mehr verzweifelten die Eltern, weil sie ihre Tochter kaum mehr wiedererkannten, weil sie nicht mehr durchdrangen zu ihr. Sie wirkte manchmal wie ferngesteuert, wie gelenkt.

Zwei Jahre nach der ersten ambulanten Behandlung kam die Familie erneut zu uns. Das Mädchen sollte die Matura, das österreichische Abitur, nachholen, die Eltern hatten sich gewünscht und erhofft, dass sich der Zustand ihrer Tochter eines Tages auch dank der Behandlung wieder normalisieren und stabilisieren würde. Doch die Hoffnung war vergebens. Bald war klar, Maria D. würde aufgrund ihrer cannabisbedingten Lernschwierigkeiten und der Unfähigkeit, sich länger auf eine Sache zu konzentrieren, weder den Schulabschluss schaffen, noch jemals die Leitung des Gasthauses übernehmen können.

Hinzu kam durch die Psychose ein immer höheres Aggressionspotenzial bei Maria D. Oft schrie sie aus heiterem Himmel herum, vermutlich als Reaktion auf ihre paranoiden Ängste. Sie beschimpfte ihre Eltern, vor allem die Mutter, und zog sich immer mehr aus dem Familienleben zurück, zu diesem Zeitpunkt war sie 21.

Im folgenden Sommer besuchte sie mit Freunden das Nova Rock Festival in Nickelsdorf im Burgenland, eines der größten Open Air-Events Österreichs. Dort hörte sie dann aber nicht nur harte Gitarrenriffs und imposante Schlagzeugsoli, nein, sie hörte auch Stimmen. Nicht die der singenden Musiker, sondern aus dem Universum, die Stimme Gottes. Die Stimmen wurden im Lauf der Zeit immer stärker, bis sie diese als böse und bedrohlich empfand.

Immerhin begab sie sich an diesem Abend selbst noch zum Notfalldienst des Festivals, mit dem Hubschrauber wurde sie daraufhin ins Krankenhaus nach Eisenstadt geflogen.

Dann hörten wir drei Jahre nichts mehr von ihr. Jedoch zu glauben, dass sich ihre Situation gebessert hätte, war ein Irrtum. Ihre Aggressionen der Umwelt gegenüber verstärkten sich immer mehr, eines Tages warf sie vom Balkon des elterlichen Anwesens einen schweren Tongegenstand, die Figur einer Elfe, auf einen Pkw, der gerade auf der Straße vorbeifuhr, verletzt wurde zum Glück niemand.

Als die Polizei eintraf, war sie immer noch aufbrausend, konnte aber keine Erklärung für ihr Verhalten angeben. Nur dass die Elfe für sie gestorben sei und sie deswegen eine große Wut empfunden habe. Maria D. kam mit dem Rettungswagen zu uns und wurde sofort stationär im geschützten, also geschlossenen Bereich untergebracht, um weitere Selbst- und Fremdgefährdung auszuschließen. Auch dort aber entwickelte sie Verfolgungsfantasien, fühlte sich bedroht und gab in heller Aufregung an, man wolle sie umbringen. Wer und warum ihr nach Leib und Leben trachtete, konnte sie nicht sagen.

Sie blieb einige Monate bei uns, es wurden Medikamente gegen die Psychose verabreicht, weitere Maßnahmen wie Ergo- oder Sporttherapie angeordnet, die sich aber als sehr schwierig gestalteten, weil eine Kooperationsbereitschaft seitens der Patientin nicht vorhanden war. Massive Paranoia paarte sich mit innerer Zerrissenheit und fehlendem Realitätsbezug. Das besserte sich auch nicht, als Maria D. wieder in die Obhut ihrer Eltern gegeben wurde.

Acht Jahre nach dem ersten Besuch telefonierten wir noch einmal mit der Mutter. Fast schon resigniert berichtete sie vom weiteren Verfall ihrer Tochter, wie diese immer mehr verwahrlose und sich keine frische Kleidung mehr anziehen wolle, sich weigere zu duschen. Sie würde kaum noch etwas essen, manchmal in spärlichster Bekleidung durch den Gastraum des Lokals laufen. Ja, es gebe noch lichte Momente, sagte die Mutter, etwa, wenn sie Briefe schriebe, in denen sie grammatikalisch einwandfrei und in stilistisch sehr gutem Deutsch ihre Gefühle für ihre Eltern beschreibe, wie sehr sie Mutter und Vater liebe und wie groß ihre Angst sei, sie jemals zu verlieren – um im nächsten Moment wieder Schimpftiraden und verbale Beleidigungen gegen sie loszulassen. Oder auch wie sehr sie sich auf ihren eigenen Geburtstag gefreut habe, auf eine große Feier, zu der sie ganz viele Freunde einladen wollte – was dann aber nicht zustande kam, weil sie über Wochen ganz einfach nicht in der Lage war, eine Gästeliste zu erstellen. Seitdem haben wir nie mehr etwas von Maria D. gehört.

Warum ich das alles in dieser Ausführlichkeit schildere? Um aufzuzeigen, wie sehr sich hier im konkreten Fall der Maria D. über einen Zeitraum von acht Jahren zunächst noch vergleichsweise harmlos erscheinende psychische Veränderungen zu einer sich immer mehr manifestierenden Psychose entwickelten. Um zu zeigen, wie sich ein junger, intelligenter Mensch, dem die ganze Zukunft offen gestanden hätte, immer mehr in eine ausweglose Situation hineinmanövriert hat. Über all die Jahre hatte Maria D. ihren Cannabiskonsum nicht reduziert. Es mag sein, dass sie allein schon durch ihre Veranlagung die Neigung zu Psychosen und Schizophrenie gehabt hatte, auch wenn in ihrer Familie keine anderen derartigen Fälle bekannt waren. Doch ist es wahrscheinlicher, dass der Gebrauch der Droge Cannabis zu dieser schweren Krankheit führte oder die Psychose durch Cannabis früher ausgelöst wurde und weit schwerer verlief, als sie ohnehin gekommen wäre. Übrigens helfen antipsychotische Medikamente nicht, solange man weiterhin Cannabis konsumiert. Eine Tatsache, die den Betreffenden nur schwer zu vermitteln ist.

Es sind Fälle wie dieser, die betroffen machen – zu sehen, wie junge Menschen aus dem Teufelskreis von Cannabis und Psychose nicht herausfinden und sich weder durch die eigene Familie noch durch Profis helfen lassen. Dieser Teufelskreis wird häufig auch dadurch verstärkt, dass betroffene Menschen versuchen, ihre psychotischen Ängste durch Cannabis loszuwerden und sich dadurch zu beruhigen. Für ein paar Stunden mag das auch klappen, aber natürlich verstärkt Cannabis die Psychose massiv und führt nach dem ersten beruhigenden Effekt zu noch mehr Ängsten.

Durch Erlebnisse wie diese empfinde ich es unpassend und unverantwortlich, Cannabis zu verniedlichen und zu verharmlosen, so wie es in den letzten Jahren geschehen ist. Es ist höchste Zeit, aufzuwachen und der Realität ins Auge zu sehen. Manchmal habe ich das Gefühl, dass diejenigen, die für eine völlig unkontrollierte Legalisierung eintreten, selbst im Hirn schon so benebelt sind vor lauter Kiffen, dass sie gar nicht mehr klar sehen können, abgesehen davon, dass sie es auch gar nicht mehr wollen.

Die große Gefahr im Cannabis liegt auch in seiner im Allgemeinen leichten Verfügbarkeit. Anders etwa als Kokain, das ist schon wesentlich teurer und deswegen nach wie vor eher eine Jetset-Droge. Die Teile der High Society, die sich auf der mondänen Party in einer noblen Villa eine Linie in die Nase reinziehen, das war früher so, das ist noch heute so. Aber Cannabis ist so leicht und billig zu haben, weshalb man den Cannabiskonsumenten per se auch nicht auf einen bestimmten Typus Mensch reduzieren kann, gekifft wird doch kunterbunt, quer durch alle Schichten. Es kifft der Arbeitslose aus dem ganz einfachen Milieu, es kifft der vernachlässigte Jugendliche, der die Schule abgebrochen hat und dessen Eltern Alkoholiker sind, es kifft aber auch der Künstler und der Musiker, es kiffen die Intellektuellen, die Akademiker, die Hochschulprofessoren. Dies zieht sich durch unsere gesamte Gesellschaft.

Das Schlimme aber ist: Die Zahl der Jugendlichen, die bei uns und in anderen Spezialkliniken in Behandlung sind, steigt immer weiter an. Wenn ich in die Abteilungen der Jugendpsychiatrie schaue, dann sehe ich junge Menschen, die schon komplett psychotisch sind und bei denen die Wahrscheinlichkeit, dass es durch

Cannabis bedingt wurde, wesentlich höher ist als die Möglichkeit, dass das eine intrinsische Veranlagung war. Wenn wir einen 15-Jährigen zu uns bekommen, mit massiven Anzeichen einer Psychose, dann veranlassen wir als Allererstes einen umfassenden Drogentest. Und siehe da: Fast immer ist der betreffende Jugendliche positiv auf Cannabis.

Die Vision von den kleinen grünen Autos

Wie äußern sich diese Psychosen? Meist in Form von Halluzinationen oder auch illusionären Verkennungen. Die Patienten sehen entweder Dinge, die gar nicht da sind, oder Gegenstände, die zwar vorhanden sind, aber sie nehmen sie auf verzerrte Art und Weise wahr. Wenn einer meiner Patienten beispielsweise auf einen gemusterten Vorhang blickt, dann fragt er mich, ob ich auch diesen Totenkopf da sehe. Der Schädel, das skelettierte Gesicht, die Knochen, die diagonal herausstehen. So etwas ist typisch für Schizophrenie. Oder auch akustische Wahrnehmungen, Stimmen, die gar nicht da sind. So wie Maria D. Gott hörte und Stimmen aus dem Universum.

Ein Klassiker unter den Symptomen sind aber auch Dinge, die der Betroffene persönlich auf sich bezieht, obwohl er gar nicht gemeint ist. Ein oft erlebtes Beispiel: Ein psychotischer Cannabiskonsument sitzt vor dem Fernseher und schaut die Nachrichten an, als am Ende die Meteorologin das Wetter ansagt und für morgen Regen ankündigt. Plötzlich bekommt der Betrachter die subjektive Gewissheit, die Frau aus dem Fernsehen würde ihn so anstarren und ihm eine Botschaft vermitteln. Der angekündigte Regen, das sei doch nur eine verschlüsselte Nachricht, die es nun zu entschlüsseln gilt. Oder ist es gar eine Drohung, eine Warnung vor etwas? Neulich hatte ich einen Mann in meiner Ambulanz, auch er ein starker Cannabisraucher, sechs, sieben Joints am Tag. Er schaute aus meinem Fenster und zuckte plötzlich entsetzt zurück. Ob ich auch dieses grüne Auto auf dem Parkplatz da sehen würde, fragte er mich. Ja, erwiderte ich, das sei der allgemeine Klinik-Parkplatz, und fragte, was da so besonders sei an diesem grünen Fahrzeug. Er entgegnete, das sei ein ganz klares Signal. Er selbst habe nämlich vor 20 Jahren ein Auto gefahren, genau in dem gleichen Grünton. Da würde jemand ihm etwas mitteilen wollen.

Wer jedoch eine Botschaft an ihn richten wolle, und was der Inhalt sei, das konnte er nicht sagen.

Zerfahrenheit, Zerstreutheit, Denkstörungen. Auch das sind beispielhafte Anzeichen einer Schizophrenie. Vor Kurzem hatte ich einen Patienten, der jede Woche zu mir in die Ambulanz kam. Ich fragte ihn, was er denn gemacht habe seit unserer letzten Begegnung. Da antwortete er, dass er aus der Ambulanz gegangen sei, und dann habe das Regnen angefangen. Überhaupt regne es ja schon die ganze Zeit. Wobei, im letzten Jahr sei der Frühling ja auch so verregnet gewesen. Oder war es das Jahr davor? Aber so viel Regen ist ja wiederum auch gut für die Landwirtschaft. Die Ernte müsse doch wieder besser werden, damit unsere Bauern wieder auf die Füße kommen. Überhaupt, die Landwirte, mit diesen EU-Verordnungen. Und so ging es immer weiter. Sie kommen von einem zum anderen, vom Hundertsten ins Tausendste. Eine klare Struktur in ihrem Denken und in ihrem Reden ist nicht mehr möglich. Einen roten Faden zu entwickeln, einfach eine klare Antwort auf eine klare Frage zu geben. Das Denkziel zu erreichen, das geht hier nicht mehr.

Einen anderen Patienten habe ich gefragt, wie viele Joints er an diesem Tag schon geraucht habe. Zunächst kam gleich die Gegenfrage, warum ich ihn nicht nach Zigaretten befragt habe. Gut, erwiderte er, den ersten Joint habe er sich noch vor dem Frühstück gebaut und ihn dann geraucht, während er sein Ei gekocht hat, wobei das Ei dummerweise etwas zu lang im Wasser war und deswegen zu hart wurde, aber es sei ja auch klar, weil die besten Eier würde noch immer seine Mama machen, er selbst könne das nicht so gut.

Das Toastbrot mit Marmelade hingegen sei ihm gut gelungen, er habe sich ja auch einen neuen Toaster gekauft Und schon waren wir ganz weit weg von der eigentlichen Frage nach der Menge des konsumierten Cannabis.

Wenn der Patient Glück hat, hören diese Symptome nach einiger Zeit auch wieder auf, vorausgesetzt, er setzt die Droge ab. Hat er Pech oder kifft er weiter, dann bleibt die Psychose, chronifiziert als das, was man letztlich als Schizophrenie bezeichnet.

Das Schwierige für uns als behandelnde Ärzte: Bei Cannabis spüren wir nicht die Bereitschaft der Konsumenten, ihr Konsumverhalten zu ändern. Wir können die Menschen nicht dazu zwingen, sich zu uns in Behandlung zu begeben, wir können ihnen keinen stationären Aufenthalt aufdrängen. Eine Behandlung kann nur dann Sinn machen, wenn die Bereitschaft des Suchtkranken da ist, sich mit seinem Problem auseinanderzusetzen und sich zu öffnen für die Therapie.

Sicher, es gibt auch vereinzelt Beispiele, in denen Patienten von extern aufgerüttelt werden, allein durch die Androhung dramatischer Konsequenzen. Etwa bei einem anstehenden Verlust des Arbeitsplatzes oder bei einer möglichen Geld- oder gar Gefängnisstrafe, weil ich im Drogenrausch eine kriminelle Straftat verübt habe. Doch auch hier kommen wir oft zu dem Schluss, dass diese Menschen Cannabis gar nicht als das Problem für ihr Leid ansehen und meist andere Faktoren für ihren akuten Fehltritt oder für ihr generelles Versagen im Leben verantwortlich machen. Bis auf manche wenigen Ausnahmen. Wie etwa im folgenden Fall.

Ein Leben ohne Kiffen – dank der Frau

Ähnlich zum Fall der Gerda S. hatte ich vor einiger Zeit einen Patienten, der ebenfalls doppelt süchtig war. Helmut N., Arbeiter, einfache Verhältnisse, Ende 40, übrigens ein typisches Alter für

Glücksspielsüchtige, die man vor allem in der Gruppe der 40- bis 60-Jährigen findet. Auch er also kam weder vom Glücksspiel noch vom Cannabis los. Auch in seinem Gehirn hatte die Suchtverschiebung längst angefangen. Wenn er kein Geld mehr hatte für den Spielautomaten, dann kiffte er eben noch mehr – das war auch nicht schwer, denn zu Hause auf seinem Balkon hatte er sich Cannabispflanzen angebaut. Nun war dieser Mann verheiratet, und um sich und seine Sucht zu finanzieren, hatte er schon des Öfteren das monatliche Haushaltsgeld seiner Frau verzockt und die versteckten Reserven bis auf den letzten Cent aufgebraucht. Alles, was er finden konnte, nahm er mit – bis es der Ehefrau eines Tages zu viel wurde. Sie drohte mit Scheidung, falls er nicht sofort die Finger von beidem lassen würde, vom Spielen genauso wie vom Kiffen.

Anders als er erkannte sie sehr wohl die vom Cannabis ausgehende Gefahr und die Wirkung auf sein Verhalten. Die Ankündigung, ihn zu verlassen, war für ihn ein Hallo-Wach-Erlebnis. Zusammen mit seiner Frau kam er zu uns in die Klinik, und er erkannte, dass nicht nur das Glücksspiel, sondern auch das Cannabis sein großes Problem war. Ja, er nahm die Hilfe seiner Frau an, und er nahm unsere Hilfe an. Er begab sich in eine ambulante Therapie, entsorgte zu Hause gemeinsam mit seiner Gattin die Cannabispflanzen und erklärte sich einverstanden, keinen Zugriff mehr auf das gemeinsame Bankkonto zu haben und die Finanzen nur noch von der Frau verwalten zu lassen.

Wenn er zur Arbeit ging, bekam er von seiner Frau ein zweckgebundenes Taschengeld, mit dem er sich dann mittags eine Brotzeit kaufen konnte, was er auch tat. Natürlich wirkte das wie bei einer Mutter, die ihrem Sohn für die Schule drei Euro mitgibt, damit er sich in der Pause beim Hausmeister eine belegte Semmel und eine Limo kauft. Die auch für mich sehr positive Erfahrung in diesem Fall war, dass sich der Mann hier aber deswegen nicht gedemütigt oder erniedrigt fühlte, dass er es nicht als Schmach empfand oder sich wie ein unmündiger Schüler bevormundet fühlte. Nein, er war froh darüber, weil er es so schaffte, von beiden Abhängigkeiten endlich loszukommen, und weil er die Beziehung zu seiner Frau retten und neu aufbauen konnte. Ja, man könnte sagen, dass er nun statt von Cannabis und Glücksspiel von seiner Frau abhängig war. Aber diese neue Situation war insgesamt deutlich gesünder und für beide besser mit einer guten Lebensqualität zu vereinbaren. Außerdem ist es nicht abnormal, im Rahmen von Erkrankungen für eine Weile von der Unterstützung des Partners abhängig zu sein. So geht es einem auch, wenn man einen Liegegips hat nach einem Unfall.

Helmut N. hatte erkannt, dass er nicht selektiv nur auf das Glücksspiel verzichten kann, um sein Leben wieder in den Griff zu bekommen, sondern dass auch Cannabis keine Rolle mehr spielen darf. Wie ich aus den Gesprächen mit ihm heraushörte, war es in diesem Fall sogar sein Glück, dass er neben dem Cannabis auch vom Glücksspiel abhängig war, denn nur so erkannte er das unheilvolle Potenzial, das von einer Abhängigkeit ganz allgemein ausgehen kann. Wäre er lediglich ein Kiffer gewesen, ohne sein Geld auch permanent am Geldautomaten zu verbraten, dann wäre ihm diese Einsicht vielleicht nie gekommen.

Wir als Ärzte erwarten nicht, dass die Süchtigen schon mit einer perfekten, voll ausgereiften Motivation zu uns kommen. Wichtig ist, dass überhaupt eine Form von Motivation da ist, die wir dann durch den Dialog noch verstärken können. Ist gar keine Motivation da, ist es oft unmöglich, ganz bei null anzufangen. Die Tür darf nicht ganz verschlossen sein. Es reicht, wenn sie einen kleinen Spalt offen ist. Dann tun wir uns wesentlich leichter, die Tür weiter zu öffnen.

Wichtig ist dabei, es gemeinsam zu tun und nichts auszulösen, was den Patienten dazu bewegt, die Türe wieder schließen zu wollen. Hierbei verfolgen wir eine ganz besondere Strategie: Die sogenannte motivierende Gesprächsführung.

21

DIE METHODE DER MOTIVATION

Wie wir bei der Philosophie-Studentin zuvor schon erkannt haben, spielt die Ambivalenz, die jedem Süchtigen innewohnt, eine große Rolle. Die beiden Psychologen, der US-Amerikaner William Miller und der Brite Stephen Rollnick, haben dazu vor einem Vierteljahrhundert eine geniale Methodik entwickelt, die »Motivierende Gesprächsführung«, englisch »Motivational Interviewing«. Dabei haben sie das Rad nicht neu erfunden, sondern aus vielen Techniken der bis dahin bekannt psychotherapeutischen Praxis diejenigen Komponenten extrahiert, die ihnen am sinnvollsten erschienen. Anders als bis dahin oft angewandt, verzichteten sie auf einen konfrontativen Ansatz, bei dem der Profi (also Arzt, Therapeut, Psychologe usw.) moralisierend dem Patienten die Sucht zum Vorwurf machte und die Meinung des Patienten nicht weiter von Bedeutung war. Das Vorgehen bei der motivierenden Gesprächsführung ist vielmehr, die Ambivalenz des Süchtigen anzusprechen. Ambivalent in diesem Fall bedeutet, dass der Patient in seinem Suchtverhalten sowohl gute Seiten als auch schlechte Seiten erkennt. Ein Alkoholiker beispielsweise findet das Saufen einerseits gut, weil es eine gesellige Angelegenheit ist und er nicht bei einem Mineralwasser mit seinen Freunden am Stammtisch sitzen möchte. Als negativ empfindet er aber sowohl die Unfähigkeit, danach noch Auto zu fahren, als auch längerfristige Folgen wie etwa eine drohende Leberzirrhose oder Jobverlust.

Durch gezielte Fragen unterstützt der Profi den Patienten, Vor- und Nachteile seiner Situation abzuwägen und Ziele für seine Zukunft zu entwickeln. Das heißt, dass nicht ich den Patienten überrede, sondern der Patient überzeugt sich selbst und hat dadurch die Motivation, dieses Ziel auch zu erreichen.

In der zweiten Phase werden dann gemeinsam konkrete Ziele und Wege besprochen, wie er diese Veränderung erfolgreich erreichen kann.

Nicht nur aus meiner Erfahrung kann ich die Effektivität dieser Methodik klar unterstreichen. Auch Studien wie etwa von Burke et al. (2003)[55] haben ergeben, dass gerade bei Alkohol- und Drogenabhängigen das Motivational Interviewing zu großen Erfolgen geführt hat. Kommunikation statt Konfrontation, für uns als Ärzte und Psychologen ist das der sinnvollste Weg. Dabei muss auch ich manchmal meinen Drang unterdrücken, nach einem Rückfall des Patienten belehrend zu sein und mit dem erhobenen Zeigefinger zu sagen: »Ich will ja nicht sagen, ich hatte es Ihnen gesagt, dass es so kommen wird. Aber ich hatte es Ihnen gesagt!« Denn meine Erfahrung zählt meist nicht. Der Süchtige muss selbst Erfahrungen mit seiner Sucht sammeln. Ich helfe ihm dabei, diese zu reflektieren und daraus hoffentlich an Motivation für Veränderung zu gewinnen.

Viele Menschen sehen nach einer Phase der Abstinenz einen unerwarteten Rückfall als persönliches Versagen und verlieren erst recht jegliche Motivation, an sich und an ihrer Gesundung weiterzuarbeiten. Dabei kann ein Rückfall helfen, unrealistische Ziele und Strategien zu korrigieren und einen sinnvolleren Weg einzuschlagen. Deshalb versuchen wir, unseren Patienten zu vermitteln, dass Süchte chronische Erkrankungen sind und Rückfälle eben einen Teil des normalen Verlaufes darstellen. Wichtig ist nur, jetzt nicht aufzugeben, sondern rasch Hilfe zu suchen und die Umstände des Rückfalls ausführlich zu besprechen. So wird aus der Krise eine Chance.

22

DIE QUALEN DER ANGEHÖRIGEN

Anders als wie vorhin beschrieben enden nicht alle Beziehungskonflikte so glücklich wie im Fall des Helmut N. Oft sehen wir bei uns in der Abteilung, wie Betroffene anfangs noch zusammen mit ihrem Partner zu uns kommen – um dann nach einiger Zeit plötzlich allein dazusitzen, weil sie von ihrem Mann oder ihrer Frau zu Hause vor die Tür gesetzt wurden, nachdem sie das Geld der Familie verspielt, versoffen, verkifft haben.

Die Angehörigen von Suchtkranken durchleiden oft fürchterliche Qualen. Das bezieht sich auf körperliches Leiden, beispielsweise auf die Ehefrau, die von ihrem stets betrunkenen Mann täglich verprügelt wird. Das bezieht sich aber auch auf die seelischen Schmerzen, weil sie einen ihrer engsten und liebsten Menschen in die Sucht entglitten sehen und nicht mehr an ihn herankommen, und auch weil sie nicht wissen, wie sie am besten damit umgehen sollen.

Ja, ich kann es sehr gut verstehen, wenn Eltern ihre Kinder weiter unterstützen, auch wenn sie von ihrer Drogenabhängigkeit wissen, wie die Mutter der erwähnten Philosophiestudentin Andrea F., die ihrer Tochter nach wie vor Geld gab, obwohl ihr klar war, dass Andrea sich dadurch nur weiter ihre Sucht finanzieren würde und sonst nichts. Aber was wäre die Alternative? Das Kind verstoßen und alleine lassen? Und dann? Rutscht die Tochter dann ganz ins kriminelle Milieu ab, muss sie dealen, stehlen, sich gar prostituieren oder alles zusammen, um den Stoff noch zu bekommen? Rutscht sie ab in die Obdachlosigkeit? Die Bedenken sind verständlich.

Und doch muss klar sein: Wenn ich den Suchtkranken weiter unterstütze, ohne eine Verhaltensänderung einzufordern, dann unterstütze und stabilisiere ich auch das süchtige System, allerdings auf einem krankhaften Niveau. In der Fachwelt sprechen wir hier von einer Co-Abhängigkeit. Dies trifft auf die Mutter von Andrea F. zu. Oder auch auf jene Mutter, deren Sohn internetsüchtig ist, der sich den ganzen Tag lang nicht mehr aus seinem Zimmer herausbewegt, sondern nur noch vor dem Computer sitzt. Statt ihn zu überzeugen, dass er wenigstens zu den Mahlzeiten in die Küche gehen soll, bringt sie ihm auch noch sein Essen, damit er nicht verhungert. Und wenn er nicht einmal bereit ist, zum Urinieren vom Computer aufzustehen, dann bringt ihm die Mutter leere PET-Flaschen und nimmt dann die vollen wieder entgegen.

Ein gutes Beispiel ist die Ehefrau eines schwer alkoholkranken Mannes, der den ganzen Tag nur auf dem Sofa vor dem Fernseher sitzt und sich ein Bier nach dem anderen reinschüttet, und die ihn vor dem Einkauf fragt, ob sie ihm etwas aus dem Supermarkt mitbringen kann. Natürlich wird er ihr sagen, sie solle ihm weitere Bierdosen besorgen, vielleicht auch noch eine Flasche Schnaps. Und natürlich wird sie denken, bevor er selbst geht, kaufe eben ich sie, zu vermeiden ist es sowieso nicht. Und wenn ich ihm nichts besorge, dann wird er nur unausstehlich, so ist dann wenigstens Ruhe. Schon nachvollziehbar, aber der falsche Weg, denn so verfestigt die Frau sein Verhalten nur.

Dazu gehört auch das Verschweigen und Kaschieren. Zum Beispiel die Ehefrau, die in der Arbeit anruft und ihren Mann entschuldigt, weil ihn die Grippe erwischt habe, obwohl er in Wahrheit nur sturzbetrunken im Bett liegt. Es ist ihr natürlich peinlich, zuzugeben, dass ihr Mann Alkoholiker ist. Und natürlich ist ihr auch nicht daran gelegen, dass ihr Mann seine Arbeit verliert. Doch damit hält sie letztlich seine Sucht nur aufrecht.

Die viel bessere, wenn auch schwierigere Alternative wäre, ihn in seinem Suchverhalten nicht zu unterstützen. Nicht sein Bier zu kaufen, sondern ihm zu vermitteln, wenn er das Zeug brauche, müsse er sich schon selbst aufschwingen und in den Supermarkt gehen. Und wenn er vor lauter Suff nicht zur Arbeit kann, dann muss er eben selbst bei seinem Arbeitgeber anrufen und sich entschuldigen.

Ja, es ist durchaus möglich, dass aus solchen Situationen heraus Beziehungen scheitern. Und im schlimmsten Fall besteht auch die Gefahr, dass der Suchtkranke tatsächlich sozial noch weiter abrutscht und keinen Fuß mehr auf den Boden bekommt. So aber, indem ich als Co-Abhängiger Unterstützung für die Sucht leiste, verlängert sich das Siechtum ins Unendliche, geht die Unerträglichkeit der Situation über Jahre oder gar Jahrzehnte weiter. Je eher ich als Angehöriger einschreite und mich abgrenze, desto größer ist die Chance, dass der Partner noch aus dem Teufelskreis herauskommt, bevor er in der Abwärtsspirale unausweichlich seinem Abgrund entgegentaumelt. Und auch nicht unwichtig: Je eher ich als Angehöriger einschreite und mich abgrenze, desto größer ist die Chance, dass ich selbst nicht unnötig lange leide.

Wegschauen, leugnen und tabuisieren, das ist der größte Fehler. Stattdessen Probleme ansprechen und Unterstützung anbieten für den Ausstieg. Die Verantwortung bleibt aber immer beim Süchtigen selbst. Kurzum: Hilfe zur Selbsthilfe.

TEIL 4

DIE VERDIENER

23

CANNABIS UND DIE MEDIZIN

Seit vielen Jahren schon erleben wir eine hitzige Diskussion über den Einsatz von Cannabis als Medikament. Eine emotionale Debatte, bei der von beiden Seiten oft unsachliche Argumente in den Raum geworfen werden, meist vor allem aus Unkenntnis über die genauen Hintergründe, Hauptsache, es ist etwas gesagt.

Im Frühjahr 2016 kam es in Deutschland zu einer entscheidenden Wendung. Das Kabinett beschloss einen Gesetzesentwurf von Gesundheitsminister Hermann Gröhe (CDU), mit dem es ermöglicht werden sollte, dass schwerkranke Patienten künftig Cannabis auf Kassenrezept bekommen können. Menschen ohne weitere Therapiealternativen können damit also getrocknete Cannabisblüten und Cannabisextrakte auf ärztliche Verschreibung in Apotheken erhalten. Leider ist dabei versäumt worden, die Eigenschaften von Cannabisprodukten zu definieren, wie beispielsweise die THC- oder CBD-Konzentration.

Angedacht war dabei ein staatlich kontrollierter Anbau durch eine offizielle Behörde, eine Cannabisagentur, die unter der Aufsicht des Bundesinstituts für Arzneimittel und Medizinprodukte stehen soll. Bis dahin soll die Versorgung mit Medizinalhanf durch Importe aus dem Ausland gewährleistet sein. Dieses Gesetz wird seit März 2017 in die Tat umgesetzt.

Schon davor war die Zulassung von Cannabis als Schmerzmittel gefordert worden, das Kölner Verwaltungsgericht etwa entschied bereits 2014, dass chronisch kranke Patienten ausnahmsweise Cannabis züchten dürfen, und erlaubte den Anbau zu Therapiezwecken, wenn es für die Patienten keine andere Möglichkeit gebe, ihre Schmerzen zu lindern. Doch auch hier betonten die Richter, dass die Grundvoraussetzung sein müsse, dass der Patient ansonsten mit allen erdenklichen Medikamenten austherapiert sei, es für ihn keine andere Behandlungsalternative gebe, und dass das in der Apotheke erhältliche Cannabis für ihn zu teuer und ohne Kassenrezept nicht zu bezahlen sei.

Fertige Arzneimittel auf der Basis von Cannabis dürfen seit Frühjahr 2011 in Deutschland hergestellt und von Medizinern auf Betäubungsmittelrezept verschrieben werden. Für Patienten, die an Multipler Sklerose erkrankt sind und an schweren Symptomen wie spastischen Krämpfen oder Lähmungen leiden, ist das Mittel Sativex zugelassen, ein Extrakt aus der »Cannabis sativa«, wie die Hanfpflanze auf Lateinisch heißt. Möglich ist es aber auch, aus dem Ausland auf Rezept Mittel wie Dronabinol und Nabilone zu erhalten, die Kosten dafür müssen die Patienten aber selbst tragen.

Dronabinol ist ein Medikament, das in einem etwas umständlichen Prozess aus der natürlichen Hanfpflanze gewonnen wird, in

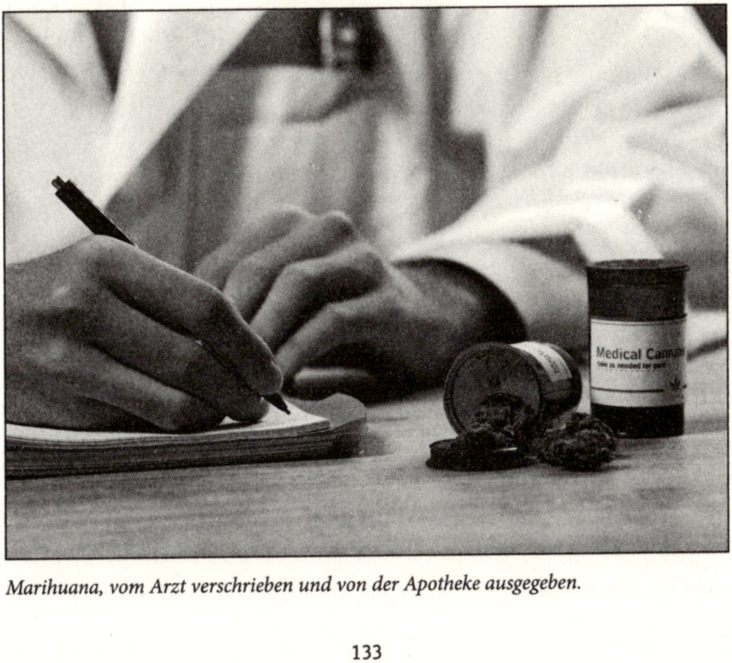

Marihuana, vom Arzt verschrieben und von der Apotheke ausgegeben.

dem das Cannabidiol extrahiert wird, um in einem aufwendigen chemischen Verfahren künstliches THC herzustellen. Natürlich wäre es per se viel einfacher, von vornherein der Pflanze gleich das THC selbst zu entnehmen, das aber ist eben nicht erlaubt, deswegen muss es künstlich erzeugt werden. Nabilone ist voll synthetisch, also ein künstlich im Labor hergestellter Stoff, der ein sogenanntes Derivat von THC darstellt. Somit ist es nicht genau das Gleiche wie THC, aber chemisch extrem ähnlich. Während Dronabinol und Nabilone ausschließlich THC bzw. ein THC-Derivat enthalten, besteht Sativex aus etwa gleich viel THC und Cannabidiol und ist somit medizinisch gesehen sinnvoller, weil Cannabidiol Nebenwirkungen des THC – wie die Psychose – entgegenwirkt.

Wann darf ein Arzt nun ein solches Medikament verschreiben? Und warum ist es so wichtig, dass wir, wenn wir Cannabis zu medizinischen Therapiezwecken zulassen wollen, den Anbau unter staatliche Aufsicht stellen? Und warum ist es letztlich doch entschieden besser, eine cannabishaltige Arznei zu verschreiben, als den Patienten zu erlauben, Marihuana zu rauchen?

Stellt ein Mediziner ein Rezept für eine Arznei aus, dann gibt es hierfür bestimmte Indikationen. Das heißt: Wogegen hilft es und wie viel ist nötig, damit das Mittel die gewünschte Wirkung hat? Und wie viel darf man höchstens geben, damit die Nebenwirkungen nicht schädlicher sind als der nützliche Effekt? Bei Dronabinol ist eine Indikation die Übelkeit, die als Folge von Chemotherapie bei Krebspatienten auftritt – hier, aber nur hier, macht eine Verschreibung und eine Verabreichung also durchaus Sinn. Zudem hat das Medikament auch den Effekt, dass das Hungergefühl gesteigert wird, ein durchaus erwünschtes Ziel, da der Appetit und das Verlangen nach Nahrungsaufnahme bei Menschen in der Chemotherapie erfahrungsgemäß sehr gering sind. So wird auch der Abbau von Knochenmasse und Muskelmasse gebremst, der Patient gewinnt wieder an Kraft und Stabilität.

Allerdings gibt es natürlich auch andere Medikamente, die sehr gut gegen Übelkeit bei Chemotherapie helfen, weshalb jeder Arzt erst einmal zusehen sollte, diese Mittel zu verschreiben, bevor er auf das Dronabinol zurückgreift. Denn die üblichen Medikamente gegen Übelkeit haben deutlich weniger Nebenwirkungen gezeigt als cannabishaltige Medikamente. Der Einsatz von pflanzlichem Cannabis in Form von Marihuana oder Haschisch wird für diese Indikation anhand der vorliegenden Studien gar nicht empfohlen.[56] Dass das Verhältnis zwischen Wirkung und Nebenwirkung bei cannabishaltigen Medikamenten besser ist als bei Marihuana, konnte auch in einer Studie an HIV-Patienten gezeigt werden.[57] Eine weitere Indikation ist Kachexie, also der bereits erwähnte stark ausgeprägte Gewichtsverlust im Rahmen fortgeschrittener schwerer, Leib und Leben bedrohender Erkrankungen, beispielsweise auch bei HIV. Auch hier hilft es dem Patienten, wieder an Körpermasse zu gewinnen, auch hier kann Dronabinol helfen. Zudem gibt es auch noch extreme Ausnahmefälle, bei denen die Ärzte auch ohne Indikation verschreiben dürfen, wir sprechen hier von »Off-Label«-Verschreibungen. Wenn ein Arzt also das Gefühl hat, es fehle ihm jegliche Alternative, dann kann er nach vorheriger Aufklärung des Patienten auch Mittel verschreiben, die eigentlich in diesem Fall gar nicht vorgesehen sind. So sind etwa viele Medikamente wie Antibiotika für schwangere Frauen nicht vorgesehen, wenn es aber keine andere Möglichkeit gibt und der Arzt davon überzeugt ist, dass ein Antibiotikum in diesem individuellen Fall hilft und keine Schädigung des ungeborenen Kindes zu erwarten ist, dann wird er es auch verschreiben.

Cannabis und THC-haltige Medikamente wirken darüber hinaus auch ein wenig bei neuropathischen Schmerzen. Die treten nicht aufgrund einer Wunde oder etwa eines gebrochenen Knochens auf, sondern werden durch einen beschädigten Nerv hervorgerufen. Anders gesagt, in diesem Fall ist der Nerv selbst krank. So etwas sehen wir oft bei zuckerkranken Menschen oder bei Alkoholkranken, wo die Nerven über die Jahre so geschädigt wurden, dass sie beispielsweise aus dem Bein Schmerzen melden, obwohl das Bein selbst völlig in Ordnung ist. In der Gesamtschau der bisherigen weltweiten Forschungsergebnisse kann man sagen, dass Cannabis, vor allem synthetisches Cannabis, eine gewisse, kleine Überlegenheit im Vergleich zu einem Placebo (also einem Scheinmedikament) in Bezug auf eine 30-prozentige Besserung der Schmerzen zeigte. Aber in Bezug auf 50-prozentige Besserung von Schmerzen gab es keinen Unterschied zu Placebos. Sehr wohl gab es aber deutlich häufiger Nebenwirkungen als unter Placebos: Patienten unter Cannabis brachen die Therapie häufiger wegen der Nebenwirkungen ab als unter Placebos. Insgesamt wird Cannabis somit nicht als erste oder zweite Wahl empfohlen, weil es eben nur marginal besser als Placebos bei der Wirkung ist, aber sehr wohl Nebenwirkungen hat. Nur wenn sämtliche Standardtherapien ausgeschöpft sind, könnte der Einsatz von Cannabis eventuell erwogen werden. Allerdings warnen Experten ausdrücklich davor, die Ergebnisse der Studie als Argument dafür zu verwenden, selbst zu Hause Cannabis anzupflanzen, auf Grund des schwankenden THC-Gehaltes bei Eigenproduktion.[58]

Ja, hier könnte ich also Cannabis verschreiben. Nur frage ich warum. Es gibt so viele andere Medikamente, die bei neuropathischen Schmerzen den gleichen Effekt haben, ohne Psychose und Suchtgefahr. Möglich, dass es einen geringen Prozentsatz an Menschen gibt, denen wirklich nur Cannabis hilft. Dann muss ich es aber wirklich als absolute Ultima Ratio anwenden, als letzte Möglichkeit, nachdem alles andere bereits versucht wurde.

Genauso verhält es sich auch bei den vorhin angesprochenen Krämpfen und Spastik bei MS-Patienten, wenn die Kontrolle des Gehirns über den Muskel wegfällt, wenn das Gehirn dem Muskel keine Befehle mehr erteilen kann und der Muskel infolgedessen immer steifer wird. Auch in diesen Fällen gibt es zahlreiche andere Medikamente, die gegen die Versteifungen helfen können, und auch hier wäre es aus ärztlicher Sicht sinnvoll, erst einmal alle anderen

Muskelrelaxantien, also Mittel zur Muskelentspannung, zu verabreichen, bevor ich ohne einen anderen Ausweg ein THC-haltiges Präparat verschreibe.

Wenn wir schon dabei sind. Wie ist es mit Schmerzen bei rheumatischen Erkrankungen, also Fibromyalgie, Arthrose, rheumatoider Arthritis? Die Studien, die hier Cannabis (Marihuana oder synthetisches oder teilsynthetisches THC) verglichen haben – entweder mit Placebo oder mit anderen Medikamenten –, zeigen insgesamt keinen Vorteil für Cannabis, sodass hier keine Empfehlung für die Anwendung von Cannabis aufgrund von Schmerzen bei rheumatischen Erkrankungen ausgesprochen wurde.[59] Auch hier ist also Cannabis weit weg von jenem Wundermittel, zu dem es so oft hochstilisiert wird.

Und bei der chronisch entzündlichen Darmerkrankung Morbus Crohn? Laut Studien könnte Cannabis hier eventuell eine positive Wirkung auf Beschwerden wie Schmerzen, Übelkeit und Appetitlosigkeit haben. Bei der Anwendung wird aber zu Vorsicht geraten und nur nach Ausschöpfen aller anderen Medikamente, da durch Cannabis manchmal eine akute Pankreatitis (also Bauchspeicheldrüsenentzündung) auftreten kann, was eine bedrohliche Erkrankung darstellt.[60]

Natürlich lese auch ich oft die Berichte von den schwer kranken Menschen, die im Rollstuhl sitzen, die natürlich den verzweifelten Wunsch nach einer Linderung ihrer Schmerzen verspüren. Aber warum, frage ich mich dann immer, meinen sie, dass ihnen nichts anderes hilft, als daheim eine Cannabispflanze zu züchten? Hilft ihnen wirklich nur das Kiffen? Oder wäre es aufgrund der Nebenwirkungen und der Folgeschäden durch die Krebs erzeugenden Stoffe in einem Joint nicht sinnvoller, wenn es tatsächlich Cannabis sein muss, es als künstlich erzeugte Arznei zu verabreichen? Deswegen trete ich dem deutschen Gesetzentwurf auch mit einer gewissen Skepsis gegenüber, erachte ich den getrockneten Hanf, den ich in der Apotheke auf Rezept bekomme und in einem Joint konsumiere, als wesentlich gefährlicher als das im Labor unter staatlicher Aufsicht erzeugte Cannabis-Präparat.

Wie wenig fundiert das Wissen über die Wirkung von Cannabis in der Öffentlichkeit ist, bemerke ich oft in Gesprächen, sei es mit Patienten oder auch in meinem Umfeld. Immer wieder heißt es da, wie super Cannabis doch sei und dass man schon einmal von einem Bekannten gehört habe, der einen Krebskranken kenne, der ihm erzählt habe, dass bei einem anderen Krebspatienten wiederum Cannabis tatsächlich zur Heilung seiner Erkrankung geführt habe. Erschreckend, wie Falschmeldungen und Halbwahrheiten oft ungefiltert weitergegeben werden, sicher nicht aus böser Absicht, vielmehr aus Naivität und eigener Unkenntnis der Materie.

Mag schon sein, dass ein Arzt einem Krebspatienten einmal Cannabis verschrieben hat, der dann, oh Wunder, länger lebte als bei der Diagnose vorhergesagt, und dass der Mediziner daraufhin einen Einzelfallbericht schrieb. Nur kann ich diesen Einzelfall doch nicht plötzlich als allgemeingültig darstellen, dass es jedem Krebspatienten helfen würde, wenn er sich Cannabis in welcher Form auch immer verabreicht. Niemand hat je einen wissenschaftlichen Zusammenhang erkennen können, niemand hat jemals eine Studie publiziert, in der nachgewiesen wurde, dass Cannabis das Leben von kranken Menschen verlängert. Und warum nicht? Weil es einfach falsch ist.

Sicher fühlt sich der Patient besser, unbestritten. Besser fühlen würde er sich auch mit Alkohol, Heroin und Kokain. Besser fühlen sich damit nicht nur Krebspatienten, sondern auch Menschen, die etwa nach einem schweren Unfall plötzlich im Rollstuhl sitzen. Aber wenn ich ihnen gerade in solchen Situationen Cannabis verschreibe, nehme ich ihnen doch auch hier die Möglichkeit, sich ihren neuen Umständen, so schwierig sie auch sein mögen, zu stellen. Sich zu adaptieren, zu lernen, damit umzugehen, das ist ein ganz wichtiger Schritt, um mich in meinem künftigen Leben zurechtzufinden und die Herausforderungen zu meistern. Wenn ich mir hier die Sinne beneble, dann schaffe ich das nicht, ich werde nur träge, motivationslos und langfristig immer verzweifelter, und vor allem: Ich werde süchtig.

Kann es das Ziel eines Medikamentes sein, dass man süchtig danach wird, dass man es ein Leben lang nehmen muss und nehmen möchte? Dass es noch kränker macht, dass es zu Psychosen führt?

Mit etwas Befremden nahm ich das Urteil des deutschen Bundesverfassungsgerichts vom April 2016 zur Kenntnis. Ein an MS erkrankter 52-jähriger Mann, der die Symptome seiner Krankheit schon jahrelang mit Cannabis aus dem häuslichen Eigenanbau linderte, hatte in dritter und letzter Instanz für eine Ausnahmeregelung geklagt. Auch er hatte schon das Mittel Dronabinol genommen, argumentierte aber, dies habe bei ihm zu negativen Nebenwirkungen geführt, die er beim Konsum von Cannabis nicht verspüre. Tatsächlich gaben ihm die Richter recht, schließlich seien die Pflanzen im Haus des Mannes »ausreichend gegen eine unbefugte Entnahme geschützt«, und aufgrund der jahrelangen Eigentherapie verfüge der Mann »über umfassende Erfahrungen hinsichtlich Wirksamkeit und Dosierung der von ihm angebauten Cannabissorte«.[61] Kurzum, er würde schon einschätzen können, wie viel Kiffen ihm guttut.

Nichts habe ich in dem Urteil gehört von der Stärke der THC-Konzentration der eigenen Pflanzen. Haben die Richter das überprüft, ob der THC-Anteil 5 Prozent beträgt oder 25? Wie kann man einem Menschen, und sei er noch so krank, einfach so unkontrollierten Konsum zugestehen? Oder haben die Richter den Mann eh schon abgeschrieben und gönnen ihm als palliative Maßnahme den uneingeschränkten Gebrauch von Cannabis, weil es bei ihm ja eh schon egal sei? Ein Urteil, das dem bereits schwer gezeichneten Mann noch eine weitere Krankheit aufbürdet und ihn zu seiner MS-Erkrankung auch noch zum Suchtpatienten macht. Mehr noch, wie kann das Gericht beurteilen, ob die vom Patienten angefügten Nebenwirkungen des Medikaments Dronabinol geringfügiger einzuschätzen sind als die vom Cannabiskonsum verursachten potenziellen Folgeschäden, von den psychotischen Erkrankungen bis hin zu den durch die Verbrennung der kanzerogenen Stoffe erzeugten Krebsgeschwüre?

Bei jedem Medikament, sei es ein Antibiotikum oder ein Schmerzmittel, muss ein Arzt auf die genaue Dosierung achten, damit möglichst keine unerwünschten Nebenwirkungen auftreten. Und ausgerechnet bei einem Suchtmittel wie Cannabis gebe ich die Erlaubnis zu grenzenlosem Konsum nach Gutdünken? Ich kann nur hoffen, dass dieses Urteil nicht Schule macht und exemplarisch wirkt für viele weitere Klagen, die im Sog dieses Gerichtsentscheids noch kommen dürften.

Es gibt aber noch ein ganz großes anderes Problem mit der medizinischen Verabreichung, was gleichzeitig auch der Grund ist, warum ich Bauchweh habe bei der jetzt in Deutschland in Kraft tretenden Regelung. Denn wenn von einer notwendigen ärztlichen Verschreibung die Rede ist: Wer ist denn der Arzt, der das Cannabis verschreibt? Ist es der Suchtexperte, der aus seiner Erfahrung mit Cannabis- und Drogenkonsumenten genau um die Wirkung, die Gefahren und Risiken dieser Substanz weiß? Oder ist es doch einfach nur der Hausarzt, der dem Bitten und Flehen seiner Patienten nicht widerstehen kann?

Damit keine Missverständnisse entstehen, ich habe großen Respekt vor der Leistung meiner Kollegen, es geht hier nicht darum, den ganzen Berufsstand der Hausärzte in Misskredit zu ziehen. Auch sie verfügen natürlich über große Kompetenz, allerdings müssen sie sich bei Hunderten von Krankheiten auskennen, weshalb sie meist auf keinem Gebiet wirkliche Spezialisten sind. Hat ein Hausarzt also beispielsweise einen Schmerzpatienten bei sich in der Praxis, müsste er schon einmal unterscheiden können, um welche Art von Schmerz es sich handelt. Um einen Schmerz, der von Nervenzellen ausgeht (also einen neuropathischen Schmerz) oder vom umliegenden Gewebe? Hat er etwa Rückenschmerzen, ist es die Bandscheibe, der Wirbelkörper, die Zwischenwirbelgelenke, die Nervenwurzeln, oder hat er doch einfach nur Stress? Vor einer Cannabisverschreibung wäre es sinnvoll, wenn der Hausarzt den Patienten zu einem Facharzt überweist, um alle therapeutischen Möglichkeiten auszuschöpfen.

Oder der Patient klagt über Gemütsschwankungen bis hin zur Depression. Einzig richtig wäre es doch, wenn sich der Arzt mit ihm auseinandersetzt, ihm eventuell ein Medikament gegen Depressionen verschreibt und ihn gegebenenfalls zu einem Psychologen oder Psychotherapeuten weiterschickt. Doch das erlebe ich leider immer seltener.

Immer öfter finden sich Hausärzte, die gerade in solchen Fällen einfach Cannabis empfehlen – weil es auch das Einfachste ist. Ich kenne einen Hausarzt in Wien, der gerne auch als selbst ernannter Cannabis-Experte in den Zeitungen und im Fernsehen herumgereicht wird, zu dem müssen Sie nur gehen und sagen, Sie seien depressiv, schon verschreibt er Ihnen Cannabis. So einfach geht das.

Da erarbeiten wir uns in der Medizin nach und nach die höchsten Standards und versuchen, immer seriöser zu werden, damit die Medien nicht über uns herfallen, damit uns Anwälte nicht verklagen, damit wir den neuesten Erkenntnissen der Forschung gerecht werden, um dem Patienten die bestmögliche Behandlung zukommen zu lassen. Weltweit zerbrechen sich Ärzte und Wissenschaftler die Köpfe über die optimale Einnahmefrequenz und die Dosierung jedes einzelnen Medikaments – und was machen einige Ärzte? Empfehlen entgegen jeglicher medizinischer Ethik, gegen jede medizinische Norm und gegen jeden gesunden Menschenverstand einfach Marihuana, weil sie meinen, kann ja nicht schaden, ein bisschen zu kiffen. Ohne empfohlene THC-Dosierung, ohne genaue Einnahmefrequenz, völlig willkürlich. Geht's eigentlich noch?

An Beispielen wie diesen wird ersichtlich, dass es hier auch gar nicht um die Gesundheit des Patienten geht, sondern nur darum, dass der Patient die Droge haben will, ohne dass wirklich geklärt ist, ob er auch wirklich krank ist. Es geht hier nicht um Medizin, es geht hier nur um eine legale Methode, die Leute high zu machen, und vielleicht manchmal auch darum, Geld zu verdienen.

Ich unterstelle manchen Ärzten, dass sie das sogar gut meinen und sich denken, wenn der Patient das haben möchte, dann soll er es doch auch haben, getreu dem Motto: Jeder Mensch ist für sich selbst Experte. Nein, ist nicht jeder! Schon gar nicht für die eigenen Krankheiten, dann bräuchte man keine Ärzte und Therapeuten mehr. Gerade bei eigenen Krankheiten und Marihuana verwechselt man manchmal Highsein mit Geheiltsein. Das ist zwar menschlich – aber nicht sinnvoll.

Andere Ärzte verschreiben Cannabis schon bei Migräne. Jeder zweite Mensch sagt, er habe Migräne, dabei hat er vielleicht einfach nur einen schlechten Tag und Kopfschmerzen. Migräne ist aber eine ganz besondere Art des Kopfschmerzes.

Die Versuchung ist natürlich groß. Hausärzte haben es nicht leicht, wenn ein altes krankes Mütterchen zu ihm kommt, dann muss er sich, wenn er verantwortlich handelt, viel Zeit für sie nehmen. Nur, wenn er sich für jeden Patienten viel Zeit nimmt, dann bringt ihm das, rein finanziell gesehen, gar nichts. Cannabis zu verschreiben, das geht ziemlich schnell. Einen kurzen Befund stellen, von der Arzthelferin das Rezept ausstellen lassen, Häkchen drunter, das war's und ist wesentlich lukrativer, als sich wirklich mit den Beschwerden des Patienten zu beschäftigen. Anders formuliert: In der gleichen Zeit, in der ich mir von der Großmutter anhöre, wo es überall zwickt und zwackt, stelle ich mühelos zwanzig Cannabis-Rezepte aus. Und verdiene damit auch das Zwanzigfache.

Daraus wird offensichtlich, dass Medikamente wie Nabilone und Dronabinol nicht alles Übel kurierende Allheilmittel sind, auf die die Welt gewartet hat, und daran kann man gut sehen, dass THC-Präparate – egal, ob künstlich produziert oder natürlich – eben in keinster Weise einen kranken Menschen wieder gesund werden lassen, das sieht man an dem auf den ersten Blick überraschenden

Verhalten der Pharma-Firmen. Angesichts des Hypes, der seit Jahren um Cannabis gemacht wird, wäre es durchaus erwartbar gewesen, dass Pharma-Konzerne auf den Zug aufspringen und dort das lukrative Geschäft wittern. Ist aber nicht so.

Zu beobachten war das am Beispiel Uruguay. Der Staat in Südamerika war das weltweit erste Land, das Cannabis vollständig legalisiert hat. Mit der Entscheidung verband die Regierung damals im Jahr 2013 auch die Hoffnung, dass große US-amerikanische Pharmafirmen ins Land kommen und dort in Hanfplantagen und andere Industriezweige investieren, um Marihuana als Medikament zu züchten. Doch genau das war nicht der Fall. Die Unternehmen wussten ganz genau, dass es sich nicht lohnt, aus medizinischer Sicht auf THC-haltige Medikamente zu setzen. Denn bevor ein Medikament auf den Markt gelangt, muss es erst von der jeweiligen Arzneimittelbehörde (in den USA die FDA) freigegeben werden. Und die Aussicht, dass Cannabis-Präparate da eine Chance hätten, als Mittel gegen Krebs oder gegen Epilepsie oder gegen Multiple Sklerose genehmigt zu werden, die hielten sie in den Konzernzentralen für viel zu gering, zu aussichtslos.

Es hätte da schon mehrerer extrem aufwendiger Studien bedurft, um einen gewünschten Effekt gegen eine bestimmte Krankheit wissenschaftlich nachzuweisen, doch in solch eine Untersuchung viele Millionen Dollar zu stecken, das war es den Unternehmen nicht wert – weil sie genau wussten, es lohnt sich nicht. Weil sie wussten, sie bringen das Medikament nicht durch die strengen Kriterien der Arzneimittelbehörden.

Dabei wäre der Markt ja riesig. Ich kann die Empfindungen der Menschen auch nachvollziehen. Wenn ich Krebs habe und mein Nachbar erzählt von seinem Cousin, dem das Kiffen geholfen habe, länger zu leben. In seiner Verzweiflung klammert sich ein kranker Mensch an jeden Strohhalm. Leider handeln aber viele in solche Situationen aber auch verantwortungslos. Eltern etwa, die ihren Kindern, wenn sie krank sind, Marihuana in Form von Cookies geben, weil sie gehört haben, das würde etwas bringen. Situationen, in denen man sich fragen muss, was Eltern hier ihren Kindern nur antun, indem sie sie letztlich in eine Sucht hineintreiben, die ihre Gesundheit nur noch mehr ruiniert, als sie eh schon ist.

Mit Entsetzen las ich einen Bericht, dass eine Mutter in Amerika ihrer an Epilepsie erkrankten zweijährigen Tochter Marihuana gab, das sie vom Arzt auf Rezept verschrieben bekam – und die schwärmte davon, wie gut es ihrem Kind jetzt gehen würde. Allein der Folgeeffekt, die Vorbildwirkung für andere Eltern in ähnlichen Fällen, ist bedenklich. Übrigens: Cannabis hilft wirklich gegen Epilepsie. Aber nicht das berauschende THC, sondern der Wirkstoff Cannabidiol, das leider nicht high macht und stinklangweilig ist. Dafür braucht das Kind aber kein Marihuana, sondern ein Cannabidiol-haltiges Medikament.[62]

Cannabis-Cookies in einem Regal eines lizenzierten Verkaufsladens in Amsterdam.

Denn im modernen Marihuana ist immer mehr THC und immer weniger Cannabidiol, weil die Hanfpflanze nicht gleich viel THC und Cannabidiol produzieren kann. Je mehr Prozent THC die Pflanze hervorzaubert, desto weniger Cannabidiol kann sie enthalten. Denn beide Stoffe werden aus der gleichen Ursubstanz in der Pflanze hergestellt, und je mehr die Pflanze das eine macht, desto weniger Ursubstanz bleibt für das andere übrig. Manche Pharmafirmen haben nun begonnen, mit reinem Cannabidiol oder mit Hanfpflanzen zu experimentieren, die durch Züchtung das Verhältnis von THC und Cannabidiol umgekehrt haben, mit einem Verhältnis von Cannabidiol zu THC von 20:1. Dieses Cannabis wird natürlich nicht sehr beliebt werden, da es eben nicht stoned macht. Aber dafür macht es auch nicht süchtig und nicht psychotisch. Wenn eine Gesellschaft wirklich die medizinischen Vorteile von Cannabis nutzen will, dann müsste eigentlich das moderne, beliebte Marihuana mit viel THC weiterhin verboten bleiben, und man müsste reines Cannabidiol als Medikament auf den Markt bringen bzw. Marihuanazüchtungen, die mehr Cannabidiol als THC haben.

Oder denken wir an das Hyperaktivitätssyndrom ADHS, die Modekrankheit, die schon jedem Kind diagnostiziert wird, das gar nicht hyperaktiv ist, aber vielleicht nur etwas mehr Bewegungsdrang hat als andere Kinder. Dort ist in der Regel Ritalin das Medikament, das Ärzte verschreiben. Weil Ritalin aber etwas in Verruf geraten ist wegen seiner Nebenwirkungen, gehen auch hier Eltern in den USA schon dazu über, ihren Kindern Cannabis zu verabreichen. Nach dem bekannten Totschlagargument: Ist doch eh gesünder. Ist ja ein Naturheilmittel. Unfug.

Das Einzige, was ich damit bewirke, ist, dass ich mir einen Junkie großziehe.

Ja, ich verstehe Ärzte, die selbst verzweifelt sind, weil sie einen kranken Menschen bei sich in der Praxis haben, dem sie nicht helfen können und dem sie Cannabis verschreiben, auch weil sie merken, dass der Patient dafür dankbar ist. Manche Mediziner sind aber bestimmt auch von der öffentlichen Wahrnehmung von Cannabis beeinflusst, auch sie lesen Zeitungsberichte, in denen Cannabis angepriesen wird als neue Wunderwaffe der Medizin. Dass die Artikel wissenschaftlich nicht zu halten sind, spielt in dem Fall keine Rolle, denn auch viele Journalisten folgen ja nur einem bestimmten Trend, weil sie das Gefühl haben, es macht sich auch besser, für die Freigabe von Cannabis zu schreiben als dagegen, und weil sie sich deswegen lieber einen Kronzeugen suchen, dem die Droge vermeintlich guttut, als einen, der die Substanz verteufelt. Deswegen liest man auch viel öfter herzzerreißende Emotionsgeschichten von Menschen mit ihren schlimmen Krankheiten, die schildern, nach Cannabis fühlten sie sich so wohl, als habe ihnen der Messias höchstpersönlich die Hand aufgelegt. Journalisten, die sich bei mir einmal erkundigt haben, ob sie cannabissüchtige Patienten in meiner Klinik besuchen und mit ihnen reden dürften, um zu schildern, was Cannabis mit Menschen anstellen kann, habe ich noch nicht erlebt.

Anfang 2016 stand im österreichischen Magazin *News* eine mehrseitige Reportage über Menschen, die selbst Cannabis anbauten, weil sie sonst ihre Leiden nicht länger aushielten. Lauter Frühpensionisten, die einen mit minderen Beschwerden, andere mit schweren Krankheiten wie Aids, von denen alle sagten, wie gut ihnen das Kiffen täte. Es war vom Umfang her ein mehrseitiges Pamphlet für die Legalisierung, vom Inhalt her ein recht einseitiges. Nur ganz klein gedruckt, in winziger Schrift, stand neben einer Grafik zu lesen, dass sich die Wahrscheinlichkeit, durch Cannabiskonsum psychotisch zu erkranken, verdoppeln würde. Von Ausgewogenheit keine Spur.

Deswegen werden solche Berichte und Bücher für die Freigabe von Cannabis auch eine besondere Wirkung auf den einen oder anderen Arzt haben, ihn in seiner Unsicherheit vielleicht doch eher dazu zu bewegen, beim nächsten Fall ein Cannabis-Rezept auszustellen. Und dann gibt es eben auch ganz klar die schwarzen Schafe unter den Medizinern, die sich mit Marihuana eine goldene Nase verdienen wollen. Zum Beispiel viele Ärzte in den USA, die wahllos Cannabis verschreiben, mehr noch als die nötige Menge, die der Patient überhaupt braucht – was für den Kranken dann noch den wunderbaren Nebeneffekt hat, dass er sich entweder über die Maßen zukifft und damit seine Psychosen fördert, oder dass er das Kraut auf dem Schwarzmarkt dann weiterverhökert.

Wie ich auf die Idee komme, dass ein Patient sein medizinisch überlebenswichtiges Marihuana weiterverkaufen würde? Nun, nehmen wir als Beispiel den US-Bundesstaat Massachusetts mit der Hauptstadt Boston. Ärzte dürfen hier für alle möglichen schweren und weniger schweren Erkrankungen Marihuana empfehlen. Mit dieser schriftlichen Empfehlung kann sich ein Patient dann in lizenzierten Verkaufsstellen den Vorrat für zwei Monate kaufen. Dort wird dieser Vorrat für 60 Tage gesetzlich mit zehn Unzen definiert, und jetzt kommt's: Das sind umgerechnet 283,5 Gramm. Juchhu! Natürlich konsumiert kaum ein Mensch so viel in zwei Monaten. Der Durchschnitt des Konsums für medizinische Zwecke beträgt dort 56 Gramm in 60 Tagen. Somit bleiben dem Patienten alle zwei Monate ca. 227 Gramm übrig. Was tun mit diesem Rest? Das ist die Qual der Wahl. Der Marktwert für diese Menge beträgt dort etwa 3.200 US-Dollar, das wären im Jahr 19.200 Dollar. Aber natürlich wird der verantwortungsbewusste Konsument gar nicht auf die Idee kommen, sich mit dem Überschuss eine goldene Nase zu verdienen. Übrigens, falls der Patient sich das medizinisch empfohlene Marihuana wegen Geldmangel nicht kaufen kann, darf er zu Hause Hanf anpflanzen und die gleiche Menge ernten, also 283,5 Gramm Marihuana in zwei Monaten. Nachvollziehbarerweise wäre es auch für so einen armen Schlucker eine große Versuchung, den Teil, den er selber nicht konsumiert, heimlich zu verkaufen und sich damit 19.200 Dollar jährlich zu verdienen.

Der einzig richtige Weg: Der Patient geht mit seiner Krankheit zum Hausarzt und lässt sich dann, falls das Problem nicht ausreichend behandelbar ist, zum jeweiligen Facharzt überweisen.

Marihuana sollte gar nicht verschrieben werden. Wenn alle anderen Optionen nicht erfolgreich waren, könnte der Facharzt versuchsweise ein cannabishaltiges Medikament verschreiben. Sofern tatsächlich ein positiver Effekt eintritt, könnte man diese Therapieoption weiter verfolgen – nur zeigt die Erfahrung: Wenn übliche Medikamente nicht den gewünschten Effekt bringen, kommt man mit Cannabis meist auch nicht weiter.

Letztlich ist nicht jener Arzt, der tonnenweise Marihuana verschreibt, ein Cannabis-Experte, sondern derjenige, der sich um Cannabiskranke kümmert, Cannabispsychosen behandelt und Cannabissüchtige betreut.

Jeder Herzkranke geht zu einem Kardiologen, ein Krebspatient zum Onkologen, ein Mensch mit Unterleibsproblemen zum Urologen bzw. Frauen zum Gynäkologen. Was bitte macht ein Schwerstkranker, bei dem alle zugelassenen Medikamente nicht ausreichend geholfen haben und theoretisch Cannabis zu erwägen wäre, dann beim Hausarzt? Er gehört in die Obhut eines Spezialisten und nicht eines Hausarztes, der sich nur deswegen Cannabis-Experte nennt, weil er tonnenweise Cannabis verschreibt. Das ist unverantwortlich und sinnfrei.

24

VOR- UND NACHTEILE EINER LEGALISIERUNG: DAS BEISPIEL DES SCHÜLERS AXEL B.

Käme es wie in vielen amerikanischen Bundesstaaten auch in Mitteleuropa zu einer zumindest partiellen Legalisierung von Marihuana, dann wäre der positivste Effekt die Entkriminalisierung – damit nicht jeder fürchten muss, als Krimineller gebrandmarkt zu werden, wenn ihn die Polizei mit ein paar Gramm Marihuana erwischt. Nehmen wir nur an, auf einer Party nimmt ein Teenager ein paar Gramm für seine Freunde mit und wird auf dem Weg dorthin von einer Streife aufgehalten. Keine Frage, dass dieser junge Mensch natürlich nicht zu vergleichen ist mit einem professionellen Drogendealer oder Drogenkurier. Und doch bekommt er, je nach Menge, eine Anzeige und einen Eintrag ins Polizeiliche Führungszeugnis, am Ende noch eine Vorstrafe. Die Folgen sind klar: Große Probleme bei der Suche nach einem Arbeitsplatz oder einer Lehrstelle. Findet er nichts und bleibt arbeitslos, macht sich Verzweiflung breit, droht ein Abrutschen in ein dann wirklich kriminelles Milieu. Ohne Familie, ohne Job, ohne Sinn im Leben – was bleibt, sind Drogen, Cannabis, Alkohol, vielleicht auch noch mehr.

Wie wenig Sinn eine Bestrafung und eine Kriminalisierung gerade bei Jugendlichen macht, habe ich erst kürzlich wieder in meinem Arbeitsalltag erfahren: Verzweifelte Eltern riefen mich an und baten mich um Hilfe. Ihr Sohn ist 16 Jahre und besucht eine höhere Schule. Einige Lehrer hatten Verdacht geschöpft, dass in einer bestimmten Klasse einige Schüler Cannabis konsumieren würden, eventuell sogar in den Pausen während der Anwesenheit in der Schule. Die Angelegenheit wurde sofort thematisiert und richtigerweise mit dem Schuldirektor besprochen. Was geschah? Der Direktor holte die verdächtigen Schüler zu sich ins Büro und zog auch den Schularzt hinzu. Natürlich gaben die Schüler an, dass sie kein Cannabis konsumiert hätten. Das Gespräch endete damit, dass jeder Schüler mit Überweisung des Schularztes zu einem Labor gehen sollte, um dort Urin abzugeben für eine entsprechende Untersuchung. Dann, und das ist die Absurdität der Geschichte, solle der Befund dem Direktor vorgelegt werden.

Denn anstatt durch ein oder mehrere Gespräche mit den Jugendlichen und deren Eltern Bewusstsein für die Gefahren des Cannabis zu schaffen, wurde versucht, Schuld oder Unschuld zu beweisen, was genau in Richtung jener Kriminalisierung und Stigmatisierung geht, was niemandem nützt und jungen Menschen sogar schadet. Denn einerseits spielt es gar keine Rolle, ob ein Jugendlicher tatsächlich bisher schon Cannabis probiert hat oder nicht. Der junge Mensch muss kapieren, dass Cannabis nicht immer harmlos ist und ein Konsum in Zukunft sich für ihn negativ auswirken könnte, gerade wenn er in diesem Alter schon mit regelmäßigem Gebrauch beginnt. Und andererseits wäre ein negativer Urinbefund kein Beweis, dass der Jugendliche noch nie Cannabis konsumiert hat. Vielleicht hat er konsumiert, und es ist schon mehrere Tage oder gar Wochen her und kann im Harn nicht mehr nachgewiesen werden. Drittens wiederum würde im Falle eines positiven Cannabisbefundes der Jugendliche unnötig stigmatisiert und als kriminell oder Junkie oder was auch immer abgestempelt, wodurch seine Zukunft erschwert wird und damit auch die Wahrscheinlichkeit steigt, dass er erst recht weiterkonsumiert, weil er nichts mehr zu verlieren hat. Und zu guter Letzt sollte es der Schule nicht nur um diese paar Schüler gehen, sondern der Anlass sollte genutzt werden, um das Thema möglichst breit und intensiv mit allen Schülern zu besprechen.

Fraglich ist auch, was die Schule dann mit diesen Harnbefunden macht. Kommt der Befund in eine Art Schulakte des Schülers? Werden die Schüler dann über soziale Onlinemedien wie Facebook veröffentlichen, dass ein Mitschüler einen positiven Harnbefund hatte? Wird ein positiver Befund in der Schule breit getreten, sodass der betroffene Schüler sein Gesicht vor den Lehrern und Mitschülern verliert, sich als Versager fühlt und seine Motivation verliert, schulische Leistung zu bringen? Und wenn ein Schüler zwar gekifft hat, aber der Befund trotzdem negativ ausfällt, weil der zeitliche Abstand zur Urinprobe zu lang war, wird dieser Junge dann das Gefühl haben, das System ausgetrickst zu haben, und erst recht Gefallen am Kiffen finden? Werden die Schüler auf Drogen umsteigen, die man schwerer nachweisen kann? Darf der Schularzt überhaupt die Minderjährigen in ein Labor überweisen, oder müssten eigentlich die Eltern darüber entscheiden? Und können die Eltern dann so eine Untersuchung ablehnen, ohne dass ihr Kind in der Schule erst recht als schuldig abgestempelt wird?

Fazit: Direktor und Schularzt haben es gut gemeint und wollten der Sache nachgehen. Aber Nachgehen darf hier nur bedeuten, dass Cannabis und auch andere Substanzen intensiv mit Schülerinnen und Eltern und Lehrerinnen besprochen werden. Aber die Schule darf nicht Polizei spielen und versuchen, Schuld und Unschuld zu verteilen. Den Jugendlichen muss man vermitteln, dass es nicht darum geht, ob sie erwischt werden oder nicht, sondern darum, ob sie ihre Zukunft durch Drogen wie Cannabis gefährden wollen oder nicht. Ich bin gegen Cannabis, aber ich bin auch dagegen, dass man Cannabiskonsumenten als Kriminelle abstempelt. Das Allerwichtigste hier ist umfassende Aufklärung.

Das gilt aus meiner Sicht übrigens für alle Substanzen, die illegal sind oder zumindest unter einem bestimmten Alter nicht erlaubt sind. Sei es der Elfjährige, der heimlich mit Freunden an einer Zigarette zieht, der 14-Jährige, der auf einer Party einen Absturz durch Tequila erleidet, oder der 16-Jährige, der Ecstasy probiert. Früher hätte man vielleicht gut meinend gesagt: »Wenn du so weitermachst, wird aus dir ein Krimineller, und du landest früher oder später im Gefängnis.« Diese Pädagogik der Abschreckung ist zwar nachvollziehbar und liegt uns irgendwie im Blut, aber wirksam dürfte das Ganze eher nicht sein. Denn junge Menschen sind meist nicht so naiv, wie wir denken, und nehmen uns Erwachsenen die Androhung von Sanktionen wie etwa Gefängnis nicht ab. Dadurch verspielen wir unsere Glaubwürdigkeit als Berater unserer Jugend. Gleichzeitig ist das Selbstbewusstsein von jungen Menschen fragil und könnte durch derartige Aussagen Schaden nehmen. Und wir wissen aus zahlreichen Studien weltweit, dass junge Menschen mit geringem Selbstwertgefühl deutlich mehr zu übermäßigem Konsum von Suchtmitteln neigen. Ein Jugendlicher sollte sich gar nicht als potenziellen Kriminellen und seine Zukunft im Gefängnis sehen. Dann bekommt er das Gefühl, er hätte ohnehin keine Chance, etwas richtig zu machen. Die Einstellung, nichts mehr verlieren zu können, ist keine gesunde, speziell nicht für Jugendliche.

Also lieber weg von der drohenden und strafenden Pädagogik. Stattdessen gilt es, die jungen Menschen dort abzuholen, wo sie stehen, und zu verstehen, wofür der heimliche Drogenkonsum individuell steht. Geht es um mangelnden Selbstwert, dann gilt es für das gesamte System, ob nun Eltern, Lehrer oder sonstige erwachsene Bezugspersonen, diesem jungen Menschen Selbstwert zu vermitteln. Und das geht am besten durch Wertschätzung getreu dem Motto »Wir schätzen dich, also kannst du dich ruhig auch selber schätzen«. Das ist natürlich kein Satz, mit dem ein Jugendlicher etwas anfangen kann, vielmehr soll es eine Handlungsanweisung für die Bezugspersonen sein.

Oder steht der heimliche Konsum eher für Abenteuerlust verbunden mit Gruppenzugehörigkeit? Dann stellt sich die Frage, wie der natürliche Drang junger Menschen nach Aufregung und Gemeinschaftsgefühl in gesündere Bahnen gelenkt werden kann. Wie wäre es mit Mannschaftssport oder Schulausflügen, die zur Abwechslung mal wirklich spannend für die Schüler sind?

Vielleicht unterschätzt der Betroffene grob die Gefahren einer Substanz. Dann würde Aufklärung helfen. Aber die nötigen Infos werden umso besser vom Jugendlichen aufgenommen, je wertschätzender diese vermittelt werden. Denn die Wahrscheinlichkeit, dass ein junger Mensch sein Verhalten ändert, ist umso größer, je mehr er sich mit dem beratenden Erwachsenen in positiver Weise identifiziert. So oder so geht es also darum, sich mit den jungen Menschen in positiver Weise auseinanderzusetzen und ihnen dabei auch zu vermitteln, wie wertvoll sie sind. Das hebt den Selbstwert und beseitigt das Gefühl, ohnehin nichts mehr zu verlieren zu haben. Letztlich soll ein junger Mensch lernen, dass er durch bewusste Entscheidungen seine Geschicke und seine Zukunft auch bewusst lenken kann. Aus meiner Sicht ist das die beste Suchtprävention.

Nun höre ich manchmal die leidige Frage, wer denn zuständig sei für all das. Viele Eltern meinen, die Schule soll sich da mehr engagieren. Die Lehrer wiederum sehen sich oft nicht als Erzieher und lassen diese Verantwortung ausschließlich bei den Eltern. Wenn keine Seite weiterweiß, wollen alle, dass der Staat genügend Schulpsychologen und Schulsozialarbeiter finanziert, um die »verkorkste« Jugend in den Griff zu bekommen. Brennt schon der Hut, dann eben ab zum Kinder- und Jugendpsychiater, von denen es leider viel zu wenige gibt. Oder vielleicht eben gleich ab in die Jugendstrafanstalt? Oder wäre Ihnen ein Bootcamp lieber? In China kommen sogar viele Kinder, die eine Internetsucht entwickelt haben, in Bootcamps. Endlich sind wir die kleinen Nervensägen los.

Wenn wir einen Augenblick dieses Abschieben von Verantwortung für unsere Kinder und Jugendlichen auf andere Bezugspersonen oder Institutionen beiseite lassen und das Ganze aus der Perspektive der Bedürfnisse junger Menschen sehen, dann wird diese Diskussion sinnfrei. Denn wir als Gesellschaft haben eine Verantwortung für die nächste Generation, eine Verantwortung, der wir uns alle stellen müssen. Wenn Eltern kompetent genug sind, ihre Kinder zu erziehen, dann fein. Wenn sie es nicht sind, was leider manchmal traurige Realität ist, dann muss eben das Bildungssystem bestmöglich übernehmen – angefangen von der Krabbelstube bis zum Hochschullehrer. Und wenn die das auch nicht können, dann eben andere Betreuungssysteme wie Psychologen, Freizeitpädagogen, Sportvereine, freiwillige Feuerwehr, wer auch immer. Das Schulsystem sollte sich nicht in erster Linie als Vermittler von Lateinvokabeln sehen. Kinder sollen in der Schule das Leben lernen, nicht den Todestag eines vorchristlichen Pharaos. Und Sportvereine sollen nicht hauptsächlich perfektes Ballgefühl, sondern Gemeinschaftsgefühl vermitteln. Erziehung ist jedermanns Sache. Wenn man einem Kind gegenübersteht, egal in welcher Funktion, kann man Werte und Haltungen vermitteln. Ein wenig überspitzt ist selbst der Bäcker, der in der Früh das Pausenbrötchen verkauft, für die Suchtprävention zuständig.

Im Übrigen möchte ich hier nicht pauschal über Eltern oder Lehrkräfte schimpfen. Beides ist extrem herausfordernd, sehr viele Eltern machen ihre Sache gut, sehr viele Lehrer auch. Mich nervt es einfach nur, wenn jeder sagt, der andere sei schuld, wenn manche Kinder nicht so sind, wie wir sie gerne hätten. Bis auf wenige extreme Fälle ist niemand schuld, es geht nämlich gar nicht um Schuld, sondern um Verantwortung, und die trägt die ganze Gesellschaft.

25

SELBSTBESTIMMUNG UND VERANTWORTUNG – MEIN RECHT, MEINE PFLICHT!

In unserer glücklicherweise freien und aufgeklärten Gesellschaft ist die Selbstbestimmung ein hohes Gut. Anders als in Diktaturen wollen wir alles tun dürfen, was wir möchten und uns zutrauen. Die Selbstbestimmung will sich niemand nehmen lassen, sie gilt gerade bei Cannabiskonsumenten immer als höchste Maxime und als eines der großen Argumente für eine Legalisierung.

Nur hat der Staat natürlich längst schon genau in diese Selbstbestimmung eingegriffen und Regeln aufgestellt, beim Autofahren etwa mit der Gurtpflicht. Kaum einer empört sich heute noch darüber, obwohl auch hier damit argumentiert werden könnte, dass es allein meine Sache ist, ob ich bei einem Unfall, wenn ich gegen einen Baum fahre, durch die Windschutzscheibe fliegen möchte oder nicht. Oder beim Hausbau, auch hier reglementiert der Staat etwa die Steilheit meiner Kellertreppe, die irgendwelchen DIN-Vorgaben entsprechen muss. Selbst wenn ich nachweisen kann, dass niemand sonst die Treppe benutzen wird, werde ich dazu angehalten, die Stufen nur in einem bestimmten Neigungswinkel anzubringen, weil es ja doch sein kann, dass ich dummerweise die Treppen zu steil baue, hinunterfalle und mir das Genick breche.

Tatsächlich waren diese beiden eben erwähnten Beispiele auch Teil einer bestimmten Entwicklung. Vor fünfzig Jahren gab es in vielen Fahrzeugen noch gar keinen Gurt – und auch keine Vorschriften bezüglich einer Kellertreppe. Es war ein Prozess, der sich aus Erfahrungswerten zusammensetzte, ein Prozess, der sich über viele Jahrzehnte hinzog. Denken wir nur daran, wie lange es gedauert hat, bis wir beim Thema Trunkenheit am Steuer von der 0,8-Promille-Grenze auf 0,5 Promille herunterkamen. Oder wie viel Geld und Mühen es gekostet hat, das Rauchverbot in Restaurants und Kneipen durchzusetzen. Wie groß war der Aufschrei bei den Iren, als es darum ging, das Rauchen aus ihren Pubs zu verbannen. Das Guinness ohne Zigarette, das schien undenkbar – und heute ist es ganz normal, haben sich die meisten Pub-Besucher in Irland nicht nur damit abgefunden, sondern sich schon damit angefreundet.

Anders als bei der Gurtpflicht und bei der Kellertreppe kann ich mich beim Fahren unter Alkoholeinfluss und beim Rauchen in einem Lokal natürlich nicht mehr auf die Selbstbestimmung berufen, denn hier gefährde ich ja auch andere Leute. Auf der Straße Verkehrsteilnehmer wie den Fußgänger, den ich aufgrund meiner verlangsamten Reaktion über den Haufen fahre. Im Lokal den Kellner und den Nichtraucher am Nebentisch, deren Gesundheit durch das Einatmen der krebserregenden Stoffe im Qualm gefährdet wird.

Ein Großteil der zivilisierten Gesellschaft ist sich einig, dass diese Einschränkungen Sinn machen. Und da wollen wir ausgerechnet das, was wir daraus gelernt haben, über den Haufen werfen und plötzlich ein ganz anderes Fass aufmachen und Cannabis freigeben? Wollen zulassen, dass sich Autofahrer mit einem beliebig festgelegten, an den Haaren herbeigezogenen Grenzwert noch ans Steuer setzen und dabei sich und das Leben anderer riskieren? Wollen es hinnehmen, dass in der Öffentlichkeit gekifft wird und bei Mitmenschen Krankheiten durch den Passivkonsum ausgelöst werden? Wenn wir jetzt diesen Schritt zulassen und Cannabis freigeben, wird es Jahrzehnte dauern, bis wir wieder die Wende zurück schaffen.

Wir sehen, dass einige Bundesstaaten in den USA schon schlechte Erfahrungen gemacht haben mit der Legalisierung. 1982 gab die Regierung Alaskas Marihuana für Erwachsene über 19 Jahre frei. Aber wenige Jahre später, 1990, hatten die Bürger schon wieder genug von diesem Experiment. Denn die Zahl der Cannabiskonsumenten in der Gruppe der 12- bis 17-Jährigen war in den acht Jahren seit 1982 im Vergleich zum landesweiten Durchschnitt der übrigen US-Bundesstaaten um mehr als das Doppelte gestiegen. Und das, obwohl die Legalisierung ja nur für Erwachsene galt. Deswegen stimmten bei einer Volksbefragung 1990 genau 54,3 Prozent für die Rückkehr zum Cannabis-Verbot.[63]

Auch in den Jahren 2000 und 2004 erteilten die Bewohner Alaskas einer erneuten Freigabe eine deutliche Abfuhr. Allerdings pumpten die Befürworter in den Jahren danach so viel Geld in Pro-Cannabis-Kampagnen, dass sich Alaska 2014 wieder für eine erneute Legalisierung entschied. Die unausweichlichen Folgen werden wir dann in einigen Jahren wieder sehen.

Das bedeutet wiederum, dass die beliebte These, durch eine Legalisierung würde nicht mehr Cannabis konsumiert werden, weil jeder, der kiffen möchte, es doch jetzt schon tut, nicht greift. Natürlich werden die Zahlen steigen, und wie wir am Beispiel Alaska sehen, auch für diejenigen, für die es illegal bleibt, wie Minderjährige.

Betrachten wir das andere Extrem, etwa Indonesien, ein Land, in dem die Todesstrafe auf Cannabis steht, dort haben wir auch die geringsten Raten an Konsumenten weltweit. Natürlich ist es barbarisch, Menschen hinzurichten, weil sie einmal einen Joint geraucht haben, so eine Bestrafung ist durch nichts gutzuheißen. Veranschaulichen möchte ich damit nur, dass mit Verbot und Freigabe auch eine Proportionalität an Benutzern einhergeht.

Eine Legalisierung bedeutet nicht, dass es deswegen dann auch gleich weniger Dealer geben wird, das haben wir aus der Geschichte gelernt. Bei dem nach dem Ersten Weltkrieg in den USA beginnenden Alkoholverbot, der Prohibition, ist in den 14 Jahren bis zu ihrem Ende 1933 die Zahl der Autounfälle deutlich gesunken, außerdem gab es deutlich weniger Krankheiten, die durch Alkoholmissbrauch hervorgerufen wurden, wie etwa Leberzirrhosen. Was sich in dieser Zeit aufbaute, das war eine große Bandenkriminalität mit mafiösen Strukturen für den illegalen Alkoholhandel. Als die Prohibition vorbei war und Alkoholschmuggel keinen Sinn mehr machte, lösten sich die Banden natürlich nicht auf – sie verlagerten einfach ihr Geschäft. Handelten stattdessen dann eben mit Heroin oder Kokain. Wer mafiös aufgestellt ist, wird auch etwas anderes finden, womit er auf kriminelle Weise reich werden kann.

Oder haben sich die mexikanischen Drogenbanden etwa deswegen in Luft aufgelöst oder sind zum Arbeitsamt stempeln gegangen, weil Kalifornien Cannabis teillegalisiert hat? Nein, dann strukturieren sie eben um, handeln mit anderen Drogen. Oder vielleicht auch mit Menschen. Geschäftsmodelle gibt es genügend, kriminelle Individuen beweisen hier immer einen großen Einfallsreichtum. In Mexiko wurden die Hanfplantagen einfach zu Mohnplantagen für Heroin. Außerdem investiert die Mafia nun in moderne Labore für die Produktion von Fentanyl, die Droge, die den Sänger Prince das Leben kostete. Statt Cannabis werden nun diese beiden, viel gefährlicheren Drogen in die USA exportiert.

26

BILLIGES BADESALZ AUS CHINA: DIE GEFAHREN DES SYNTHETISCHEN CANNABIS

Der 1932 geborene John William Huffman gilt als der Vater der synthetischen Cannabisprodukte. Anfang der 1980er-Jahre entwickelte er ein Präparat, das er »JWH 018« nannte. Sein Ziel war es dabei, die Wirkung von THC besser verstehen zu können. Deshalb erfand er einen Stoff, der so in etwa wirkte wie THC, nur noch viel stärker. Er selbst sagte: »Jeder, der das Zeug einnimmt, ist ein Idiot«,[64] deswegen diente JWH 018 lange Zeit nur zur wissenschaftlichen Forschung. Jahrzehnte später fand man diese Substanz als Droge auf dem Schwarzmarkt, wie die amerikanische Drogenbehörde 2008 berichtete. Über die Gefahren sind sich mittlerweile alle einig. Im Februar 2016 gab die Europäische Beobachtungsstelle für Drogen und Drogensucht bekannt, dass das synthetische Cannabinoid namens MDMB-CHMICA 13 Todesfälle und 23 schwere Vergiftungen hervorgerufen habe.[65] Diese gefährliche Substanz wurde in Deutschland unter anderem unter Namen wie »New Dimension« oder »Manga Hot« und »Mr. Nice Guy« verkauft und in Österreich als »Bonzai Citrus«. Hört sich nach Spaß an.

In Neuseeland war sogar versucht worden, bestimmte »Legal Highs«, also immer beliebtere künstlich hergestellte psychoaktive Substanzen, unter staatlicher Aufsicht auf den Markt zu bringen. Bevor sie in den Handel kamen, wurden die Substanzen zahlreichen pharmakologischen und toxikologischen Tests unterzogen, um Gefahren für die Konsumenten auf ein Minimum zu reduzieren. Am Ende schlug das Experiment fehl, kam es doch zu Vergiftungen. Entweder weil die Tests doch nicht streng genug waren, weil man nicht genug über die Wirkung wusste, oder weil die Konsumenten sich aufgrund des problemlosen legalen Zugangs in Sicherheit wiegten und sich mehr davon einwarfen, als sie vertrugen.

Tückisch an den Produkten sind schon die verniedlichenden Bezeichnungen, der Begriff »Badesalz« etwa, der nichts damit zu tun hat, dass ich mir das als Zusatz ins Badewasser kippen kann, sondern von den Herstellern bewusst gewählt wurde, um das Produkt als harmlos erscheinen zu lassen.

Befürworter einer Legalisierung von Cannabis führen nun ins Feld, dass eine Freigabe von Marihuana den Effekt hätte, dass die Konsumenten den vermeintlich gesunden natürlichen Stoff rauchen und weniger auf synthetische Produkte wie das sogenannte »Spice« zurückgreifen würden. Diese Auffassung teile ich nicht. Ist der Konsument erst einmal in eine Abhängigkeit geraten, und kommt er einmal nicht an das natürliche Cannabis, dann ist die Versuchung viel zu groß, von zu Hause aus im Internet synthetische Präparate zu bestellen, die eine ähnliche, aber deutlich stärkere Wirkung versprechen, noch dazu für weniger Geld.

In China gibt es ganze Fabriken, in denen synthetische Drogen hergestellt werden, die man problemlos online beziehen kann – ohne letztlich auch nur den Hauch einer Ahnung von den Inhaltsstoffen zu haben. Oft sind es einfach nur Abfallprodukte aus anderen Pharmafirmen, die hier zu einem lebensgefährlichen Cocktail zusammengemischt und dann eben als Badesalz verkauft werden. Im Bereich der künstlichen Drogen ist China längst zum Weltmarktführer aufgestiegen.

Der Markt wird auch keineswegs einbrechen bei einer Legalisierung von Cannabis, im Gegenteil, die Zahl der Konsumenten wird weiter ansteigen, derer, die das natürliche Cannabis rauchen, und derer, die auf den synthetischen Stoff zurückgreifen – und derer, die beides nutzen. Denn einerseits sind es teils unterschiedliche Konsumentengruppen, die synthetisches oder natürliches Cannabis verwenden, wodurch diese beiden Produktarten wenig in Konkurrenz stehen. Und andererseits ist das synthetische Spice weit stärker, gleichzeitig billiger und leichter mit anderen synthetischen Drogen wie Amphetamine mischbar, weshalb es gerade für junges Partypublikum leider eine Faszination ausstrahlt. Der Aufwärtstrend von Spice und Co wird also anhalten, auch wenn wir natürliches Cannabis legalisieren und dadurch mehr Menschen kiffen.

27

ÄRZTLICHE PROSTITUTION: CANNABIS-KIOSK NEBEN DEM HOTDOG-IMBISS

Vielleicht erinnern Sie sich noch an die Serie *Baywatch* mit Bademeister David Hasselhoff und den vielen Bikini-Schönheiten. Gedreht wurde damals in Venice Beach, einem jener Traumstände an der kalifornischen Küste nahe Los Angeles. Millionen Menschen kommen das ganze Jahr über hierher, Einheimische wie Touristen, ein Treffpunkt von Artisten und Musikern, Straßenkünstlern und Lebenskünstlern – und leider auch von geldgierigen Medizinern.

Venice Beach ist nur ein Beispiel für die unethischen Methoden von manchen Ärzten, seit Kalifornien Cannabis für medizinische Zwecke zugelassen hat. Der Sinn der Gesetzgebung war damals, dass Patienten mit schweren Erkrankungen vom Arzt dann zur Linderung ihrer Beschwerden ein Rezept, genauer gesagt eine schriftliche Empfehlung, für Cannabis erhalten, aber natürlich nur nach einer eingehenden und intensiven Untersuchung, nach genauen Diagnosen und strengen Vorgaben, ob Cannabis als therapeutisches Medikament in diesem Einzelfall auch wirklich Sinn macht oder eben nicht.

Geht man nun also in Venice Beach entlang der vielen bunten Stände und Kioske, entdeckt man plötzlich, gleich neben einem Hotdog-Imbiss, einen jener Läden mit der Aufschrift »Green Doctors«. Geht man an die Theke, sieht man dahinter einen Arzt, der meistens selbst gerade einen Joint in der Hand hält, und der allen Ernstes damit wirbt, einen Erlaubnisschein für Cannabis auszustellen. In nur fünf Minuten. Für schlappe 40 Dollar.

Der Besucher muss lediglich eine Krankheit angeben, er kann beispielsweise sagen, er leide unter Depressionen oder auch unter Angstzuständen, Schlafstörungen, Kopfschmerzen, generellem Unwohlsein. Das reicht dann schon, er muss nur noch ein Formular ausfüllen und zahlen – Kreditkarten aller Art werden selbstverständlich auch akzeptiert –, schon erhält er den Marihuana-Pass. Meistens gibt der Arzt dazu dann noch die Empfehlung für den Cannabishändler seines Vertrauens, oft einfach der Nachbar, der gleich im Stand nebenan den Stoff gegen Vorlage des Marihuana-Passes abgibt. Was für ein Zufall. Und wie praktisch, wenn der schwerstkranke, von fürchterlicher Pein geplagte Badegast nicht weit gehen muss vom Arzt zur lizenzierten Cannabis-Abgabestelle. Das nenne ich patientenorientiertes Gesundheitssystem.

Und schon hat man sein Cannabis, das man sich dann, in einen Joint hineingebröselt im Sonnenschein am Pazifikstrand nebenan, so richtig schön reinziehen kann. Legal, aber trotzdem unsinnig. Wenn ich wirklich unter Depressionen und Schlafstörungen leide, dann brauche ich seriöse Hilfsangebote. Mein Hirn mit Marihuana zu vernebeln gehört nicht dazu.

Dass diese »Green Doctors« sich noch Ärzte schimpfen dürfen, ist eine Schande. Das sind keine Mediziner. Wirklich verantwortungsvolle Mediziner kümmern sich um das Wohl ihrer Patienten, sie überlegen eine Behandlungsform, sie weisen auf Nebenwirkungen hin, sie überweisen gegebenenfalls an einen Facharzt oder holen sich zusätzliche Befunde von Labors oder Röntgeninstituten. Was hier geschieht, ist reine Geschäftemacherei, das ist ärztliche Prostitution. Vermutlich nehmen sie selbst sehr viel Cannabis, zur Linderung ihrer Schmerzen. Weil ihnen das Handgelenk schon so wehtut vom vielen Rezepteschreiben.

Es gab auch schon kritische Stimmen von Cannabiskonsumenten, in der Tat. Aber nur deswegen, weil sie meinten, die 40 Dollar seien Wucher. Einige Nebenstraßen weiter bekäme man den

Marihuana-Pass beim grünen Doktor schon für 20 Dollar. Aber das weiß doch jeder, dass am Strand alles ein wenig teurer ist.

Medizinische Abgabe gegen Rezept oder Empfehlungskarte, was für eine Heuchelei. Ja, es gab sogar auch schon seitens der Politik entsetzte Reaktionen. Wenn das wirklich so wäre, dann müsste man da rigoros einschreiten – wie unethisch das sei, war zu hören. Nur warum tut dann keiner etwas, wo es doch weithin bekannt ist und man nur durch Venice Beach zu gehen braucht, um auf die »Green Doctors« zu stoßen? Es ist ganz einfach: weil der Arm

Ärzte bewerben mittels Keilern auf der Straße Marihuana auf Rezept, Tür an Tür mit einer lizenzierten Cannabis-Abgabestelle.

der Cannabislobby bis weit in die Politik reicht, so wie auch der der Tabakindustrie. Das wissen wir noch aus den 1980er-Jahren, als unter US-Präsident Ronald Reagan Ärzte verklagt wurden, die behaupteten, Zigaretten könnten Lungenkrebs verursachen. Und wenn sie inzwischen nicht gezwungen worden wäre, es zuzugeben, dann würde es die Tabakbranche bis heute leugnen. Das sind völlig gewissenlose, knallhart kalkulierende Geschäftsmenschen, ansonsten wären sie auch keine Zigarettenhersteller. Übrigens sind es teils dieselben Tabakkonzerne, die nun auch Marihuana vertreiben.

Wird Cannabis, wonach es derzeit aussieht, in absehbarer Zeit flächendeckend in den USA legalisiert, dann steht die Tabakindustrie bereits in den Startlöchern. Für die großen Konzerne wird sich ein weiterer riesiger Markt öffnen. Sie wissen genau, wie sie Jugendliche als inoffizielle Zielgruppe ansprechen werden, und sie werden mit einem gigantischen juristischen Apparat der besten Rechtsanwälte des Landes alle auch nur erdenklichen Klagen abzuschmettern wissen. Manche Tabakkonzerne wie Philip Morris, British American Tobacco und RJ Reynolds haben schon seit Jahrzenten vorgeplant, wie sie im Falle einer Cannabis-Legalisierung in den Markt einsteigen können.[66]

Die Politik steht doch bereits jetzt unter einem ungeheuerlichen Druck. Bisher waren die Fronten beim Thema Cannabis immer klar verteilt. War man für die Legalisierung, dann wurde man als linker pseudo-intellektueller Chaot beschimpft. War man dagegen, war man automatisch ein konservativer Depp. Zwei polarisierte Positionen, beide extrem, beide teils dümmlich, dazwischen gab es wenig.

Mittlerweile aber ist alles aufgeweicht. Mittlerweile genießt Cannabis in der Bevölkerung einen so guten Ruf, dass sich die Politik bereits unter Zugzwang sieht. Auch konservative Politiker trauen sich schon gar nicht mehr, groß auf Cannabis zu schimpfen, aus Angst davor, mögliche junge Wähler zu verscheuchen. Wer Nein sagt zu Cannabis, der gilt schon als herzlos, unmenschlich und ignorant. Außerdem gibt es ja da noch im Hintergrund eine riesige

Industrie, die auch Wahlkämpfe finanziert. Bevor man die Geldgeber abschreckt und die Wähler, dann ist man eben doch lieber für die Freigabe von Cannabis.

Zudem profitiert, wie sich an den amerikanischen Bundesstaaten mit Cannabis-Freigabe zeigt, auch die Staatskasse davon, wenn das Geschäft mit Cannabis gut läuft. So nimmt Colorado dank der Legalisierung von Cannabis jährlich 185 Millionen Dollar zusätzlich an Steuern ein.[67]

Auch Investor-Legende George Soros, einer der berühmtesten und berüchtigsten Betreuer von Finanzfonds weltweit, sprach sich jüngst für eine Freigabe von Marihuana aus: »Den Steuerzahlern würde dies viele Milliarden für Strafverfolgung und Inhaftierungen sparen und dem Staat eine enorme zusätzliche Summe einbringen«, sagte Soros.[68] Gerade in den USA, wo viele Städte und Regionen finanziell klamm sind, eröffnet der Cannabis-Boom neue Perspektiven, um in neue Straßen zu investieren, in den Wohnungsmarkt, in die Infrastruktur. Kurzfristig gedacht mag das ganz prima aussehen, hat doch jeder was davon. Das Volk ist glücklich, weil es high sein darf, der Staat, weil er mehr Kohle scheffelt. Dumm nur, dass wir bei dieser Entwicklung, wenn die Gesundheit der Bevölkerung so aufs Spiel gesetzt wird, in einigen Jahren dann die Zeche zahlen dürfen. Und die fällt wesentlich höher aus als alle Erträge und Steuereinnahmen zusammen.

Denn so hoch könnte die Abgabe gar nicht sein, um die Kosten für die medizinischen Behandlungen der Folgekrankheiten wie COPD, Blasenkrebs, Raucherbein und Psychose wieder reinzubekommen. Ähnlich ist es bei Zigaretten, da müsste die Packung schon 50 Euro kosten, damit all die Milliardensummen, die wir in die Therapie der durch das Rauchen ausgelösten Krankheiten stecken, wieder amortisiert werden. Wenn man den Preis allerdings so hoch ansetzen würde, dann würde keiner mehr Zigaretten kaufen, genauso wenig wie sündteures Cannabis, das dann auf dem Schwarzmarkt doch wieder deutlich günstiger wäre.

Der Vorteil einer Legalisierung wäre auch eine Regulierung inklusive Qualitätskontrolle und Altersbeschränkung. Dass beim Verkauf mit einer adäquaten Beratung auf all die Nebenwirkungen aufmerksam gemacht werden könnte. Dass auf die Verpackung von Cannabis ähnlich schockierende Bilder gedruckt werden wie jetzt schon in vielen EU-Ländern bei Zigaretten. Freilich, der überwiegende Großteil der Raucher lässt sich hiervon nicht abschrecken. Die allermeisten ignorieren diese Fotos und greifen auf den allseits beliebten Verdrängungsmechanismus zurück, dass solche schrecklichen Krankheiten nur den anderen passieren, einem selbst aber nicht. Aber selbst wenn es nur auf zwei Prozent der Menschheit die gewünschte Wirkung hat, auf junge Leute, die aufgrund dieser Bilder gar nicht erst mit Rauchen anfangen, weil sie sich um ihre Gesundheit sorgen und die Zigarette an sich negativ konnotieren, dann wäre schon viel erreicht. Denn wenige Prozent von sehr vielen sind auch viel. Dann wären schon viele Menschenleben gerettet, und wenn es nur das Leben eines einzigen Menschen weltweit wäre, dann hätte sich diese Kampagne bereits ausgezahlt.

Dass es auch einen Trend gegen die Liberalisierungstendenzen gibt, das sieht man momentan ausgerechnet an Holland. Die liberalen Drogengesetze, Amsterdam und seine Coffeeshops, all das war ein Paradies für alle Cannabisfreunde, die Niederlande, das Mekka aller Kiffer. Allein geschätzte 100 Millionen Euro Umsatz machten die 78 Amsterdamer Coffee-Shops Jahr für Jahr, auch für das Land selbst war es ein einträgliches Geschäft, Millionen von Touristen, die auch oder vor allem des Marihuanas wegen ins Land kamen und auf ihren Urlauben auch sonst viel Geld im Land ließen.

2014 allerdings erließ die Regierung einen Erlass, nach dem rund die Hälfte der Shops schließen musste, wegen der unmittelbaren Nachbarschaft zu einer Schule. Es wurde nämlich festgestellt, dass je näher ein Laden an einer Schule lag, desto höher dort die Zahl der kiffenden Schüler war – und das, obwohl im Shop selbst natürlich nur an Erwachsene verkauft werden durfte und Minderjährige gar keinen Zutritt hatten. Aufgrund dieser Erfahrungen war es die einzig richtige Entscheidung des Staates, die Bremse zu ziehen, trotz der drohenden finanziellen Einbußen.

In anderen Ländern der westlichen Welt laufen wir Gefahr, durch Legalisierungen oder Lockerungen der Gesetzgebung der kommerziellen Verbreitung von Cannabis Tür und Tor zu öffnen, ganzen Industriezweigen den Weg zu lukrativen, profitablen Gewinnen zu ebnen und eine Dynamik zu schaffen, die wir dann, sobald sie einmal ins Rollen gekommen ist, nicht mehr stoppen können.

28

»GREEN RUSH« – DER NEUE GOLDRAUSCH

Am Beispiel Colorado, wo Cannabis 2014 für alle Erwachsenen über 21 komplett freigegeben wurde, ist gut zu erkennen, wie diese Droge mittlerweile ein einträgliches Geschäft in den verschiedensten Bereichen geworden ist. Wie darin involvierte kleine Privatfirmen und große Unternehmen heute schon vom Blick aufs Bankkonto und auf die Aktienkurse ganz high werden. Analog zum früheren »Goldrush«, dem Goldrausch entlang der Westküste bis hinauf an den Yukon River, spricht man heute schon vom »Green Rush«, also wie man mit Marihuana möglichst leicht zu großem Reichtum kommen kann. 2014 wurden in Colorado 121,4 Tonnen Marihuana verkauft[69]. In kürzester Zeit schossen 2.500 lizenzierte Cannabis-Verkaufsstellen aus dem Boden, eine Zahl, die höher ist als alle McDonald's-Filialen, Starbucks-Shops und Seven-Eleven-Supermärkte im gesamten Bundesstaat zusammen. Auch in Oregon setzte ein unglaublicher Run auf das Kraut ein, allein in der ersten Woche nach der kompletten Liberalisierung 2014 wurden elf Millionen Dollar in den dortigen Hanfläden für Cannabisprodukte ausgegeben.

In ganz Amerika wurde 2014 legales Marihuana im Wert von 2,7 Milliarden Dollar verkauft, wie die Industrie-Investmentfirma »ArcView Group« ermittelte, gegenüber den 1,5 Milliarden Dollar im Jahre 2013 ein Zuwachs von 74 Prozent.[70] Im Jahr darauf, 2015, betrug das Gesamtvolumen dann schon das Doppelte: 5,4 Milliarden US-Dollar. Von 2014 auf 2015 stieg allein der Verkauf von »recreational marijuana«, also Cannabis als Genussdroge zum reinen Vergnügen, um 184 Prozent auf 998 Millionen US-Dollar.[71] Und ein Ende ist nicht in Sicht. Im Gegenteil: 2020, so hieß es in der Prognose, werde der Umsatz mit Marihuana und damit verwandten Produkten bereits auf 21,8 Milliarden Dollar anwachsen.[72]

Auch große und erfolgreiche kalifornische Unternehmer, die im Silicon Valley schon mit ganz anderen Erfindungen und Innovationen Milliarden gescheffelt haben, sind völlig angefixt von dem neuen Cannabis-Boom. Peter Thiel etwa, der durch seine frühen Einstiege in das Soziale Netzwerk Facebook und die Bezahlplattform PayPal zu Reichtum kam, beteiligte sich 2014 mit seinem mit mehr als zwei Milliarden Dollar schweren Founders Fund an der Private-Equity-Firma »Privateer Holdings«, die auf Cannabis-Geschäfte spezialisiert ist.

So weit zur Romantik des intellektuellen linksliberalen alternativen Kiffers. Am Ende wird das Volk eingenebelt, und die Reichen verdienen damit. Das war schon bei Zigaretten so. Natürlich werden auch auf der einen Seite Arbeitsplätze geschaffen, in der Produktion und im Verkauf von Cannabis. Auf der anderen Seite verlieren viele ihre Jobs, weil sie dauerbekifft und dadurch nicht mehr arbeitsfähig sind. Dann sind eben noch mehr Stellen für Lehrlinge unbesetzt, weil es weniger junge Menschen gibt, die nicht benebelt sind durch Cannabis. Dass regelmäßiger Cannabis-Konsum junge Menschen arbeitsunfähig macht, wurde in Schweden im Rahmen einer Erhebung eindrucksvoll belegt. Knapp 50.000 junge Männer wurden über 20 Jahre bezüglich Cannabis-Konsum und Arbeitslosigkeit beobachtet. Jene, die als Jugendliche oder junge Erwachsene einen hohen Cannabis-Konsum aufwiesen, waren später im Alter von 40 Jahren weit häufiger arbeitslos und bezogen staatliche Unterstützung, als die anderen. Dieses Ergebnis war tatsächlich bedingt durch den Cannabis-Konsum selbst und nicht durch andere Probleme wie Verhaltensauffälligkeiten oder soziale Probleme, die nicht mit Cannabis in Zusammenhang standen, beeinflusst worden.[73] Ja, auf der einen Seite nimmt der Staat viel Geld durch Steuern ein. Auf der anderen Seite aber muss der Staat noch viel mehr Geld in die Behandlung von Cannabiskranken stecken und mehr für Arbeitslosengeld ausgeben. Ich fürchte, es wird am Ende nicht einmal ein Nullsummenspiel sein, nicht einmal eine reine Umverteilung. Wenn man Destruktives fördert, bleibt am Ende für die meisten weniger übrig.

Die grün-goldenen Perspektiven haben eine ganze Reihe von Start-up-Unternehmen entstehen lassen, die mit allen möglichen Produkten jetzt das große Geld wittern. Von Firmen, die sich auf die optimale Beleuchtungstechnik für Cannabispflanzen spezialisieren, über Kochbuchverlage, die die 150 besten Rezepte veröffentlichen, in denen man Cannabis in Lebensmitteln verarbeiten kann, bis zu Smartphone-App-Herstellern, die einem Hilfe versprechen, wie man sich selbst den besten Businessplan zusammenstellt und worauf man alles achten muss, wenn man selbst in kurzer Zeit ein erfolgreicher Cannabiszüchter werden möchte. Ja, es gibt schon eigene Lieferdienste. So wie man sich eine Pizza Margherita bestellt, ordert man jetzt per Telefon oder am Internet eben ein Cannabisprodukt mit einem wie immer verniedlichenden Namen, beispielsweise »Cinderella 99«. Auf der App des Smartphones kann ich dann auf der Landkarte sogar in Echtzeit verfolgen, wo der Kurier gerade steckt und wie lange es noch dauert, bis ich endlich meinen Stoff in Empfang nehmen darf. Weed on Wheels. Gibt es alles schon in den USA, dem fabelhaften Land der unbegrenzten Möglichkeiten.

Für Sicherheitsdienste bringt die Legalisierung auch Cash, all die Verkaufsstellen und Abgabeläden müssen schließlich mit Wachpersonal am Eingang bestückt werden – um die Personalausweise zu kontrollieren und darauf zu achten, dass auch keine Minderjährigen Zutritt haben. Die großen Cannabislager der Hersteller und Großhändler, aber auch all die einzelnen Abgabestellen müssen rund um die Uhr geschützt werden gegen Einbrüche.

Manche Webseiten geben auch ganz explizit Hinweise, welche Berufsfelder sich am besten im »Cannabusiness« eignen würden, welche am lukrativsten wären. Organische Düngemittel, Saatgut,

Töpfe, Böden und Schaufeln, all das, was man bräuchte zum Anbau und zur Ernte.

Ein ganz bemerkenswerter Industriezweig ist auch der Tourismus. Colorado etwa wurde nach der Legalisierung 2014 regelrecht überflutet von Cannabiskonsumenten aus den übrigen Bundesstaaten, in denen sie immer noch illegal kiffen müssen. Mehr als 80 Prozent aller Kunden in den Verkaufsstellen kamen in den ersten neun Monaten aus anderen Bundesstaaten, die meisten davon aus Kansas, Utah, Texas. Findige »Ganjapreneurs« – zusammengesetzt aus der indischen Bezeichnung »Ganja« für Marihuana und dem Begriff »Entrepreneur« (Unternehmer) nennt man so diejenigen, die mit innovativen Ideen und neuen Unternehmen rund ums Thema Cannabis ins Geschäft einsteigen – bieten in und um Denver etwa schon ganz eigene Touren für Touristen an, wie etwa »My 420 Tours«. Hierbei sei kurz erklärt, dass »420« oder »4/20« als allgemeiner Code für den Konsum von Cannabis in die Insider-Sprache Einzug gehalten hat. Der Hintergrund: In den 1970ern traf sich im kalifornischen San Rafael jeden Nachmittag um 16:20 Uhr, also um 4:20 pm, eine Handvoll Highschool-Schüler zum Kiffen, und zwar in der Nähe der Statue des Wissenschaftlers Louis Pasteur. Ihre Kennung zum Verabreden lautete dann immer »4.20 Louis«.

Jedenfalls bieten »My 420 Tours« und andere Unternehmen Rundtouren für Besucher in unterschiedlichen Formaten an, beginnend mit der Standardausführung für größere Gruppen mit einer Busrundfahrt durch die Gegend zu den einschlägigen Orten, mit dem Blick hinter die Kulissen bei einem Marihuana-Bauern, dem Besuch eines Glasbläsers, der Glaspfeifen für Marihuana herstellt, Gesprächen mit Experten, die einem Tricks und Kniffs verraten, wie man gutes Kraut von schlechtem unterscheidet, zwischendrin einem ausgiebigen Mittagessen, denn Kiffen macht ja bekanntlich mächtig hungrig (perfekt für das Land mit den meisten Übergewichtigen), bis hin zu einem Shopping-Bummel in einer der

Verkaufsstellen, wo sich die Teilnehmer dann mit reichlich Stoff eindecken können.

Das Ganze gibt es dann auch noch in der exklusiveren VIP-Variante, bei der der Reisende gleich am Flughafen in einer Stretch-Limo abgeholt wird. Das kostet dann zwar das Dreifache, dafür erhält man beim Einkauf im Laden zehn Prozent Rabatt auf alles.

Besonders perfide ist die Offerte des Tour-Anbieters »City Sessions«. Dort verspricht man den Kunden, man würde den Tag nach der Rundreise mit den Einblicken in die Welt des Marihuanas als »Cannabis-Feinschmecker« beenden, egal ob man schon davor regelmäßig gekifft hat oder ob man erst, etwa weil es im heimatlichen Bundesstaat verboten war und man sich nicht getraut hat, neu einsteigen möchte. Für mich hört sich das an wie: »Sie wollen möglichst schnell geistig abbauen und süchtig werden? Bei uns sind Sie goldrichtig!«

Aus touristischer Sicht macht man also einen Feinschmecker aus dem zahlenden Teilnehmer. Aus medizinischer Sicht einen in absehbarer Zeit Cannabisabhängigen, einen potenziellen Psychose-Patienten, ein Drogenopfer.

Wie sehr das ganz legale Geschäft mit Cannabis übrigens auch schon bei uns in Mitteleuropa floriert, zeigt das Beispiel der Firma »Flowery Field« des Österreichers Alex Kristen. Kristen, ein ehemaliger Leistungssportler, der im Alter von 17 Jahren am Jugendprogramm der Olympischen Sommerspiele 1988 in Seoul teilnahm, der als erfolgreicher Olympionike aber vermutlich nicht so viel verdient hätte wie heute mit seinem Cannabisgeschäft. 2004 eröffnete er mit seinem Unternehmen »Flowery Field« in der Wiener Schottenfeldgasse seinen ersten Laden, 2005 den zweiten, 2010 das dritte Geschäft – mit einem so harmlosen Hinweisschild an der Eingangstür: »Blumenbüro Österreich – Qualifizierter Fachbetrieb«. Ja, Alex Kristen hat in der Tat auch ganz liebliche Zierpflanzen im Angebot. Palmlilien, Alpenveilchen oder Passionsblumen. Das große Geld aber macht er mit seinen Hanfsetzlingen, den jungen Zweigen einer Cannabispflanze also, die noch nicht blühen und damit auch noch keinen Rausch erzeugen können. Der Wirkstoff THC entfaltet sich ja erst später in den Blüten. Heißt: Der Verkauf der Setzlinge ist in Österreich nicht strafbar, das Aufzüchten zur blütentragenden Pflanze danach dagegen schon.

Viele Klagen hat es in all den Jahren schon gegeben, 2012 kam eine Razzia der Kriminalpolizei hinzu, die Staatsanwaltschaft ermittelte monatelang. Am Ende aber bekam Alex Kristen vor Gericht immer recht, mit der Begründung: Der Verkauf von Setzlingen könne nicht als strafbar erachtet werden, solang er in seinem Geschäft den Hinweis vermerkt, dass Cannabis hier nur als Zierpflanze verkauft werden dürfe. Eine Beratung »zu anderen Zwecken« könne es hier nicht geben.

Ob Kristen glaube, dass sich die Kunden wirklich Cannabispflanzen kaufen, um damit etwa das Raumklima im Wohnzimmer zu verbessern, wurde Kristen in einem Interview mit der *ZEIT* gefragt. Worauf der findige Geschäftsmann laut Zeitungsartikel mit den Worten rang und dann antwortete: »Ich halte das ernstlich für möglich.«[74]

Inzwischen erwirtschaftet Kristen mit den Hanfsetzlingen mehrere Millionen Euro Umsatz pro Jahr. Kristen weiß genau, was er tun darf und was nicht, um nicht in die Illegalität zu verfallen. Er ist ein Unternehmer, der natürlich aus eigenem Interesse wenig davon hält, Cannabis zu verteufeln, weshalb von ihm so bemerkenswerte Aussagen überliefert sind wie über das Thema Cannabis und Einstiegsdrogen: »Einstiegsdrogen sind für mich Alkohol und Zigaretten. Jeder, der Heroin spritzt, hat nicht mit Cannabis angefangen, sondern mit Zigaretten oder Alkohol.«[75] Danke, Herr Kristen, für Ihre fachmännische Expertise beim Thema Einstiegsdrogen.

Kristen ist freilich nicht der Einzige, für den das Geschäft mit Cannabis ein sehr einträgliches ist. Mittlerweile gibt es etliche Internetfirmen, bei denen man sich die Hanfpflanzen ganz bequem nach Hause liefern lassen kann, freilich ganz diskret verpackt, zahlbar per Kreditkarte, PayPal oder auf Rechnung. Dazu vermitteln die Unternehmen auf ihrer Homepages natürlich, dass das alles ganz harmlos sei, dass man sie als »lässige Zimmerpflanzen halten und ihnen beim Wachsen zusehen«[76] kann. Natürlich, das wird auch der Grund sein, warum man sich diese Gewächse bestellt. Cannabis zum Kiffen kaufen? Niemals, also bitte, böse, böse, wer wird denn gleich so etwas Schlimmes denken.

Warum macht sich eine Gesellschaft auf diese Weise lächerlich? Entweder etwas ist verboten oder nicht. Wenn wir Cannabis verbieten wollen, dann sollten wir nicht zulassen, dass jeder 14-Jährige in einem Laden die Hanfsetzlinge kaufen kann und in einem anderen Laden zwei Straßen weiter eine Bong. Und ja, natürlich kann ich auch mit einer Bong, also einer schlichten Wasserpfeife, mein Wohnzimmer dekorieren. Es ist anscheinend an mir vorübergegangen, dass in der Zeitschrift *Schöner Wohnen* die Räume mit Bongs und einem Haufen nicht blühender Hanfpflanzen geschmückt werden. (Liebes Team der Zeitschrift *Schöner Wohnen*, das war ein Scherz! Bitte verklagen Sie mich nicht.)

Wir könnten ja auch jedem Bürger alle Ingredienzen verkaufen, die man für die Herstellung von Crystal Meth benötigt – natürlich völlig ohne jeglichen Vorsatz, tatsächlich das Suchtmittel herzustellen. Aber tun wir das? Nein! Ganz im Gegenteil: Obwohl die Zutaten, aus denen Crystal gemacht wird, einzeln gesehen harmlos sind und der Hauptbestandteil sogar ein harmloses Erkältungsmittel ist. Dennoch schränken wir den Zugang zu diesen Zutaten möglichst ein. Europaweit fordern wir sogar Apotheken und Chemikalienverkäufer auf, bei größeren Bestellungen dieser Schnupfenmedikamente oder der nötigen Chemikalien die Polizei zu alarmieren. Obwohl die Substanzen für sich legal sind und auch ohne Vorsatz auf Suchtgiftgewinnung sinnvoll eingesetzt werden können. Wozu der ganze Aufwand? Wir könnten ja auch Crystal einfach legalisieren. Warum nicht jedem Menschen sein Recht auf Rausch einräumen? Weil wir die Gesellschaft, also uns selbst, und vor allem unsere Jugendlichen vor diesen Versuchungen schützen sollten. Nehmen wir als Beispiel Glücksspiel: In Wien wurde vor Kurzem das sogenannte kleine Glücksspiel, also Glücksspielautomaten, plötzlich verboten. Man wollte damit verhindern, dass noch mehr Menschen glücksspielsüchtig werden und ihre gesamte Existenz damit aufs Spiel setzen. In anderen Teilen Österreichs sind diese Automaten aber legal (zumindest mit entsprechender Lizenz). Man muss in den kommenden Jahren pragmatisch prüfen, ob das Verbot in Wien tatsächlich einen Nutzen gehabt hat. Das heißt, man muss den eventuellen Vorteil durch weniger Süchtige vergleichen mit den Nachteilen des Verbots wie z.B. dem Mehraufwand von Polizei, Staatsanwaltschaft und Gerichten beim Aufspüren von illegalen Glücksspielautomaten in irgendwelchen Hinterzimmern oder Kellern von Lokalen. Manche Wirte werden nun sagen, dass ihnen Einkommen entgeht, wenn sie keine Automaten mehr aufstellen dürfen. Dazu sage ich: Das ist eine Frage der ungerechten Umverteilung. Wenn man sein Geld damit verdient, dass man Menschen finanziell ausbeutet, indem man ihnen den letzten Cent aus der Tasche zieht, dann ist das nicht okay – auch dann nicht, wenn der Glücksspieler sich quasi freiwillig ausbeuten lässt und aus eigenem Willen seinen letzten Cent in den verdammten Automaten wirft. Und wenn ich schon dabei bin: Wenn eine ganze Industrie ihr Geld damit verdient, dass sie zum Rauchen verführt, Zigaretten verkauft und damit der Gesundheit ihrer Kunden und jener Menschen in deren Umgebung (als Passivraucher) massiv schadet, ist das auch nicht okay. Auch dann nicht, wenn deren Kundschaft sich freiwillig und legal die Zigaretten besorgt und konsumiert. Manchmal müssen wir einfach uns und andere vor Unwissenheit und Verführungen schützen. Damit meine ich nicht, dass wir sofort Zigaretten strengstens verbieten und die Konsumenten ins Gefängnis stecken müssen. Aber wir sollten es dieser Drogenindustrie, auch wenn es legale Drogen sind, nicht einfach machen. Geldverdienen steht eben nicht über allem. Und Steuereinnahmen auch nicht.

Natürlich würde es auch mir wahrscheinlich gefallen, bekifft zu sein. Und ziemlich sicher würde es mir gefallen, Kokain am eigenen Leib zu spüren. Aber will ich langfristig den Preis für diese kurzfristigen Freuden zahlen? Nein! Und wollen wir als Gesellschaft den Preis dafür zahlen? Hoffentlich nicht. Das bedeutet aber, dass wir trotz Demokratie und individueller Freiheiten als Gesellschaft beschließen, dass eben nicht jeder tun kann, was er oder sie will. Und dass wir uns nicht das Recht auf jeden Rausch einräumen wollen. Der Drogenkonsument ist kein böser Mensch und sollte nicht als Krimineller behandelt werden. So wie jemand, der deutlich zu schnell Auto fährt und damit sich und andere gefährdet, meist kein schlechter Mensch ist und es wahrscheinlich nicht böse meint. Dennoch können wir als Gesellschaft zu schnelles Autofahren nicht uneingeschränkt dulden. Jene wenigen, die ihr Recht auf Geschwindigkeitsrausch zu jeder Zeit und an jedem Ort einfordern, halten wir für Idioten. Wir beschneiden ihre Rechte und zwingen sie, im Ortsgebiet nur 50 km/h zu fahren, obwohl ihre Autos und Motorräder über 200 km/h fahren könnten. Sogar auf einer einsamen Straße, auf der sonst gerade niemand anderer ist, wollen wir nicht, dass junge Männer die Möglichkeiten ihrer Fahrzeuge ausreizen. Ist das nicht antidemokratisch? Was ist hier mit den persönlichen Freiheiten des Individuums? Warum wagen wir es hier, klare Grenzen zu ziehen und die persönlichen Freiheiten stark einzuschränken, während wir beim Cannabis Bedenken haben? Wir machen uns Sorgen, als konservative Spießer dazustehen, wenn wir den Vormarsch des Cannabis Einhalt gebieten wollen.

Stattdessen überlassen wir das Feld geschickten Geschäftemachern. Ob das kleine Betriebe sind wie der von Alex Kirsten oder wie in den USA große Tabakkonzerne, die Cannabis propagieren und verkaufen. Verzeihung, Herr Kirsten hat natürlich keinerlei Vorsatz auf Suchtgiftgewinnung. Er verdient seine Millionen damit, dass er unsere Wohnungen mit wunderschönen Zierpflanzen ausstattet. Hoffentlich würde er mich beim Kauf von Hanf wenigstens gut beraten, wie ich es schaffe, dass die Pflanze bei mir zu Hause NICHT blüht. Nicht dass ich in Versuchung komme. Ich will doch, wie alle anderen Kunden, nur mein Wohnzimmer verschönern. Und auch die Tabakindustrie macht in den USA natürlich nichts Verbotenes. Sie verkaufen Marihuana ja nur dort, wo es legal ist. Z.B. in Kalifornien zu medizinischen Zwecken. Ja, danke, liebe Tabakindustrie. Ihr wolltet ja immer nur das Beste für die Menschheit. Früher wolltet ihr uns alle entspannen mit Zigaretten, quasi als Burn-out-Prophylaxe. Und jetzt wollt ihr unsere unheilbaren Krankheiten mit Cannabis heilen. Schön, dass es euch gibt. Eine wundervolle Industrie, die sogar Arbeitsplätze schafft, und zwar sowohl bei Produktion und im Verkauf als auch im medizinischen Bereich. Was täte ich als Suchtmediziner bloß ohne euch.

Übrigens hat der deutsche Jugendrichter Andreas Müller in seinem Buch *Kiffen und Kriminalität* ja schon uns Psychiatern vorgeworfen, dass wir nur deshalb gegen die Legalisierung von Cannabis sind, weil wir uns um unser Geschäft Sorgen machen würden. Sehr geehrter Herr Müller, Sie sind ein Rechtsexperte. Aber von meinem »Geschäft« haben Sie keine Ahnung. Überall dort, wo Marihuana legalisiert oder teillegalisiert wurde, gibt es mehr süchtige und mehr psychotische Menschen, und zwar bei Erwachsenen und bei Minderjährigen. Meine Abteilung hat jetzt schon mehr Anfragen, als wir ernsthaft versorgen können. Nein, ich brauche nicht mehr Kundschaft. Und ganz grundsätzlich ist diese Vorstellung absurd, dass Ärzte weniger Patienten hätten, wenn eine Droge legalisiert wird. Alkohol ist legal, und wir haben mehr als genug alkoholsüchtige Patienten. Und die Daten aus den USA zeigen eindeutig, dass es in den Bundesstaaten mit liberalerer Cannabispolitik zu einem Anstieg der Patientenzahlen gekommen ist. Ich weiß schon, Richter Müller argumentiert auch, dass die Betroffenen erst wagen, sich in Behandlung zu begeben, wenn Cannabis legal wird. Aber wir behandeln auch eine Unmenge Heroin- und Crystalsüchtige, die zu uns kommen, obwohl diese Substanzen streng verboten sind. Die Anzahl der behandlungswilligen Menschen hängt kaum davon ab, ob eine Droge legal oder illegal ist, sondern vielmehr vom Angebot an Behandlung. Beispielsweise bietet meine Abteilung keine Behandlung bei Nikotinabhängigkeit an. Und siehe da, es kommen auch keine diesbezüglichen Anfragen. Seit 2010 bieten wir Behandlung für Verhaltenssüchte wie Glücksspiel- oder Internetsucht an. Und seither haben wir auch Patienten, die eine entsprechende Behandlung einfordern, und zwar zunehmend. Hier schafft aber nicht das Angebot die Nachfrage. Sondern leider gibt es eben sehr viele Menschen, die an irgendeiner Form von Abhängigkeit leiden. Viele wissen nicht einmal, ob und wo es eine entsprechende Möglichkeit für Beratung und Behandlung gibt. Und die, die es wissen, wagen es oft nicht, weil sie sich für ihr Problem schämen und es als Zeichen ihrer eigenen Schwäche sehen, dass sie nicht ohne Hilfe ihren Konsum einschränken können. Das ist aber auch bei legalen Süchten wie Alkohol- oder Internetsucht der Fall. Und für viele ist die Droge (oder das süchtige Verhalten) viel zu wichtig, um die Finger davon lassen zu wollen. Wenn man also mehr Menschen zu einer passenden Behandlung bringen möchte, muss man das entsprechende Angebot ortsnah schaffen (was eine Frage der finanziellen Mittel des Gesundheitssystems ist), die Menschen darüber aufklären, dass es Hilfe für ihr Problem gibt, und ihnen möglichst Scham und Ängste davor nehmen, sich zumindest einmal beraten zu lassen. Ob die jeweilige Sucht eine legale oder illegale ist, tut dabei nichts zur Sache.

Und es ist auch ganz egal, ob das Geschäft mit dem Cannabis ein legales oder ein illegales ist. Wie auch immer die bestehenden Gesetze umgangen werden, um eine Lücke zu finden, in der man den Stoff an den Kunden bringt. So oder so ist das Geschäft mit dem Cannabis ein gutes geworden, ein lukratives, ein millionenschweres. In jedem Fall ist es aber ein zynisches, ein makaberes. So züchten wir uns eine kranke Gesellschaft.

29

DAS KIFFER-KOMPLOTT

Warum »Komplott«? Nun, ich frage mich, wie es kommen konnte, dass Cannabis innerhalb von wenigen Jahren seinen Ruf um 180 Grad dreht, von der Droge der Hippies zum genialen Allheilmittel für quasi jede erdenkliche Erkrankung? Von der Droge jener, die seit der Hippie-Ära nie ganz erwachsen geworden sind, zum Genussmittel der Intellektuellen, vom No-Go zum Must-Have. Wie kam es, dass Politiker sich kaum mehr trauen, etwas gegen die Legalisierung von Marihuana zu sagen, weil sie befürchten, zu viele Wähler zu verlieren? Dass Ärzte, die wegen der geringsten Schlafstörung Cannabis verschreiben, als Gutmenschen gelten, aber jene, die vor den Nebenwirkungen warnen, als kaltherzige Ignoranten, die Schwerstkranken die einzige Hilfe verwehren? Und dass es für eine illegale Substanz mehr Kochbücher gibt als Bücher über Wirkung und Nebenwirkung? Und das in einer Zeit, in der wir immer gesundheitsbewusster werden und gen-freie Tomaten wollen (die müsste man übrigens erst erfinden) und glauben, Joghurt wäre noch gesünder, wenn »probiotisch« draufsteht (als ob es einen nicht-probiotischen Joghurt gäbe).

Welche Marketingmaschinerie steckt wohl dahinter? Wer denkt sich die Vermarktungsstrategie aus und wer zahlt dafür? Um diese Fragen zu beantworten, müssen wir überlegen, wer von einer Legalisierung profitieren würde. Das ist gar nicht schwer, denn wir brauchen nur die Vorreiter für alles Gute auf der Welt – die USA – unter die Lupe nehmen und sehen, wie es dort abgelaufen ist. Wie eine unaufhaltbare Lawine scheint die Legalisierungswelle einen US-Bundesstaat nach dem anderen zu ergreifen. In vorauseilendem Gehorsam beschließen amerikanische Politiker, Marihuana auch für jene Erkrankungen verschreibbar zu machen, für die es keine nachgewiesene Wirkung hat und für die es von der US-Arzneimittelbehörde nicht zugelassen oder gar empfohlen wurde.

Noch vor ca. 10 oder 15 Jahren war Cannabis fast überall in den Vereinigten Staaten eine illegale Droge. Der Schmuggel und Handel war zum größten Teil in der Hand der mexikanischen Mafia, die auf ehemaligen Maisplantagen großflächig Hanf anpflanzte und über verschiedenste Routen in die USA schaffte. Damals wurde weit weniger Cannabis konsumiert als heute, weil es weniger verfügbar und somit – trotz geringerer THC-Konzentration – teurer war und die Menschen es für gefährlicher hielten. Natürlich hatten Polizei, Staatsanwaltschaft und Gerichte viel Aufwand mit Verfolgung und Bestrafung in Zusammenhang mit Cannabis. Interessanterweise wurden damals auch weit weniger künstlich erzeugte Cannabinoide konsumiert, obwohl es diese synthetischen Substanzen zu jener Zeit auch schon gab.

Sehen wir uns die damaligen amerikanischen Trends der anderen Drogen an. Crack, als besonders gefährlicher Abkömmling von Kokain, war bereits zum Teil aus der Mode gekommen. Stattdessen erlebte Crystal Meth, die gefährlichste Variante der Amphetamine, seinen Höhepunkt. Denn es war noch billiger als Crack und konnte relativ einfach hergestellt werden, während man für die Crack-Erzeugung das teure Kokain als Ausgangsstoff benötigte. Aber Crystal Meth war zu stark, zu offensichtlich gefährlich, als dass es zu einem echten Massenphänomen hätte werden können. Auch die Medien halfen mit, die Crystal-Welle einzudämmen. Journalisten titulierten Crystal als die Killer-Droge schlechthin und schufen damit gemeinsam mit Aufklärungskampagnen der Behörden und Schulen viel Bewusstsein in der Allgemeinbevölkerung für die Gefährlichkeit dieser Droge.

Zur gleichen Zeit gab es in den USA einen bemerkenswerten und vorbildhaften Wandel bezüglich Zigaretten. Seit der Einfluss der Zigaretten-Lobby im amerikanischen Parlament geschwunden war, wurden immer strengere Gesetze zur Eindämmung des Rauchens beschlossen. Es kam fast zu einem Glaubenskrieg gegen das Rauchen. Sogar in Hollywood-Filmen rauchten der coole Held oder die schöne Heldin nicht mehr. In den Medien wurde dem Volk immer wieder vorgerechnet, welche hohen Kosten das Rauchen im Gesundheitssystem verursachte. Ärzte und Wissenschaftler befürchteten nicht mehr, von der Zigarettenindustrie verklagt zu werden, wenn sie vor den Folgen des Aktiv- oder Passivrauchens warnten. Endlich verlor die Zigarette ihr cooles oder gar intellektuelles Image. Ganz im Gegenteil, wer rauchte, wurde schief angeschaut und teils wie ein Aussätziger behandelt. Für einen Suchtmediziner war es wundervoll mit anzusehen, wie all das Früchte trug und die Rate der Raucher von Jahr zu Jahr sank, zuerst in den USA von 43 Prozent in den 1970ern auf unter 20 Prozent heute und, etwas zeitverzögert und leider nicht ganz so beeindruckend, auch in Europa.

Aber was für die einen den ersehnten Sieg der Vernunft darstellte, war für andere der Beginn vom wirtschaftlichen Niedergang. Die mächtigen Zigarettenhersteller verdienten plötzlich weit weniger. Die vielen kleinen Läden und Straßenhändler, die zum großen Teil vom Zigarettenverkauf gelebt hatten, hatten existenzielle Sorgen. Die Marketingindustrie, die früher Milliarden mit der Entwicklung und Platzierung von Zigarettenwerbung verdient hatte, wurde durch Werbeverbote schmerzhaft eingeschränkt. Auch für Medien war einst die Zigarettenwerbung eine gute finanzielle Stütze gewesen. Last but not least hatte der Staat unfassbar viel Geld eingenommen durch die Steuern auf jede einzelne Zigarettenpackung.

Sollte all das dem Untergang geweiht sein? Und das in einem Land, in dem das Geschäftemachen und Steuernzahlen als heilige Pflicht gesehen wird? Nein. Eine neue Droge musste her. Aber eine, die man legal produzieren und verkaufen konnte. Alkohol war bereits legal und der Markt heiß umkämpft. Die extrem giftigen Substanzen wie Heroin, Crack, Crystal Meth und dergleichen waren nicht geeignet für die Vermarktung als Genussmittel für Jedermann. Wie wäre es also mit Cannabis? Ja, Cannabis war perfekt.

Innerhalb von wenigen Jahren wurde eine Flut an Kampagnen gestartet für die Imagepolitur von Marihuana und Co. Auf einmal erinnerte man sich, dass die alten Chinesen vor 3000 Jahren schon Cannabis in ihrer traditionellen Medizin einsetzten. Und dass Cannabis auch schmerzstillend sein kann. Und dass es nicht abhängig mache, und viele Mythen mehr. Natürlich kann man jedes einzelne Argument leicht widerlegen. Ja, alte Kulturen haben Cannabis als Medizin verwendet, aber Kokain und Opium auch. Na und? Heißt das, dass wir das in der modernen Medizin verwenden sollten? So manche traditionelle Heilkunst hat auch Tigerknochen oder Stoßzähne von Elefanten und noch viel Schlimmeres verwendet. Müssen wir das heute nachmachen? Und dass Cannabis schmerzstillend wirkt, stimmt ja nur für bestimmte Arten von Schmerzen. Aber Heroin wirkt noch weit stärker schmerzstillend und Kokain auch. Soll jetzt jeder Hausarzt seinen Schmerzpatienten Heroin und Kokain verschreiben? Außerdem, was heißt »Cannabis macht nicht abhängig«? Natürlich macht es das. Nicht bei jedem Konsumenten, aber Alkohol macht auch nicht jeden Gelegenheitstrinker süchtig. Trotzdem würde niemand leugnen, dass Alkohol süchtig machen kann.

Aber Gegenargumente halfen nichts. Die Stimme der Vernunft war in den letzten zehn Jahren immer in der Defensive und wurde überrannt von unzähligen Halbwahrheiten und Lügen, die für das Volk auch medial gut aufbereitet wurden. Im Fernsehen und in den Printmedien sah man eine Rollstuhlfahrerin mit Multipler Sklerose, die überzeugend und mit flehendem Blick um ein Cannabis-haltiges Medikament bat, um ihre Schmerzen zu lindern. Aber aus der Bitte um das Medikament wurde unmerklich irgendwann die Forderung nach Marihuana. Statt Tabletten mit Cannabis wollten Kranke, zumindest jene die in den Medien vorgeführt wurden, plötzlich einfach nur noch kiffen. Und sogar Qualitätsmedien interviewten dazu angebliche Cannabis-Experten, die selbst völlig stoned von den genialen Wirkungen von Cannabis sprachen, ohne das Thema Nebenwirkungen ernsthaft zu durchleuchten.

Ich bin kein Anhänger von Verschwörungstheorien, aber irgendwie spielten unterschiedlichste Interessensgruppen genial zusammen. Ich wage nicht zu behaupten, sie hätten sich abgesprochen. Vom kleinen Einzelunternehmer bis zu gigantischen Konzernen, inklusive der Tabakindustrie (die zunehmend zur Cannabisindustrie wird), argumentierten sie alle mit Arbeitsplätzen und hinter vorgehaltener Hand auch mit Steuern. Beides Killerargumente für die Politik, die auf sinkende Arbeitslosenstatistiken und Steuergeld angewiesen ist wie auf einen Bissen Brot. Medien schossen sich auf Crystal Meth ein, als wäre es der Teufel persönlich in kristalliner Form, und positionierten gleichzeitig Cannabis als das ewig missverstandene Kraut, das es ja wohl nur gut mit uns meint. Außerdem holten Journalisten nicht mehr die Meinung von medizinischen Fachverbänden oder der zuständigen Arzneimittelbehörde ein, sondern wandten sich stattdessen an seltsame Persönlichkeiten, die davor ihr Dasein als drittklassige praktische Ärzte gefristet hatten, und bezeichneten sie als Experten. Diese Ärzte spielten natürlich mit, denn über Nacht bildeten sich lange Schlangen von Patienten vor ihren Praxen.

Für Politiker unterschiedlicher Couleur wurde Cannabis zum Problemlöser. Die einen brauchten mehr Steuergeld, um das Budgetdefizit auszugleichen, speziell in Zeiten fallender Einnahmen durch die Tabaksteuer. Andere wollten ihre Wähler nicht vergraulen, und wieder andere wurden selbst von den Medien und sonstigen Einflüsterern beeinflusst und glaubten wirklich, Cannabis sei eine gute Medizin für das Volk. Apropos Volk, kennen Sie den Ausdruck »Opium für das Volk«? Könnte im Falle von Cannabis für den einen oder anderen Herrschenden auch nicht uninteressant sein. Eine bekiffte Bevölkerung ist nicht gerade eine, die im Kampf für Werte, soziale Gerechtigkeit oder auch nur Geld auf die Straße geht und die Eliten stürzt. Bekifft lungert man dann doch lieber zu Hause herum und schimpft bestenfalls vor dem Fernseher. Und welcher Kiffer würde eine Partei abwählen, die das Kiffen legal und billig hält? Also wie wär's mit »Haschisch für das Volk?« Aber natürlich spreche ich nur von der Situation in den USA. Wir in Europa sind da viel klüger. Oder auch nicht.

Aber irgendwie stelle ich es mir für Politiker auch schwierig vor. Nehmen wir an, ich wäre bei den Grünen. Wie soll ich dann Bedenken bezüglich Cannabis äußern, ohne von meiner Partei und von einem beträchtlichen Teil meiner Wähler gelyncht zu werden? Da kommen plötzlich Argumente wie persönliche Freiheit und Menschenrechte. Was kann man dagegen sagen? Und wenn ich nun Politiker einer konservativen Partei wäre und zusehen müsste, wie die jungen Wähler immer weniger Verständnis für das Verbot von Cannabis haben, würde ich dann lieber auf diese Wähler verzichten oder auch für die Legalisierung sein? Und wie ist das überhaupt mit Politikern? Sind die dafür da, alles zu tun, was die Mehrheit will, oder sollen sie auch manchmal gegen den Willen des Volkes entscheiden?

In den USA machte sich es die Politik einfach. Man ließ zu dem Thema einfach abstimmen und, siehe da, meist entschied sich eine knappe Mehrheit für die Legalisierung. Damit war die Sache dann gegessen. Es wurde dann auch kaum mehr diskutiert über die vielen Millionen Dollar, die vor solchen Abstimmungen von der Cannabis-Lobby in Werbekampagnen für die Legalisierung investiert worden war. Und nicht nur in Werbekampagnen – in den USA ist es legal, Politikern direkt Geld für deren Wahlkämpfe zu zahlen im Austausch für offizielle politische Unterstützung für die Interessen der Geldgeber. Gleich mehrere Lobbying-Organisationen sind dort tätig für die Legalisierung von Cannabis, zum Beispiel die Drug Policy Alliance mit 4,2 Millionen Dollar an Spenden an die Politik oder das Marijuana Policy Project mit 1,4 Millionen Dollar.[77] Woher haben diese Organisationen bloß so viel Geld zum Verschenken an Politiker? Angeblich von vielen einzelnen kleinen Spendern.

Während Geld ausgegeben wurde, um für die Legalisierung zu werben, gab kaum jemand Geld dafür aus, über die Gefahren von Cannabis aufzuklären. Ein guter Trick war auch in vielen US-Bundesstaaten der Umweg über die Teillegalisierung für medizinische Zwecke. Dagegen hatte kaum jemand etwas, weil die Wähler leider davon ausgingen, dass das medizinische System wohl vernünftig mit Marihuana als Medikament umgehen würde. In diesem Punkt hat sich auf traurige Art gezeigt, dass Ärzte auch nur Menschen sind und Geld, möglichst viel Geld, verdienen wollen.

Nach einer Weile gab es in diesen Bundesstaaten so unglaublich viele Menschen, die aus medizinischen Gründen legal kifften, dass es zur kompletten Legalisierung eigentlich kein großer Sprung mehr war. Man argumentierte damit, dass ohnehin jeder unter irgendeinem Vorwand von bestimmten Ärzten, den sogenannten Green Doctors, eine Erlaubniskarte für Marihuana bekam. Da reichten schon Kopfschmerzen, Schlafstörungen oder Nervosität – und natürlich ein entsprechendes Ärztehonorar. Wozu dann der Aufwand, zum Arzt zu gehen, wenn der Mediziner keine Hürde mehr darstellt? Also einfach eine weitere Abstimmung nach ein paar Jahren, aber dieses Mal für eine gänzliche Legalisierung von Cannabis als Genussmittel. Und siehe da, wieder eine knappe Mehrheit dafür. Alles wunderbar demokratisch und im Namen der persönlichen Freiheit, gegen die natürlich niemand etwas haben kann.

Jetzt denken Sie vielleicht, eine Gesellschaft, die es schafft, das Rauchen so drastisch einzudämmen, wird auch einen sonnvollen Umgang mit Cannabis finden. Nein, leider nicht. Zu viele Interessen von großen Konzernen, mächtigen Lobbys und lokalen Regierungen werden durch den zunehmenden Cannabis-Konsum befriedigt. Wer hoffte, der Markt in den USA würde nach ein paar Jahren gesättigt sein und nicht weiter wachsen, erlebte sein blaues Wunder.

Werbeverbot gefällig? Ja, klar. Aber nur für die Anwendung als Genussmittel. Für Marihuana als Medikament wird man wohl noch Werbung machen dürfen. Wie für jedes Medikament. Gewiss, Medikamentenwerbung darf nicht irreführend sein. Aber da lokale Regierungen den Einsatz von Cannabis für viele leichte und schwere Erkrankungen per Gesetz erlaubt haben und zusätzlich noch für jede andere Erkrankung »nach Ermessen des Arztes«, kann man das Zeug für den Einsatz bei allen möglichen Leiden anpreisen. So wie Heroin vor etwa 100 Jahren von einem deutschen Pharmakonzern als Medikament gegen Husten beworben wurde. Bei jedem anderen Medikament darf die Werbung nur Erkrankungen erwähnen, für die die amerikanische Arzneimittelbehörde eine Zulassung ausgesprochen hat, also im Falle von Cannabis ausschließlich Übelkeit unter Chemotherapie bei Krebs sowie Appetitverlust bei lebensbedrohlichen Erkrankungen wie AIDS. Nur wurde bei Cannabis der Einsatz per Regionalparlamente um das Vielfache erweitert. Haben Sie Kopfschmerzen? Probieren Sie unser einzigartiges Marihuana mit dem Namen »PainexPot« (würde auf Deutsch »Schmerzaus-Gras« heißen.)! Im Falle von Nebenwirkungen fragen Sie Ihren Arzt oder Apotheker.

Abgabeverbot an Minderjährige? Geht nicht, wenn der arme Jugendliche krank ist und Marihuana als Medikament ihm helfen könnte. Wäre ethisch nicht vertretbar, ihm die Hilfe zu verwehren. Tja, kann man nichts machen. Warum der 16-Jährige mit den unerträglichen Kreuzschmerzen mit dem Skateboard in die Arztpraxis kommt? Keine Ahnung, vielleicht weiß er mit Gewissheit, dass er nach einem Joint wieder fit ist für seine Kunststücke in der Halfpipe. Muss erst eindeutig ein Schaden an seiner Wirbelsäule festgestellt werden, ein Bandscheibenvorfall zum Beispiel, damit Marihuana verschrieben werden kann? Nein, erstens wäre es viel zu teuer, jeden Patienten mit Kreuzschmerzen bildgebend zu untersuchen. Zweitens haben viele Menschen wirklich Kreuzschmerzen, ohne dass in der Bildgebung ein Schaden sichtbar ist. Und drittens liegt es eben im Ermessen des Arztes.

Apropos Cannabis als Medikament für Jugendliche. Ich habe einige Demonstrationen für die Legalisierung von Marihuana als Medikament in Österreich und Deutschland aus der Nähe beobachtet. Bei den Ankündigungen dieser Kundgebungen dachte ich zuerst, da würden ein Haufen chronisch kranker Bürger sich zusammenfinden, um für ein begehrtes Medikament, das Linderung verspricht, zu kämpfen. Naiv wie ich nun einmal bin, stellte ich mir eine deprimierte Gruppe an Alten und Gebrechlichen sowie Menschen mit Krücken und in Rollstühlen vor. Weit gefehlt. Gehen Sie mal auf so eine Cannabis-Demo. Da sehen Sie dann viele junge Menschen, die zumindest nach außen recht gesund wirken und in fröhlichen Sprechchören und auf lustigen Bannern ihr Recht auf Marihuana als Medizin für ihre schweren Gesundheitsleiden einfordern. Bis ich das mit eigenen Augen gesehen hatte, wusste ich nicht, dass es so viele unheilbar kranke Jugendliche gibt. Oder vielleicht denken diese jungen Menschen soweit voraus und wollen einfach nur die passende Medizin haben, sollten sie einmal an Multipler Sklerose oder sonst was Unheilbarem erkranken.

Schmeckt jemandem das Kiffen einfach nicht? Da finden wir eine Lösung. Sie können unter unzähligen Schokoladenriegeln mit Cannabis wählen. Oder doch lieber ein Kuchen oder Bio-Butter mit Haschisch? Bestes Olivenöl mit Haschisch-Öl versetzt oder Spaghetti-Sugo mit Cannabis? Alles kein Problem. Genussmittel und Naturheilmittel in einem. Die Marketingmaschinerie wird nicht müde. Für jeden ist etwas dabei. Cannabis-Kochkurs für junge Singles, lustiger Seniorenkurs mit Anleitung für die Bestellung von Marihuana über das Internet, Urban Gardening mit ertragreichen Hanfpflanzen, Workshops für Jungunternehmer, die ins Cannabusiness einsteigen wollen, usw. Und dieses Business ist ein riesiges und wächst auch noch rasant. Ein paar Zahlen gefällig? 2014 lagen die Umsätze in den Vereinigten Staaten durch legalen Marihuana-Verkauf irgendwo zwischen 2,2 und 2,6 Milliarden Dollar. Ja, Milliarden, nicht Millionen. Und für 2018 schätzt man einen Anstieg auf ca. 8 Milliarden.[78] Das nennt man einen Wachstumsmarkt. Bis dieser Markt halbwegs gesättigt sein wird, schätzt man einen weiteren Anstieg auf 110 Milliarden Dollar. Im Vergleich beträgt der Gesamtumsatz der Zigarettenindustrie in den USA nur ein Viertel davon, Tendenz sinkend.[79] Und Steuern? Allein der Bundesstaat Colorado nahm 2015 ca. 60 Millionen Dollar Steuern durch den Verkauf von Cannabis ein.[80] Ein Jahr davor waren es nur 44 Millionen Dollar.

Ja, quasi über Nacht ist Marihuana in den meisten amerikanischen Bundesstaaten zum Liebling vieler Gruppierungen geworden. Es steht für persönliche Freiheit, Genussmittel, Medikament, Arbeitsplätze, Wirtschaftsaufschwung, Steuereinnahmen und sogar für die Rettung von kleinen bäuerlichen Betrieben, die nun statt Mais Hanf anbauen. Kurzum, Cannabis steht für Hoffnung und Fortschritt. Wer kann da noch widersprechen? Und wer es doch wagt, bekommt die gesamte Wucht der Cannabis-Lobby zu spüren, angefangen von gewaltigen Shitstorms in den sozialen Medien bis hin zur Abwertung der fachlichen Kompetenz durch selbsternannte Cannabis-Experten und einem beträchtlichen Teil der Medien.

Für dieses beeindruckende Zusammenspiel von Konzernen, kleineren Unternehmern, Konsumenten, Medien, (Pseudo-)Medizin und Politik, die zusammen Marihuana von einer illegalen Droge zur Rettung der Nation umstilisiert haben, fällt mir immer wieder der Ausdruck »Komplott« ein. Fehlt nur noch, dass es zum Kulturgut erklärt wird. Dann ist man als Gegner auch noch ein Kulturbanause.

30

CANNABIS, DIE UMWELTSÜNDE

Der Eel River, ein wunderschöner, mehr als 300 Kilometer langer Fluss, schlängelt sich westlich des Sacramento Valleys durch die sanfte Hügellandschaft im Norden Kaliforniens, bevor er schließlich in den Pazifischen Ozean mündet. Rund um den Fluss gibt es vielfältigste Fauna und Flora, beheimatet sind hier Fischarten wie Lachs, Forelle oder eben auch der Biber. So heißt der Eel River an manchen Passagen im Volksmund auch »Beaver Creek«. Aale, wie der Name Eel River vermuten lässt, gibt es übrigens nicht; als der Fluss im 19. Jahrhundert während der Zeit des Goldrauschs benannt wurde, hatten die Namensgeber die hier schwimmende Gattung des Pazifischen Neunauges versehentlich für Aale gehalten.

Ein üppiges Ökosystem, das hier herrscht, das nun aber, wie Umweltschützer befürchten, massiv bedroht ist – und zwar von den Cannabisplantagen der Umgebung.

Im Sommer 2014 waren weite Teile des Gebiets rund um den Eel River erstmals seit Ewigkeiten komplett ausgetrocknet. Die Schuld gaben die Naturschützer nicht einer etwaigen lang anhaltenden Dürreperiode, sondern den Cannabisbauern der Umgebung, dem sogenannten Marihuanagürtel des nördlichen Kalifornien.

Seit der medizinischen Legalisierung von Cannabis hat sich Kalifornien neben den Bundesstaaten Washington, Hawaii, Kentucky und Tennessee zu einer Hochburg des Cannabis-Anbaus gemausert. Von den jährlich 10.000 Tonnen, die jedes Jahr in den gesamten Vereinigten Staaten angepflanzt und gezüchtet werden, entfallen 80 Prozent auf diese fünf Bundesstaaten, den Großteil davon wiederum macht Kalifornien aus. Der Cannabisanbau hat Hochkonjunktur, die Zahl der Marihuana-Bauern hat sich in wenigen Jahren mehr als verdoppelt. Schon 2015 benötigten die Plantagen zur Bewässerung der Cannabispflanzen allein in Kalifornien mehr 230 Millionen Liter Wasser – eineinhalb mal so viel wie der gesamte jährliche Wasserverbrauch von San Francisco.[81] Einer Studie des California Department of Fish and Wildlife zufolge wird auf den rund 50.000 Hanfplantagen in Kalifornien jede einzelne Pflanze mit täglich 22 Litern bewässert.[82] Bauern leiten den Fluss zu ihren Feldern, der Eel River wird wie viele andere Flüsse rund um die Plantagen angezapft und blutet aus. Das kalifornische Ministerium für Jagd, Fischerei und Naturschutz verzeichnete bereits 2013 pro 100 Metern Flusslauf 15 Umleitungen zu den Plantagen. Mit der Folge, dass ganze Fischarten wie Silberlachs, Königslachs und Regenbogenforelle, die sich hier einst zu Zehntausenden tummelten, nun vom Aussterben bedroht sind.

Gerade Kalifornien, das Land des politischen Bewusstseins, das in den letzten Jahrzehnten zu einem Vorreiter in Sachen Umwelt-

Marihuana-Bauer auf seiner Hanfplantage in Kalifornien.

schutz, Ressourcenschonung und Nachhaltigkeit wurde, zu einem leuchtenden Vorbild für die gesamten USA, gerade diesem Bundesstaat droht nun ein ökologisches Desaster, wie auch das Beispiel der Kleinstadt Arcata zeigt, 450 Kilometer nördlich von San Francisco. Kurz nach der Jahrtausendwende hatte sich die Gemeinde das Ziel gesteckt, den CO_2-Verbrauch innerhalb von zwölf Jahren um 20 Prozent zu reduzieren. Anfangs schien das Ziel auch noch erreicht zu werden, man war auf bestem Weg. Doch dann siedelten sich immer mehr Marihuana-Bauern mit ihren Gewächshäusern an – und so stieg der Energieverbrauch der Haushalte erneut massiv an, um 25 Prozent.

Schlimmer noch, der massiv beworbene Einsatz von Dünger, Rattengift und Pestiziden, die über das Grundwasser in die Flüsse gelangen und dort das Algenwachstum beschleunigen, hat sich zu einer großen Gefahr für die Natur entwickelt. Dazu berichtete das

Legale Indoor-Hanfplantage mit modernster Technik in den USA.

»Marijuana Policy Project« in Washington DC von Bauern, die für die Errichtung von Plantagen ganze Bergkuppen abgetragen und mit Bulldozern eingeebnet hatten, was wiederum das Risiko von Erosionen und Erdrutschen ansteigen ließ. Ausgerechnet das so himmelhochjauchzend als Naturheilmittel angepriesene Cannabis wird somit zur großen Gefahr für die Umwelt. Die Umweltschädigung durch die großen Plantagen ist ein gravierender Nebeneffekt, der uns zu denken geben sollte – auch was bei einer Freigabe und einem daraus resultierenden Cannabis-Boom bei der Schaffung neuer Cannabisfelder unserer Gegend blühen könnte.

Ein weiterer bizarrer Effekt des Cannabis-Booms ist die Massenflucht der Hippies aus diesen Gegenden. Es wäre leicht zu vermuten, dass die Alt-Achtundsechziger, die mit ihrer bunten Flower-Power-Bewegung und ihrem freigeistigen Denken und Handeln eine ganze Gesellschaft revolutionierten, die die Wegbereiter für jahrzehntelange Diskussionen um die Freigabe von Cannabis waren, sich nun endlich am Ziel sehen mit der neuen Liberalisierung und Legalisierung des Cannabis-Marktes. Doch genau das Gegenteil ist der Fall, sichtbar wird das an der kleinen Gemeinde Humboldt im Nordwesten Kaliforniens. Ein Naturparadies, in dem sich vor Jahrzehnten schon Hippies niederließen, um dem Kommerz und dem Konsum zu entfliehen und ein Leben im Einklang mit der Natur und ihrer kleinen Hanfplantage zu führen. In den letzten Jahren aber setzte ein wahrer Exodus ein, viele flüchteten vor dem Kommerzwahnsinn des »Grünrauschs«, vor den 20-jährigen Jungunternehmern, die ganze Felder für Cannabis-Anbau aufkaufen, die aber mit Marihuana nicht ein gewisses Lebensgefühl in Verbindung bringen, sondern aus reinem Kalkül das große Geschäft wittern. Aus dem Traum wurde so ein Albtraum.

TEIL 5

DIE ZUKUNFT

31

WEGE AUS DER ABHÄNGIGKEIT UND CO-ABHÄNGIGKEIT

In den vergangenen Jahren wurden viele Entzugsprogramme für Cannabissüchtige entwickelt, einige auch in deutscher Sprache. »Quit the Shit« heißt in Deutschland etwa ein Online-Beratungsprogramm der Bundeszentrale für gesundheitliche Aufklärung, das seit seiner Einführung 2004 mehreren Tausend, vor allem jugendlichen Cannabiskonsumenten half, das Kiffen sein zu lassen oder zumindest weit weniger zu konsumieren. Es handelt sich um eine anonyme Plattform, wo die Nutzer die Möglichkeit haben, einerseits ein Tagebuch zu führen, um den eigenen Konsum zu dokumentieren und eine Sensibilität für das Thema zu entwickeln. Viele Süchtige konsumieren nämlich deutlich mehr, als sie selbst glauben zu wissen. Das Tagebuch hilft ihnen, ein realistisches Bild ihres Konsums zu entwickeln. Andererseits können sie hier an virtuellen Übungen teilnehmen, die helfen sollen, den Konsum zu minimieren oder einzustellen. Allein sind sie dabei nicht, jede Woche meldet sich ein Berater bei ihnen und gibt ihnen eine ausführliche Rückmeldung.

Die Zahlen geben dem Programm recht. In einer Studie der Bundeszentrale[83] wurden 200 zufällig ausgesuchte Personen, die sich neu angemeldet hatten, auf zwei Gruppen aufgeteilt. Die ersten 100 konnten gleich direkt ins Programm einsteigen, die zweite Hälfte wurde damit vertröstet, wegen der zu hohen Nachfrage noch drei Monate bis zur Aufnahme warten zu müssen. Nach den drei Monaten wurden die Mitglieder beider Gruppen erneut nach ihrem Konsum befragt. Das Ergebnis war eindeutig. Während die 100 aufgenommenen Teilnehmer ihre Konsumtage von 26 im Monat auf nur noch zwölf Tage reduzierten, kamen diejenigen im Wartestand nur auf eine Verringerung von 25 auf 21 Tage im Monat. In Mengen ausgedrückt rauchten die sofort integrierten Teilnehmer von »Quit the Shit« pro Monat 14 Gramm weniger, die andere Gruppe kam nur auf eine Verringerung von zwei Gramm pro Monat.

Dazu zeigten die Analysen, dass sich das psychische Befinden bei der ersten Gruppe wesentlich verbesserte, dass sie wieder eine höhere Zufriedenheit und eine signifikant niedrigere Ängstlichkeit in ihrem Leben aufwiesen und weniger depressiv waren als jene zweite Gruppe, die weiterhin fast gleich viel kiffte.

Sinn macht das Programm natürlich nur, wenn die Hilfesuchenden länger dabeibleiben und bereit sind für eine Veränderung. Wenn sie hingegen nach drei Monaten wieder abbrechen und davon ausgehen, jetzt könnte ihnen eh nichts mehr passieren, dann ist die Rückfallgefahr enorm hoch. Dann geht es ganz schnell, dass sie gleich wieder am Joint hängen, so wie davor. Es braucht also Ausdauer und Motivation, aber es zahlt sich für die meisten aus.

Ein Programm, das sich in meiner Klinik wie auch in vielen anderen Einrichtungen etabliert hat, ist CANDIS (Abkürzung für den englischen Begriff »Cannabis Disorder«). Hier geht es zunächst einmal darum, bei den Cannabis-Abhängigen einen Bezug herzustellen zwischen ihrem Konsum und ihrem Zustand, dass es also zu einem großen Teil an der Droge liegt, warum es ihnen so schlecht geht. Einen Zusammenhang zwischen Zigaretten und starkem Husten stellt jeder her, genauso wie zwischen einem Alkoholexzess und einem schweren Kopf am nächsten Tag. Die Gefahr von Cannabis aber wird, wie bereits zuvor an den exemplarischen Fällen erwähnt, kolossal unterschätzt. Man würde glauben, jemand, der dauerbekifft ist, müsste eigentlich dauerglücklich oder zumindest dauerzufrieden sein. Aber leider lässt unsere Hirnbiologie nicht zu, dass wir in einem durchgehend glücklichen Zustand sind. Wäre auch nicht sinnvoll, denn dann hätten wir für nichts mehr Motivation, schon gar nicht für Anstrengendes. Also erfreut sich auch ein Dauerbekiffter nicht sein ganzes Leben an seinem inneren Frieden und ist leider nicht ständig im Einklang mit sich und der Welt.

Die CANDIS-Therapie beinhaltet zehn Sitzungen mit jeweils eineinhalb Stunden Gruppentherapie in einem Zeitraum von acht bis zwölf Wochen. Ein dreistufiges Programm, in dem im ersten Schritt zunächst die Motivationsförderung im Mittelpunkt steht. Die Wirkung von Cannabis im Gehirn und mögliche positive wie negative Folgen werden gemeinsam erarbeitet, wobei nicht der Therapeut als einziger Experte vorträgt, sondern die Gruppenteilnehmer ihre eigenen Erfahrungen einbringen. Zusammen werden Antworten gesucht auf Fragen wie »Bin ich eigentlich süchtig? Falls ja, woran würde ich das erkennen? Was wären Vorteile des weiteren Cannabiskonsums, was wären Nachteile? Was motiviert mich, in Zukunft aufzuhören oder weniger zu kiffen, und was hindert mich daran?«

Die zweite Phase nennen wir die kognitiv-behaviorale, also verhaltenstherapeutische Therapie. Darin baut der Patient Fähigkeiten und Fertigkeiten auf, mit denen er seinen Konsum reduzieren oder bestenfalls ganz aufgeben kann. Wie verhindere ich, rückfällig zu werden? Wie gelingt es mir, mein Verlangen nach der Droge zu reduzieren? Wie baue ich mir Alternativen auf, und wie reagiere ich, wenn ich den großen Wunsch verspüre, doch wieder zu kiffen, welche Bewältigungstechniken kann ich anwenden? Wo hole ich mir bei Bedarf Unterstützung?

Die dritte und letzte Stufe umfasst das psychosoziale Problemlösetraining. Hier geht die Therapie auf das Umfeld der einzelnen Teilnehmer ein, auf weitere ungünstige Faktoren und Probleme, die möglicherweise ein Hinderungsgrund sein könnten, warum der Patient sein Suchtverhalten nicht ändert – wie er seine Schwierigkeiten im Alltag meistert, ohne gleich Cannabis konsumieren zu müssen.

Doch auch die Familie, die Angehörigen und die eigenen Freunde können einen Teil dazu beitragen, dass der Abhängige zumindest beginnt, sich mit dem Problem zu konfrontieren, einem Problem, das er bis dahin vielleicht für sich selbst noch gar nicht als ein solches definiert hat. Wie bei jeder Sucht, wie etwa auch beim Alkoholismus, besteht die größte Gefahr in der Tabuisierung. Als Angehöriger zu-

zusehen und nichts zu sagen, weil man dieses unangenehme Thema nicht ansprechen möchte, aus Angst, die Beziehung zu diesem Menschen zu schädigen oder gar zu ruinieren, das zementiert das Problem ein. Der Abhängige sollte nicht an den Pranger gestellt werden. Vorwürfe und Aburteilungen bewirken meist wenig, da dies Stress für den Süchtigen bedeutet und unter Stress die meisten Süchtigen noch mehr konsumieren, weil ihr Gehirn gelernt hat, durch Konsum den Stress zumindest kurzfristig loszuwerden. Statt also zu moralisieren mit dem erhobenen Zeigefinger, sollte man so wertschätzend wie möglich das Problem ansprechen. Diese Wertschätzung ist im besten Fall auch ehrlich gemeint, denn man macht sich ja Sorgen um den Süchtigen, weil er einem wichtig ist. Man könnte so etwas sagen wie: »Weil du mir so wichtig bist, möchte ich dir sagen, dass dein Cannabis-Konsum mir wirklich Sorgen macht.« Natürlich wird der Betroffene das Problem zunächst leugnen oder kleinreden. Aber da muss man als Angehöriger hartnäckig bleiben z.B. mit: »Na ja, theoretisch könnte meine Sorge übertrieben sein, aber ich sehe doch, wie du bist, wenn du bekifft bist. Dann ist nicht mehr viel übrig von dem Menschen, den ich so schätze. Das ist dann für mich schwer auszuhalten, weil ich weiß, was im nüchternen Zustand in dir steckt. Mag sein, dass du dabei keinen Leidensdruck hast, aber du sollst wissen, dass ich schon darunter leide.«

Das alles erfordert natürlich auch für die Personen im Umfeld viel Geduld und persönlichen Einsatz. Wenn es für den Süchtigen so einfach wäre, sein Problem zu erkennen und es zu beheben, dann wären Süchte keine Erkrankungen des Körpers und des Geistes. Wenn man als Angehöriger nicht lockerlässt und immer wieder das Problem anspricht, dann ist es irgendwann kein Tabu mehr, und man kann offener darüber reden. Wenn der Betroffene trotz Bemühens nicht schafft, selbst seinen Konsum einzuschränken, dann ist der nächste Schritt, den Weg zu einer professionellen Hilfe zu ebnen.

Wenn Eltern bei ihrem 16-jährigen Kind feststellen, dass es ab und an Cannabis konsumiert, ist es nicht damit getan, ihm eine

Broschüre in die Hand zu drücken, in der die Telefonnummer einer Beratungsstelle steht, mit der Bitte, er möge dort doch einmal anrufen. Das wird er ziemlich sicher nicht tun. Was er tun wird, ist die Broschüre in den Papierkorb werfen. Nein, es geht darum, gemeinsam einen Weg zu beschreiten, gemeinsam sich einen Termin zu organisieren, ihn dorthin zu begleiten und so das Signal zu geben: »Wenn du einen passenden Weg gehst, gehen wir mit dir.«

Das Gegenteil davon nennt man Co-Abhängigkeit. Das bedeutet, dass etwa Eltern des Süchtigen quasi unabsichtlich und gut gemeint seine Sucht fördern, indem sie wegschauen, indem sie ihn finanzieren, obwohl sie genau wissen, dass er sich davon nur seine Substanzen kauft, ob Cannabis oder eine andere Droge. Indem sie Ausreden für ihn erfinden, wenn sie ihn krankmelden am Arbeitsplatz und ihn damit in seinem Gefühl bestärken, dass sein Suchtverhalten Unterstützung findet und er sich so schon irgendwie durchmogelt durchs Leben. Diese Co-Abhängigkeit kann verschiedene Gründe haben: Manchmal tut sich nicht nur der Süchtige, sondern auch sein Umfeld leichter, so zu tun, als wäre »alles nur halb so schlimm«, als sich die schmerzvolle Wahrheit einzugestehen. Oder man hofft, dass der Süchtige irgendwann schon zur Vernunft kommen wird, wenn man ihn nur lange genug unterstützt. Natürlich will man als Eltern auch nicht, dass der Cannabissüchtige sich in der Arbeit blamiert, und sagt dem Chef als Grund für den Krankenstand, er wäre erkältet statt bekifft. Außerdem will man nicht, dass der arme Süchtige auch noch den Arbeitsplatz oder die Ausbildungsstelle verliert. All das mag gut gemeint sein, aber die Sucht als Erkrankung wird dadurch noch mehr gefestigt und chronisch, weil der Betroffene kaum Motivation für eine Änderung hat, solange sein Leidensdruck durch die Umgebung abgefangen wird und er keine Verantwortung für sein Tun übernehmen muss. Nun kann es sein, dass sich trotz Bemühens der Angehörigen, eine Änderung zu unterstützen, nichts tut, entweder weil der Betroffene gar nicht einsichtig ist bezüglich seines Problems oder zwar Veränderung verspricht, aber nicht einhält bzw. nicht einhalten kann. Irgendwann kommt der Betroffene, sofern erwachsen, um seine Verantwortung für sein Handeln nicht herum. Wenn ein sinnvolles Zusammenleben auf Dauer nicht möglich ist und keine Änderung in Aussicht ist trotz der Bemühungen des Umfeldes, dann darf, dann muss auch irgendwann Schluss sein. Dass es irgendwo Grenzen gibt für das Erdulden und Bemühen der Angehörigen, ist eine Realität. Familie und Umfeld brauchen sich dann nicht schuldig zu fühlen. Die Verantwortung für sein Suchtverhalten trägt letztlich immer der Süchtige. Das ist keine Frage der Schuld der einen oder der anderen Seite, sondern ausschließlich eine Frage der Verantwortung für das eigene Verhalten und für die eigene Gesundheit. Im Privaten wie auch am Arbeitsplatz.

Erkennt man als Arbeitgeber bei einem Mitarbeiter ein Suchtproblem, dann kann man mit ihm zunächst das Gespräch suchen, ihn freundlich, aber bestimmt darauf hinweisen, dass seine Arbeitsleistung in jüngster Zeit merklich nachgelassen habe, und man ihm deswegen nahelegen würde, professionelle Hilfe aufzusuchen. Schließlich wäre es ihm, dem Chef, auch wichtig, ihn als so wichtigen und eifrigen Mitarbeiter im Betrieb zu halten. Ein besonders bemühter Chef könnte sich sogar erkundigen, wo es entsprechende Hilfsangebote gäbe. In größeren Betrieben kann der Süchtige sich auch an den Betriebsarzt wenden.

Ändert sich dennoch nichts, werden natürlich irgendwann Konsequenzen folgen, bis hin zur Kündigung als letzte Maßnahme. Schließlich bekomme er Gehalt für eine bestimmte Arbeitsleistung. Sinn macht hier ein Mehrstufenplan, der von vornherein im Betrieb allen bekannt ist für den Fall der Fälle. So ein Plan kann schon ansetzen, wenn die übergeordnete Führungskraft den Verdacht hat, dass eine Suchterkrankung eine Rolle spielen könnte. Zunächst wird der Mitarbeiter zu einem informellen Gespräch gebeten, am besten unter vier Augen. Hierbei geht es nur darum, die Sorge über ein mögliches Suchtproblem auszudrücken und der Person die Gelegenheit zu geben, dazu seine Meinung zu sagen.

Ändert das nichts am Problem, dann ist der nächste Schritt ein ganz offizieller Termin inklusive Gesprächsprotokoll, eventuell auch unter Einbindung noch einer Person wie z.B. Betriebsarzt, Personalabteilung oder Führungskraft aus einer noch weiter übergeordneten Stelle. Einerseits erhöht das die Bedeutung und macht dem Mitarbeiter klar, dass die Situation im Betrieb ernst genommen wird. Auf der anderen Seite können alle Beteiligten diskutieren, welches Ziel definiert wird für die nahe Zukunft und mit welcher Unterstützung dieses Ziel bis wann erreicht werden kann.

Wenn das nicht hilft, dann könnte beim nächsten Gespräch der Betriebsrat mit eingebunden werden, weil dann eine Möglichkeit die absehbare Kündigung des Mitarbeiters wäre. Auf dem Weg dorthin sollten Betriebe sich bemühen, in erster Linie nicht zu drohen, sondern Unterstützung anzubieten wie bei der Organisation von professioneller Hilfe oder auch zeitlich befristete Hilfestellung für die Erledigung des Arbeitspensums. Sehr wichtig ist es aber, dass sowohl der betroffene Mitarbeiter als auch Kollegen, Führungskräfte und Betriebsrat von Anfang an wissen, bis zum welchem Punkt Verständnis und Hilfsangebote im Vordergrund stehen und ab wann letztlich die Kündigung in greifbare Nähe rückt. Sehr häufig bewirkt so ein klar kommuniziertes Stufenprogramm, dass Mitarbeiter mit einem Suchtproblem sich weitgehend stabilisieren können und damit, eventuell nach therapiebedingten Abwesenheiten, im Arbeitsprozess bleiben. Aber häufig passiert das Gegenteil: Betriebe schweigen zuerst über das Suchtproblem eines Angestellten im Sinne einer Co-Abhängigkeit (Ja, auch ganze Betriebe können sich wie co-abhängige Angehörige benehmen). Wenn die Situation nicht mehr tragbar ist, dann heißt es plötzlich: »Wir haben lange genug zugesehen und dir immer wieder eine Chance gegeben, dich zu bessern. Jetzt reicht es, du bist gefeuert.«

Diese extreme und für alle Beteiligten schwierige, unangenehme und auch folgenschwere Situation ist meist vermeidbar. Lieber gleich reden und das Problem thematisieren, nicht erst, wenn es zu spät ist.

32

DIE SORGE DER PSYCHIATER

Im Gegensatz zur gängigen Meinung haben nicht alle Psychiater ein Rad ab. Ich weiß, das sagt sich leicht, wenn man selbst einer ist. Wenn ich auf internationalen Medizinkongressen mit Kollegen aus den Vereinigten Staaten spreche, bemerke ich eine echte Verzweiflung. In den amerikanischen Bundesstaaten mit Cannabis-Legalisierung sind die Zahlen der Patienten mit Cannabis-Psychosen und Cannabis-Sucht deutlich gestiegen. Vor allem trifft es viele junge Menschen und damit auch minderjährige Jugendliche. Man könnte glauben, die Psychiater würden sich bezüglich dieser Vermehrung der Kundschaft freuen. Aber dem ist leider nicht so. Erstens lässt sich mit Suchterkrankungen und Psychosen kein Geld verdienen, weil diese Patienten meist kein Geld haben. Zweitens sind die bestehenden Strukturen des Gesundheitssystems deutlich überfordert, wodurch der chronische Stress der Ärzte und anderer Berufsgruppen in Krankenhäusern und Ambulanzen unerträglich wird. Und drittens ist es schlicht weg auch für uns belastend, täglich das Leid der Patienten zu sehen, das unnötig weil cannabisbedingt ist.

Da und dort haben es die Amerikaner geschafft, auf die erhöhte Nachfrage nach Behandlung zu reagieren. In einigen Kliniken für Kinder- und Jugendpsychiatrie wurden/mussten die Kapazitäten deutlich erweitert werden, zum Teil auf das Doppelte. Das heißt mehr Betten, mehr Personal und höhere Kosten für den Steuerzahler. Ich frage mich, wie wir das in Europa tun sollen? Einerseits muss überall gespart werden, und es ist kein Geld da für mehr Personal in Kliniken. Und sogar wenn wir Geld umverteilen und dafür einen anderen Bereich aushungern würden, wo bekommen wir die Ärzte her? Derzeit gibt es in fast ganz Europa einen Ärztemangel. Im gesamten deutschsprachigen Raum ist man schon froh, wenn man genug Ärzte hat, damit man keine bestehenden Ambulanzen oder Krankenhausabteilungen sperren muss. Von einer Erweiterung von Kapazitäten können wir speziell im Bereich der Psychiatrie und noch verschärft im Bereich der Kinder- und Jugendpsychiatrie nur träumen.

Warum der Ärztemangel gerade die Psychiatrie so trifft? Nun, die Psychiater gehören zu den Ärzten mit dem geringsten Einkommen. Die wenigsten chronisch psychiatrisch kranken Menschen haben viel Geld und teure private Krankenversicherungen. Dazu kommt das eher schlechte Image. Seien wir ehrlich, es ist cooler, wenn man sagen kann, man ist Chirurg oder Kardiologe. Dank entsprechender Fernsehserien ist man heutzutage sogar als Pathologe cool. Und last but not least ist das Feedback der Patienten anders. Jemand, der am Herzen operiert wurde, ist sein Leben lang dem Herzchirurgen dankbar. Wenn man aber wegen einer chronischen Cannabis-Psychose beim Psychiater war, hasst man ihn dafür, dass er sagt, man soll nie wieder kiffen. Und all das ist beim Kinder- und Jugendpsychiater noch schlimmer. Weniger Geld, schlechteres Image und schlechteres Feedback von einer Kundschaft, die selten freiwillig die Behandlung aufsucht. Und dann auch noch mehr Arbeit, wenn Cannabis legalisiert wird. Klingt nicht nach Traumjob. Aber falls ein Kinder- und Jugendpsychiater diese Zeilen liest: Meinen Respekt dafür, dass Sie noch mehr arbeiten und noch mehr Verantwortung tragen für noch weniger Geld als ich. Und ich wünsche Ihnen, dass Ihre Arbeit nicht zur Hölle wird durch eine Cannabis-Legalisierung.

Wenn wir Psychiater es wagen, aus unserer fachlichen Expertise und unserer Erfahrung heraus kritisch gegenüber Cannabis zu sein, dann brauchen wir nicht lange warten auf Vorwürfe, die auf einer sehr persönlichen Ebene sind und uns im besten Fall nur mangelnde Kompetenz vorwerfen und im schlechteren Fall niedere finanzielle Gründe für unsere Haltung. Meist kommen die Vorwürfe von Personen, die wenig Ahnung von unserem Fach haben. Prof. Rainer Thomasius gilt allgemein als erfahrener Kinder- und Jugendpsychiater und als Referenz für Suchtfragen bei Minderjährigen im gesamten deutschsprachigen Raum. Wenn dieser in einer Stellungnahme als Sachverständiger des deutschen Bundestages oder auch im Namen der kinder- und jugendpsychiatrischen Fachgesellschaft und Fachverbände Bedenken bezüglich einer Legalisierung von Cannabis äußert, dann werden ihm genau jene Kompetenzen, für die er in Fachkreisen weltweit respektiert wird, öffentlich abgesprochen. Und zwar von jemandem, der kein Mediziner ist geschweige denn Psychiater mit Spezialisierung auf Kinder und Suchterkrankungen. Nämlich von Herrn Andreas Müller, dem bekannten Strafrichter, in seinem bereits erwähnten Buch *Kiffen und Kriminalität.*[84] Ganz generell wirft er uns Psychiatern vor, weder wissenschaftliche Studien richtig lesen zu können, noch an das Allgemeinwohl, sondern eher an unsere Brieftaschen zu denken. Nun Herr Müller, sprechen Sie ruhig weiter über sich. Wir Psychiater sind nicht so schlecht im Zuhören.

An sich ist es nichts Neues, dass Psychiater verunglimpft werden, wenn sie gegen den gesellschaftlichen Trend aufschreien und Entwicklungen kritisieren, gerade im Suchtbereich. Nehmen wir Prof. Manfred Spitzer, Direktor der psychiatrischen Universitätsklinik in Ulm, der in seinen Büchern mit guten Argumenten eindringlich vor dem Einfluss von Computer, Internet und Handys auf unsere Kinder warnt.[85] Er wird sehr viel kritisiert, aber sehr selten inhaltlich und differenziert. Aber es scheint auch nicht nötig zu sein, ihn fachlich zu widerlegen, was übrigens nicht einfach wäre. Es genügt, ihn als Person zu attackieren und ihn als rückständigen radikalen Fortschrittsverweigerer hinzustellen. Auch seine Leistung, spannende Bücher zu schreiben und beeindruckende Vorträge zu halten, wird gegen ihn verwendet. Man wirft ihm vor, eigentlich nur Geld verdienen zu wollen. Dieser Vorwurf hat etwas Komisches an sich, kommt er doch meist aus dem Mund jener, die beispielsweise mit der Entwicklung von Computerspielen Milliarden verdient haben.

Also liebe Cannabis-Lobby, sollte sich dieses Buch hier gut verkaufen, dann halte ich den Vorwurf, eigentlich damit nur Geld verdienen zu wollen, gut aus. Aber natürlich dürfen Sie mir auch sonst alles an den Kopf werfen, was ihnen Kluges einfällt. Von »konservativer Ignorant« bis »antidemokratisch«, und ja, auch »fachlich komplett inkompetent« natürlich.

Aber auch unabhängig von der Kritik von Seiten gewisser Lobbys ist die Situation für uns Suchtmediziner insgesamt frustrierend. Nach Jahren und Jahrzehnten Aufklärungs- und Präventionsarbeit stellten sich endlich die ersten Erfolge ein, wie der Rückgang an Zigarettenkonsum und verminderter Alkoholkonsum zum Beispiel am Arbeitsplatz. Und schon kommt scheinbar zufällig die nächste Massendroge auf uns zu in Form von Cannabis. Und all das Wissen, von dem wir dachten, dass wir es vermittelt hätten – wie beispielsweise die Folgen von Suchterkrankungen, das Krebsrisiko beim Inhalieren von Rauch und die Gefahren beim Autofahren unter Einfluss von berauschenden Substanzen –, all das wird für Cannabis komplett ausgeblendet. Immer noch wird ernsthaft bezweifelt, dass Cannabis süchtig machen kann. Marihuana wird als Heilmittel gesehen und zunehmend verschrieben, obwohl es fast immer geraucht wird und der Rauch noch schädlicher ist als bei normalen Zigaretten. Und über das Autofahren unter Cannabiseinfluss wird kaum geredet, weil es, wie gesagt, auch keine Möglichkeit gibt für die Polizei, auf der Straße rasch und genau die genaue Menge von THC in Körperflüssigkeiten festzustellen.

Und das passiert gerade, als wir als Gesellschaft langsam zu verstehen schienen, dass ein gesunder Lebensstil inklusive Sport und gesunder Ernährung wichtig für unser Wohlbefinden ist, und Alkohol, Zigaretten und Drogen da eher nicht hineinpassen.

Gerade da schwappt eine Cannabiswelle von den USA kommend zu uns rüber. All die Jahre, in denen die Niederlande eine sehr liberale Cannabispolitik verfolgte, ließen wir uns kaum beeindrucken. Jetzt, wo der Trend aus Amerika kommt, übernehmen wir eher unkritisch die neue Mode aus der neuen Welt. Nach Cola und Fast Food wird das die nächste gesundheitsfördernde Maßnahme aus Übersee, die wie eine Lawine über uns hinwegzufegen droht.

Ja, wir hatten zwischendurch auch mit Crystal Meth zu tun. Aber Crystal hat auf Grund seiner extremen Wirkung und noch extremeren Nebenwirkungen nicht das Potenzial, ein echtes Massenphänomen wie Alkohol und Zigaretten zu werden. Für die von Crystal-Sucht Betroffenen ist es natürlich eine Tragödie. Aber auch in den USA, wo Crystal durchaus beliebt ist, ist es in Bezug auf die Anzahl der Betroffenen weit weg von der Erfolgswelle des Marihuanas.

Die Medien haben sich in den letzten Jahren auf diese synthetische Droge gestürzt, weil es unter Crystal-Einfluss immer wieder zu spektakulären Gewaltexzessen gekommen war. An sich ist die mediale Berichterstattung bezüglich Crystal gerechtfertigt. Es ist tatsächlich eine sehr gefährliche Substanz. Aber im Vergleich Cannabis so unkritisch zu sehen und es als Wunderkraut zu preisen, wie es ein Teil der Medienwelt getan hat, ist unpassend. Denn so wie normale Zigaretten weit mehr Leid über die Menschen gebracht haben wie Heroin, so müsste man sich eigentlich fragen, was insgesamt mehr Schaden mit sich bringen wird, das sehr giftige Crystal oder Cannabis als Droge der Massen. Mir ist schon klar, dass dieses Zukunftsthema weniger spektakulär ist für Medien als einzelne Fallberichte von Menschen, die im Crystal-Rausch jemanden zerstückelt oder gar zerbissen haben.

Aber eigentlich scheitert es schon beim Namen. Im Gegensatz zu Alkohol, wo die Namen der einzelnen Getränkearten bereits das Risikopotenzial abschätzen lassen, sind beim Cannabis schon die Begrifflichkeiten irreführend. Beim Alkohol ist es Allgemeinwissen, dass zum Beispiel Most weniger Alkohol enthält als Schnaps und somit nicht so schnell so schädlich sein kann. Und der Schnaps, den die Menschen vor 40 Jahren getrunken haben, war gleich konzentriert wie heute. Aber beim Cannabis sagt der Ausdruck »Marihuana« nichts über die THC-Konzentration oder gar das Verhältnis zwischen THC und dem gesünderen Cannabidiol. Viele Menschen, die in den 1970ern als junge Menschen gelegentlich gekifft haben, glauben, wir reden noch von der gleichen Droge wie damals, wenn wir »Marihuana« sagen. Das ist eines der Gründe, warum Cannabisprodukte einen so harmlosen Ruf haben. In Wirklichkeit ist der Unterschied zwischen dem Marihuana vor drei oder vier Jahrzehnten und heute größer als der Unterschied zwischen Bier und Schnaps. Denn Schnaps ist etwa sieben Mal konzentrierter als Bier. Aber das heute erhältliche hochgezüchtete Marihuana ist 10 bis 15 Mal konzentrierter als früher. Und noch schlimmer, das Verhältnis zwischen THC und dem Cannabidiol, das einer chemischen Entgleisung im Gehirn entgegenwirkt, hat sich im Vergleich zu früher je nach Sorte um etwa 40- bis 100-fach verschlechtert zugunsten dem THC.

Also eigentlich reden wir nicht vom Gleichen, wenn wir Begriffe wie Cannabis oder Marihuana in den Mund nehmen. Die einen meinen die relativ harmlose Droge von früher. Die anderen meinen die heutigen, mittels Hightech-Einsatz überzüchteten, biologischen Maschinen, die THC produzieren. Mit einem in der Natur wild wachsenden Kraut haben diese genetisch veränderten Hochleistungsprodukte, die am besten in Nährlösung wachsen und mittels LED-Lampen bestrahlt werden, kaum mehr etwas zu tun. Das heutige Zeug macht schneller süchtig, öfter psychotisch und bei Beginn in der Jugend wahrscheinlich sogar dement, bei häufigem Konsum über Jahrzehnte.

Was wir brauchen, sind neue Begriffe für Cannabisprodukte, um der Verharmlosung entgegenzuwirken. Ansonsten könnten wir zu Crystal Meth »Appetitzügler« sagen. Denn Crystal ist eigentlich ein Amphetamin, und diese wurden früher schlicht Appetitzügler genannt. Und ja, Crystal zügelt Ihren Appetit, glauben Sie mir. Nur leider macht es eben vieles andere auch. Und was die Namensgebung anbelangt, haben Medien eine Vorreiterrolle und damit auch besondere Verantwortung. So wie kein Journalist statt Heroin

»Schmerzmittel« oder »Mittel gegen Hustenreiz« verwendet oder Psilocybin-haltige Pilze »Nahrungsmittel« nennt, so sollte man zu einem Kraut mit 30 Prozent THC nicht Marihuana sagen. Da brauchen wir andere Begriffe, um differenzierter diskutieren zu können. In den USA werden diesbezüglich häufig Ausdrücke wie »Industrial Marijuana« oder »Turbo Pot« verwendet.

Eine weitere Sorge ist das abzusehende Scheitern der Prävention. Getreu dem Motto »Vorsorge ist besser als Nachsorge« wissen wir mittlerweile, dass man Suchterkrankungen und deren Folgen am besten entgegenwirken kann, bevor sie auftreten. Schon im Schulunterricht lernt man, dass Alkohol und Zigaretten gesundheitsschädlich sein können. Jeder Hausarzt fragt nach Trink- und Rauchgewohnheiten. Und dann gibt es noch zahlreiche andere präventive Maßnahmen, von der Einschränkung der Verfügbarkeit über Beratungsstellen bis hin zu Aufklärungskampagnen gegen übermäßigen Alkoholkonsum und Rauchen. Aber all diese Maßnahmen haben, wenn überhaupt, erst langsam gegriffen, nachdem Alkohol und Zigaretten lange, lange schon zum Massenphänomen geworden waren und unvorstellbar viel Schaden angerichtet hatten.

Und präventive Maßnahmen kosten meist Geld. Auch wenn das Geld gut investiert ist, wo wollen wir es für die Prävention von Cannabis hernehmen? In den USA kann man live miterleben, wie die Marketingmaschinerie der Cannabis-Lobby die verzweifelten Versuche der Gesundheitsbehörden, über die Folgen des Konsums aufzuklären, unter sich begräbt. Auch in Europa werden wir im Falle einer Legalisierung nicht mithalten können mit der Cannabis-Industrie. Wie sollen wir über Nacht flächendeckend die Bevölkerung und vor allem die Jugend aufklären? Die bisherigen Beratungsstellen, die Informationen über Cannabis zur Verfügung stellen, sind die klassischen Drogenberatungseinrichtungen. Meist sind diese Einrichtungen für schwer Suchtkranke ausgelegt, sodass der größte Teil der Bevölkerung diese Beratungseinrichtungen leider meidet. Wir würden somit auf Cannabis spezialisierte Beratungsstellen benötigen, und das flächendeckend. Wir müssten von einem Tag auf den anderen Abertausende Professionisten schulen, angefangen von Lehrern und Lehrlingsausbildnern bis hin zu Arbeitsmedizinern.

Am Beispiel der Internetsucht haben wir in den letzten zehn Jahren miterlebt, wie schwierig und aufwendig es war und immer noch ist, eine entsprechende Versorgung auf die Beine zu stellen. Wir mussten beharrlich um Geld aus öffentlichen Mitteln kämpfen für Prävention, Beratung und Behandlung. Und wir sind noch nicht weit gekommen. Von der Idee, den tatsächlichen Bedarf zu decken, haben wir uns schon längst verabschiedet. Insofern bin ich pessimistisch, wie gut wir auf die gesundheitlichen Herausforderungen im Falle einer Cannabis-Legalisierung reagieren werden können.

Eine vernünftige und nicht gewinnorientierte sondern gesundheitsorientierte Sicht würde folgende Punkte mit einschließen: Gesellschaft und Politik müssten sich eher an langfristige Zukunftsperspektiven orientieren als an kurzfristige Scheinerfolge. Wenn die Frage der Legalisierung von Cannabis im Sinne einer direkten Demokratie durch Volksabstimmung entschieden werden soll, dann braucht es aufgeklärte Bürger, die über Cannabis und dessen Folgen Bescheid wissen. Diese Aufklärungsarbeit liegt sowohl in der Verantwortung der Politik und des Gesundheitssystems als auch der Medien. Die Politik muss die Mittel zur Verfügung stellen für entsprechende Aufklärungskampagnen. Das Gesundheitssystem muss klarer Stellung beziehen und nicht einzelnen Geschäftemachern aus den eigenen Reihen das letzte Wort überlassen. Und die Medien sollten auf extreme Vereinfachungen a la »Wunderkraut Cannabis« verzichten und weniger mit Einzelmeinungen und Einzelschicksalen Schlagzeilen machen.

Letztlich hoffe ich, dass eine aufgeklärte Gesellschaft der Versuchung widerstehen kann, sich durch eine Droge scheinbar und kurzfristig glücklich zu machen, ohne die Langzeitfolgen zu bedenken.

33

DAS SCHRECKENS-SZENARIO 2030: DIE VISION EINER DÜSTEREN ZUKUNFT

Kürzlich las ich einen Bericht, in dem es um eine heraufziehende Mini-Eiszeit ging. Ab 2030, so das Ergebnis einer Studie der englischen Northumbria University, würde sich die Aktivität der Sonne derart verringern, dass wir in unseren Breiten auf viele Jahre hinaus bitter frostige Winter und nasskalte Sommer erleben werden.

Aber auch sonst werden wir uns, metaphorisch gesprochen, warm anziehen müssen. Denn wenn wir weiterhin die Wirkung von Cannabis so schönreden, wenn wir weiterhin so tun, als sei Cannabis ein harmloses Kraut, das keinem wehtut, dann werden wir spätestens in einer Generation ein böses Erwachen erleben, gesellschaftlich wie auch wirtschaftlich. Die Zukunft könnte wirklich düster aussehen. Natürlich kann niemand vorhersehen, was die kommenden Jahre und Jahrzehnte uns bringen werden. Aber ich will dennoch mit einer düsteren Vision zum Nachdenken anregen.

Man braucht keine blühende Fantasie, um sich auszumalen, wie es in zehn bis zwanzig Jahren in jenen amerikanischen Bundesstaaten aussehen wird, in denen Cannabis voll legalisiert wurde oder in naher Zukunft im Sog der Entwicklung noch legalisiert wird. Die Entwicklung in den USA ist nicht mehr zu stoppen, wenn Staaten wie Colorado mehr als 80 Prozent ihrer Cannabistouristen aus angrenzenden Staaten wie Utah, Wyoming, Kansas und Oklahoma beziehen, in denen der Gebrauch noch verboten ist – dann werden sich diese Staaten bald auch überlegen, ob sie es, nicht zuletzt wegen der zu erwartenden Steuereinnahmen, nicht doch legalisieren.

Wenn ich schon jetzt die Zahlen in den US-Bundesstaaten mit zumindest partieller Legalisierung ansehe, den Anstieg der Verkehrsunfälle unter Cannabis-Einfluss, die erhöhte Zahl an Schulabbrüchen, die vermehrten Fälle an psychotischen Erkrankungen, dann brauche ich das nur in die Zukunft zu transportieren und kann erahnen, was uns in wenigen Jahren und Jahrzehnten erwarten wird, wenn wir jetzt nicht gegensteuern.

Besonders dramatisch wird die Entwicklung bei den Kindern und Jugendlichen. Aufgrund ihrer Anfälligkeit für Suchtverhalten bei frühem Einstieg in jungen Jahren werden wir in unseren Kliniken einen nicht mehr zu bewältigenden Anstieg an psychotisch erkrankten und schizophrenen Patienten verzeichnen, wie jetzt schon die Kinder- und Jugendpsychiatrien in den USA beklagen. Eine beängstigend hohe Zahl von Menschen, die durch die Folgen des langjährigen Konsums in ein Leben ohne Perspektive geraten, die den Beruf verlieren und keinen neuen mehr finden, die aus dem Familiengefüge herausfallen und von ihren Eltern, ihren Partnern, ihrem Umfeld irgendwann nicht mehr getragen werden können. Die alles verlieren und gerade in diesem hoffnungslosen Zustand der Verzweiflung noch mehr ins Milieu abrutschen und ihren Drogenkonsum weiter steigern und mit dem zunehmenden Missbrauch von Cannabis und anderen Substanzen in einen Dauerrausch verfallen, aus dem sie nicht mehr herauskommen.

Schon jetzt hören wir ständig, dass wir viel zu wenige Kinder und Jugendliche haben, die nach der Schule eine Ausbildung anfangen, schon jetzt hören wir die Klagen vom Mangel an Lehrlingen und Azubis. Wenn wir mit unserer undifferenzierten Cannabispolitik so weitermachen, wird sich das noch verzigfachen.

Wer arbeitet denn dann überhaupt noch? Wenn wir bald eh schon mehr Rentner und Pensionäre als Erwerbstätige haben? Und wenn die, die arbeiten können oder könnten, dann auch noch bekifft sind: Wer zahlt dann bitte die Renten?

Gerade Westeuropa ist nicht in der Position, sich gemütlich ausruhen zu können. Schon jetzt spüren wir die enorme internationale Konkurrenz, weniger von den USA, denn durch die Cannabis-Legalisierung dort könnte ihre Wirtschaftskraft in Zukunft sehr leiden. Es ist mehr die Konkurrenz der fernost-asiatischen Länder, die uns schon in vielen Bereichen überflügelt haben, weil dort viel mehr an Wochenstunden gearbeitet wird, weil die Ausbildung besser ist, die Universitäten brillant sind. Und jeder Wirtschaftsforscher prognostiziert, dass uns die Asiaten weiter enteilen.

Schon jetzt müssten wir alles daransetzen, unseren Nachwuchs besser zu fördern, besser auszubilden, weiter zu motivieren, bevor die Schere noch größer wird und wir im weltweiten Vergleich noch mehr hinterherhinken. Man muss bei allem Erfolgsdruck natürlich auch das Leben genießen, es muss ein gesundes Verhältnis herrschen zwischen Lebensfreude und Lebensleistung, das eine bedingt auch immer das andere. Aber können wir denn nur Freude empfinden, wenn wir bekifft sind? Können und wollen wir es uns da erlauben, uns hemmungslos einer Substanz hinzugeben, die uns antriebslos und müde macht, die uns die Konzentration nimmt, das Gedächtnis, die Motivation? Einen Stoff, der uns krank macht und dement? Können wir uns das leisten?

Unter den Cannabissüchtigen (Cannabis als Primärdroge) in Deutschland sind etwa 44 Prozent arbeitslos. Im Jahr 2000 waren nur 18 Prozent der Cannabissüchtigen arbeitslos, 2007 bereits 42 Prozent.[86] Erstens kann das zusammenhängen mit der steigenden THC-Konzentration im Marihuana. Zweitens steigen die Arbeitsanforderungen immer mehr, und gleichzeitig sinkt die Toleranz für fehlerhafte Ergebnisse. Menschen, die unter Cannabiseinfluss stehen, können immer weniger mithalten mit der geforderten Leistung, der Arbeitsmenge, verlieren immer öfter die Konzentration auf das Wesentliche. Drittens wird die Konkurrenz am Arbeitsmarkt bei steigender Arbeitslosigkeit immer stärker – wer seine Hirnleistung durch Cannabis mindert, hat keine Chance mehr mitzuhalten und verliert letztlich seinen Arbeitsplatz. Das ist nicht nur meine persönliche Meinung, sondern auch dazu gibt es Forschungsdaten, die zeigen, dass Cannabis schlecht ist für das Gedächtnis und somit auch fehleranfällig macht bei Alltagstätigkeiten. Kiffer verzetteln sich eher und vergessen wichtige Dinge zu erledigen, obwohl sie es sich vorgenommen haben.[87]

Überall haben wir verloren, in der Forschung, in der Wissenschaft, aber auch in vielen anderen Branchen wie etwa im Tourismus. Wenn wir Cannabis freigeben, dann wird die Zahl der Konsumenten und der Suchtabhängigen steigen und damit auch die Zahl derer, die durch ihren trägen Zustand nicht mehr motiviert oder aufgrund ihrer Psychosen gar nicht mehr in der Lage sind, ihre volle Arbeitskraft zu entfalten.

Werden wir wirklich noch so viele Jugendliche haben, die bereit sind, unter schwierigen Bedingungen zu arbeiten? Junge Menschen, die um drei Uhr morgens im Hotel noch an der Rezeption stehen oder die sich als Lehrlinge oder Azubis nach oben arbeiten wollen? Das wird sich aber durch alle Bereiche ziehen. Haben wir dann noch die wissbegierigen Studenten, die die Wissenschaft in ihren verschiedensten Bereichen voranbringen? Natürlich wird es sie weiterhin geben, aber nicht mehr in dieser großen Anzahl und in dieser Breite.

Wie kann es sein, dass sich gerade in diesen eh schon schwierigen Zeiten Politiker hinstellen und für die Kameras ideal vor einer Hanfpflanze positioniert ein Plädoyer für die Freigabe von Cannabis halten, obwohl sie sich bei den Nebenwirkungen nicht im Geringsten auskennen? Das ist die falsche Botschaft.

Eine Legalisierung wäre die falsche Botschaft, gerade in diesen globalpolitisch schwierigen Zeiten. All die Tausenden Migranten, die zu uns ins Land strömen mit der Hoffnung auf ein besseres Leben als in ihrer Heimat, all die empfangen wir dann noch mit dem Hinweis: Arbeiten dürft ihr erst einmal nicht, bis euer Asylstatus vollends geklärt ist. Auch den Umkreis eurer Unterkunft dürft ihr nicht verlassen. Aber wenn ihr eh schon den ganzen Tag in euren Asylbewerberheimen herumhängt, dann dürft ihr wenigstens kiffen. Ist das wirklich ein wünschenswertes Signal, das wir vermitteln wollen? Wie soll da bitte Integration funktionieren?

Europa hat verlernt, dass Wohlstand und Luxus nicht selbstverständlich sind. Durch den wirtschaftlichen Aufschwung in den Jahrzehnten nach dem Zweiten Weltkrieg nehmen wir es heute als gottgegeben hin, dass es uns hier so gut geht. Anders als unsere Väter und Großväter hat die heutige Generation nie wirklich um die Existenz kämpfen müssen. Man wurde hineingeboren in eine Wohlfühl-Oase, in eine sorgenfreie Wellness-Blase, in der man auch mit wenig Aufwand schon ein recht ansehnliches Leben führen konnte. Auch heute noch wohnt ein Großteil unserer Gesellschaft in einem Elfenbeinturm, das ist schon bedenklich genug. Schlimm wird es nur, wenn wir in diesem Elfenbeinturm jetzt noch anfangen, uns das Hirn zuzukiffen und den bereits diffusen Blick auf die schon ferne reale Welt am Fuße des Turms noch weiter benebeln, dass wir von der Wirklichkeit am Ende gar nichts mehr sehen.

Wir haben nicht die Ressourcen, wir sitzen nicht auf Milliarden Barrel von Öl wie der Scheich am Persischen Golf. Der kann ruhig kiffen, wenn er möchte, wird er eben ein bisschen komisch im Kopf, seinem Reichtum und der Wirtschaftskraft seines Emirats wird das keinen Abbruch tun. Wir hingegen können uns das nicht leisten, wenn wir wettbewerbsfähig bleiben wollen.

Nein, wenn wir nicht schleunigst mit der Verherrlichung des Cannabis aufhören und uns endlich klar wird, welch dramatische Folgen der Konsum von Cannabis auf die gesamte Gesellschaft haben kann – und damit spreche ich auch von denen, die nicht kiffen –, dann werden wir eine böse Überraschung erleben. Wir werden weniger junge Talente haben, weniger Lehrlinge, weniger Forscher. Wir werden ein Gesundheitssystem haben, das schon jetzt nicht mehr in der Lage ist, allen Suchtkranken zu helfen, und das dann unter dem Ansturm der Psychose-Patienten erst recht kollabieren wird. Die Krankheiten werden zunehmen, die Arbeitslosenrate auch.

Europa, speziell Deutschland und Mitteleuropa, wird an Wirtschaftskraft und Ansehen verlieren. Vom früher so guten Ruf der deutschen Wertarbeit, der Industrie, des hohen Qualitätsstandards ist heute schon nicht mehr so viel übrig. Wollen wir das noch weitertreiben? Made in Germany? Stoned in Germany!

Mehr noch, es wird sich fortsetzen. Wenn wir es heute legalisieren und wir junge Mütter und Väter haben, die ständig bekifft sind, dann werden auch die Kinder viel eher mit Cannabis in Berührung kommen und das Konsumieren anfangen. So wie es in manchen Teilen Russlands üblich ist, dass schon die 14-Jährigen zum Frühstück einen Wodka trinken, so wird es ganz selbstverständlich sein, dass die Jugendlichen dann eben gemeinsam mit ihren Eltern kiffen. Sie wissen ja, ein netter Familienabend, gemeinsam auf der Couch vor dem Fernseher, ein spannender Film, und Hasch statt Popcorn. So lässt sich Familie aushalten.

Nein, wir müssen ganz schnell bremsen und entgegenwirken. Durch Kampagnen und durch Aufklärung. Wir müssen das Bewusstsein der Öffentlichkeit schärfen. Noch ist es nicht zu spät.

Wenn wir so weitermachen, dann könnte es das bald sein.

34

SCHADENSBEGRENZUNG – MÖGLICHKEITEN FÜR DIE ZUKUNFT

Welche Möglichkeiten haben wir, mit Cannabis gesetzlich, medizinisch und gesellschaftlich umzugehen? Eines gleich vorweg: Keine Variante ist perfekt. Egal wie wir es anstellen, irgendwer wird immer meckern. Es gibt nicht die Optimallösung schlechthin. Und gerade deswegen ist es sinnvoll, wichtig und richtig, sich vorausschauend die Varianten durch den Kopf gehen zu lassen. Denn auch bei vernünftigen Ansätzen kann man einiges falsch machen und umgekehrt auch bei riskanteren Szenarien einiges richtig.

Die strenge Variante:

Cannabis bleibt weiterhin illegal. Hier sprechen wir von Marihuana, Haschisch und synthetischen Cannabinoiden. Ja, wir werden weiterhin Polizei, Staatsanwaltschaft, Gerichte und manchmal Gefängnisse bemühen müssen. Aber der einzelne Konsument sollte nicht wie ein Schwerverbrecher behandelt werden. Also braucht es eine definierte Grenzmenge, mit der jemand erwischt werden kann, ohne dass die Staatsanwaltschaft eingeschaltet wird.

Diese Grenzmenge ist so oder so willkürlich festzulegen, und ob wir da von ein paar Gramm mehr oder weniger ausgehen, spielt eigentlich keine Rolle. Aber bitte möglichst einheitlich. Am besten sogar EU-weit, denn gerade in grenznahen Gebieten unterscheiden viele Menschen nicht mehr, ob sie zum Beispiel gerade noch in Österreich sind, weil sie vielleicht dort arbeiten, oder schon wieder seit fünfzig Metern zurück in Deutschland, wo sie wohnen oder sich mit Freunden treffen. Dass es derzeit sogar innerhalb Deutschlands von Bundesland zu Bundesland unterschiedliche Grenzwerte für die Strafverfolgung gibt, ist sachlich gesehen überhaupt nicht nachvollziehbar.

Über die genaue Definition dieser kleinen Menge zu streiten bringt deshalb nichts, weil es so beträchtliche Schwankungen in der THC-Konzentration gibt. Und eigentlich geht es ja um die Menge an THC. Jetzt mögen manche sagen, es ist nicht gerecht, wenn jemand beispielsweise wegen elf Gramm Gras mit neun Prozent THC härter bestraft wird als ein anderer wegen nur acht Gramm eines allerdings 23-prozentigen Marihuanas. Ist derjenige strafrechtlich härter zu verfolgen, der weniger THC mit sich spazieren führt, aber mengenmäßig mehr Trägersubstanz, also Kraut? Oder umgekehrt?

Aber so ist es nun mal, einen perfekten Grenzwert gibt es nicht, und es ist schon rein technisch gesehen völlig unrealistisch, dass der Polizist auf der Straße erst die genaue THC-Menge bestimmen müsste, bevor er weiß, wie er nun weiter vorzugehen hat. Kurzum, es braucht einen möglichst einheitlichen Grenzwert, damit jeder Bürger weiß, was ihn erwartet.

Dann braucht es natürlich auch einen Grenzwert für Haschisch. Bei synthetischen Cannabinoiden hingegen wird es schwierig, weil eigentlich weder der Besitzer noch der Polizeibeamte bei der Kontrolle wissen kann, was da eigentlich in einem Tütchen Spice enthalten ist. Also sollte es hierfür keine kleine Menge geben, die quasi dekriminalisiert ist. Dieses künstliche Zeug sollte einfach komplett verboten bleiben.

Ich bin übrigens nicht der Meinung, dass das Mitführen von Gras unter einer definierten Menge ganz straffrei bleiben sollte. Hier geht es nur darum, klarzustellen, dass jemand, der mit einem halben Gramm Marihuana erwischt wird, kein Verbrecher ist. Aber verwaltungsrechtlich, also mit einer Ordnungsstrafe wie bei üblichen Geschwindigkeitsübertretungen oder Falschparken, könnte man schon sanktionieren. Damit stellt die Gesellschaft klar, dass dieses Verhalten nicht okay war, dann ist die Sache aber auch wieder erledigt.

Bei Jugendlichen herrscht wiederum ein Sonderfall. Minderjährige sollten so oder so nicht kriminalisiert werden, aber man kann es auch nicht so ohne Weiteres bei einer kleinen Ordnungsstrafe belassen. Da braucht es ein vorgegebenes Prozedere, bei dem der Betroffene und dessen Erziehungsberechtigte vorgeladen werden. Allerdings nicht vor Gericht, sondern ähnlich wie in Portugal vor einer Kommission bestehend aus kompetenten Personen wie beispielsweise Psychologen, Sozialarbeiter, Juristen, Erziehungsberater usw.

Diese Kommission kann auch schlank aufgestellt sein, beim Erstkontakt reicht vielleicht ein Sozialarbeiter, beim zweiten Vorfall zusätzlich ein Psychologe oder, wenn der Betroffene unter 16 Jahre alt ist, ein Erziehungsberater. Wenn die mitgeführte Menge aber größer ist oder die Vorfälle sich häufen, dann kann auch ein Jurist oder Polizist und bei Verdacht auf eine mögliche Suchterkrankung ein Suchtberater hinzugezogen werden. Die Aufgabe dieser Kommission ist nicht, eine Strafe festzulegen, sondern vielmehr gemeinsam mit dem Jugendlichen und dessen Eltern Optionen für die Zukunft zu erarbeiten. Dafür müssen der Betroffene und dessen Eltern zunächst aufgeklärt werden, warum Cannabis für das weitere Leben des jungen Menschen zu einem Problem werden kann.

Im Vordergrund müssen die Wertschätzung und die Sorge um die Zukunft des Minderjährigen stehen. Im besten Fall einigen sich alle Beteiligten auf gewisse Maßnahmen. Das kann anfangen mit der Vereinbarung, dass sich der Betroffene in Zukunft fernhält von Cannabis, zumindest bis er 18 Jahre alt ist. Im Wiederholungsfall werden aber konkrete Maßnahmen bestimmt, die eine Verhaltensänderung mit sich bringen sollen. Diese Maßnahmen machen nur Sinn, wenn sie individuell abgestimmt sind auf die Lebenssituation des Betroffenen. Beispielsweise die Teilnahme an einem Suchtpräventionsprogramm oder, falls bereits eine beginnende Abhängigkeit von Cannabis besteht, dann die Teilnahme an einem ambulanten Suchtbehandlungsprogramm. Häufig würden auch regelmäßige Beratungstermine beim Sozialarbeiter genügen. Für die Eltern könnte je nach Fall eine Erziehungsberatung sinnvoll sein.

Genügen diese Maßnahmen nicht oder können der Betroffene oder die Eltern nicht für sinnvolle Vereinbarungen gewonnen werden, kann die Kommission dann auch Maßnahmen auferlegen und die Einhaltung überprüfen. Ein Betretungsverbot für gewisse einschlägige Lokale, gemeinsame Beratung mit der zuständigen Schule oder Ausbildungsverantwortlichen, verpflichtende Drogenkontrollen mittels Urin- oder Speichelanalyse oder Haarprobe, bis hin zu strafähnlichen Maßnahmen wie gemeinnütziger Arbeit.

Letztlich sind der Fantasie keine Grenzen gesetzt, welche Maßnahme für den individuellen Jugendlichen eine Unterstützung sein kann. Es kommt aber darauf an, dass die Kommission sich nicht als strafendes Organ sieht, sondern als Helfer und wertschätzender Unterstützer. Der junge Mensch ist also kein Krimineller, den man durch Strafe klüger machen möchte, sondern er ist der Schützling der Kommission. Ja, das Ganze kostet Geld, sehr viel Geld, aber es wäre gut investiert im Sinne unser aller Zukunft.

Das Verbot von Cannabis betrifft natürlich nicht cannabishaltige Arzneimittel. Diese können wie bisher hergestellt und bei entsprechender Indikation von Ärzten verschrieben werden, wie in der Medizin üblich mit entsprechenden Angaben von Dosierung und Dauer der Einnahme und sorgfältiger Aufklärung über mögliche Nebenwirkungen. Entsprechend dem derzeitigen Stand der Wissenschaft – und Medizin ist eine Wissenschaft und sollte auch so angewandt werden – sind solche Medikamente nur für die Behandlung bestimmter Erkrankungen einzusetzen und nur dann, wenn andere Therapieoptionen bereits versucht wurden, aber nicht ausreichend helfen konnten.

Somit sollte die Verschreibung von entsprechenden Spezialisten ausgehen, also nicht von selbst ernannten Cannabis-Pseudofachmännern, sondern von Spezialisten für die jeweilige Erkrankung, also etwa dem Facharzt für Onkologie beim Einsatz gegen Übelkeit unter Chemotherapie. Wenn ein Arzt häufig cannabishaltige Arzneimittel für andere Probleme als die dafür zugelassenen verschreibt, zum Beispiel bei normalen Kopfschmerzen oder gar blöderweise bei Depressionen, dann sollte dieser Arzt das einer Behörde oder der Ärztekammer gegenüber irgendwann erklären müssen. Wenn ich einem schwer Depressiven empfehle, möglichst häufig Alkohol zu trinken, damit er jeweils für ein paar Stunden seine Depression betäubt und sich kurz besser fühlt, aber dafür langfristig dadurch die Depression massiv verstärkt und der Betroffene alkoholsüchtig wird, dann würde ich mich dafür auch verantworten müssen.

Um hier klarere Richtlinien und Behandlungsleitfäden den Ärzten zur Verfügung stellen zu können, braucht es aber weit mehr Forschungsergebnisse als die bisher vorliegenden. Das sollte ein Fokus bei der Verteilung von Forschungsmitteln sein. Vielleicht gibt es noch einige Erkrankungen, für die Cannabidiol (wie Sie nun wissen, der Langweilige unter den beiden Hauptwirkstoffen der Cannabispflanze) tatsächlich hilfreich ist.

Für diese Variante braucht es aber auch gute Aufklärung der Menschen. Der derzeitigen Verharmlosung des Cannabis muss entgegengetreten werden, und zwar nicht in erster Linie von Politikern, sondern von Experten. Wer für Cannabis wirklich ein Experte ist und wer nicht, habe ich bereits ausführlich erklärt. Es braucht aber auch Aufklärung der Jugendlichen in der Schule. Die Menschen müssen Informationen haben, um verstehen zu können, warum Cannabis weiterhin illegal bleibt, auch wenn manche Inhaltsstoffe des Cannabis als Medikament eingesetzt werden können.

Das ist im Prinzip nichts Neues. Auch Opium beziehungsweise aus Opium gewonnene Drogen wie Heroin sind verboten, obwohl einige Inhaltsstoffe des Opiums auch als Medikament eingesetzt werden können, als Schmerzmittel oder gegen Husten. Aber die Abgabe dieser Medikamente ist eben relativ streng geregelt, und

Patienten müssen vor Einnahme auch über das Suchtpotenzial im Falle einer längeren Behandlung aufgeklärt werden.

Wir sollten zudem weg vom Schwarz-weiß-Denken, oder in diesem Fall vom Links-rechts-Denken. Ein Politiker, der gegen die Legalisierung von Cannabis ist, muss deshalb kein konservativer Ignorant sein. Und auf der anderen Seite sollte sich auch ein linker Politiker nicht fürchten, auszusprechen, dass Cannabis gefährlich sein kann. Man wird nicht zum Intellektuellen, nur weil man mit Ausdrücken wie »Recht auf Rausch« um sich wirft. Und man ist nicht antidemokratisch, wenn man Sorge hat, ob eine Gesellschaft mit jeder Freiheit passend umgehen kann.

Die pseudo-medizinische Variante:

Ich persönlich verstehe zwar nicht, wozu die Medizin Marihuana als Medikament braucht, wenn die entsprechenden cannabishaltigen Arzneimittel bereits zugänglich sind. Aber für einige US-Bundesstaaten schien es anscheinend ein sinnvoller Kompromiss, Marihuana für medizinische Zwecke zu legalisieren. Manche Entscheidungsträger in der Politik dachten bei der Gesetzgebung vielleicht wirklich, dass man damit schwer kranken Menschen helfen könnte. Andere zielten wohl von vornherein darauf ab, mit diesem rechtlichen Umweg jedem Menschen das Kiffen zugänglich zu machen. Für diese Hypothese spricht, dass in den Vereinigten Staaten die Arzneimittel-Zulassungsbehörde FDA Cannabis nur für zwei Indikationen, also nur für zwei spezifische Symptome im Rahmen von lebensgefährlichen Erkrankungen zugelassen hat – wohingegen die jeweiligen lokalen Parlamente der betroffenen Bundesstaaten den Ärzten per Gesetz ermöglichen, für alle möglichen Erkrankungen Marihuana zu empfehlen.

Über die Absurdität, dass Politiker zu wissen glauben, für welche Erkrankung welche Substanz geeignet wäre, habe ich mich bereits ausgelassen. Sollte bei uns jemals die Einnahme von Marihuana oder Haschisch als Behandlungsmethode von der extremen Ausnahme zur Regel werden, dann bitte, liebe Politiker, überlasst es der europäischen Arzneimittelbehörde EMA, über die jeweilige Verschreibungsindikation und Dosis zu entscheiden. Die EMA hat die entsprechenden Forschungsergebnisse zu berücksichtigen und sorgsam das Kosten-Nutzen-Risiko der Wirkung und Nebenwirkungen abzuwägen. Und damit es keine Missverständnisse gibt: 10 Unzen (also 283,5 Gramm) Marihuana für 60 Tage wie in Massachusetts ist ein winziges Spürchen zu viel des Guten.

Was noch zu klären wäre, ist die Reihenfolge der Medikamentenwahl. Aus der Forschung wissen wir, dass Marihuana als Medikament nicht nur beträchtliche Nebenwirkungen haben kann. Wir wissen auch, dass für die meisten Erkrankungen andere Medikamente effektiver sind, häufig auch besser verträglich. Also müsste man zuerst andere Therapien verordnen, und nur wenn das alles nicht hilft, für bestimmte Erkrankungen Marihuana verschreiben. Ist natürlich nicht ganz einfach, weil man dadurch jene Patienten, die unbedingt kiffen wollen oder tatsächlich an die wundersamen Effekte des Cannabis glauben, quasi dazu verführt, bei allen anderen Medikamenten die Wirksamkeit zu leugnen oder die Nebenwirkungen als unerträglich darzustellen. Das alles nur, um endlich den Arzt dazu zu bewegen, seinen Segen zu Marihuana zu geben. Ist auch nicht ganz optimal, aber was soll's. Das kennen wir Ärzte auch von anderen Medikamenten mit Suchtpotenzial wie die sogenannten Benzodiazepine, zum Beispiel als Schlafmittel.

Nehmen wir an, wir hätten also eindeutig geklärt, für welche Erkrankungen ein Arzt Marihuana empfehlen darf. Dann bleibt die Frage der Menge, in welcher Zeiteinheit und für wie lange. Eine seriöse Medizin ohne Angabe der Dosierung kann es nicht geben.

Fangen wir mit dem Einfacheren an, mit der Dauer. Unendlich lange kann diese nicht sein, weil wir ja wissen, dass Cannabis süchtig machen kann. Somit wären wohl ein paar Wochen okay, maximal ein bis zwei Monate. In dieser Zeit muss man hoffen, dass die Symptome sich so weit stabilisieren, dass eine weitere Verschreibung von Cannabis nicht mehr nötig sein wird. Oder dass zumindest dann andere Medikamente genügen. Klar ist aber auch, dass die meisten Menschen, denen Marihuana einmal »hervorragend geholfen« hat, es auch weiter haben wollen.

Aber auch das kennen wir bereits. Bleiben wir beim Beispiel Benzodiazepine, also diese leckeren Beruhigungsmittel, die hervorragend beim Einschlafen helfen oder auch bei Ängsten, Nervosität oder Panikattacken. Auch hier verschreibt man das Zeug eher dann, wenn andere Mittel nicht ausreichend gewirkt haben und schnelle Hilfe gefragt ist. Aber auch in diesem Fall nur für ein paar Wochen. In dieser Zeit hat sich das Problem entweder wieder so weit beruhigt, wenn sich zum Beispiel die Lebensumstände wieder geändert haben. Oder andere zusätzliche Therapien haben Zeit gehabt zu wirken, und die Benzos sind nicht mehr nötig.

Aber sogar wenn alles schiefläuft und nichts anderes hilft, kann man die Benzos nicht auf Dauer geben, das wäre unverantwortlich. Denn einerseits braucht der Betroffene im Laufe der Zeit immer mehr und mehr für die gleiche Wirkung, und schließlich wird er dann auch abhängig davon. Das ist es letztlich, was den Unterschied zwischen Benzos und einem Wundermittel ausmacht. In besonderen palliativen Fällen, wenn ein Mensch aufgrund einer Erkrankung nicht mehr lange zu leben hat, steht natürlich einzig die momentane Lebensqualität im Vordergrund. Hier kann man diese Beruhigungsmittel natürlich großzügig, ohne auf Suchtentwicklung Rücksicht nehmen zu müssen, verschreiben. In solchen besonderen Fällen bräuchte man natürlich mit Cannabis auch nicht zu knausern.

Wie aber ist es mit Menge und Zeiteinheit der Marihuana-Verschreibung? Bei der Menge wird es schon ganz schwierig, weil es eben nicht auf die Menge des Krauts ankommt, sondern auf den genauen THC-Gehalt und des Cannabidiols. Somit müssten vom

Arzt auf dem Rezept diese Angaben vermerkt werden. Zum Beispiel so: »Zehn Gramm Marihuana zu sieben Prozent THC und drei Prozent Cannabidiol, zur Anwendung in Lebensmittel auf Butterbasis, zweimal täglich à ein halbes Gramm, für zehn Tage.« Natürlich wäre in dieser Zeit und für ein paar Tage danach das Lenken eines Fahrzeuges kein Thema, ebenso wie das Bedienen von gefährlichen Maschinen. Eh klar. Und bei Nebenwirkungen wie Paranoia, Halluzinationen, zerfahrenem Denken, Störungen der Merkfähigkeit und Konzentration, akuter Bauchspeicheldrüsenentzündung, Herzrhythmusstörung, massiver Tagesmüdigkeit, Motivationslosigkeit, usw. wenden Sie sich an Ihren Arzt oder Apotheker. Das wird lustig.

Übrigens, woher soll ein Arzt wissen, wie viel er von welchem Marihuana verschreiben soll? Antwort: Gar nicht. Weiß niemand. Es gibt noch kaum Daten dazu. Die Forschung diesbezüglich steckt noch nicht einmal in den Kinderschuhen. Ist es dann klug, eine politische Entscheidung bezüglich der Anwendung von Marihuana oder Haschisch zu treffen, wenn die Medizin darüber noch viel zu wenig exaktes Wissen hat? Nein, ist es nicht. Wenn, dann müsste die Reihenfolge umgekehrt sein. Zuerst einige Jahre viele Ressourcen in die Forschung stecken und die offenen Fragen zumindest halbwegs klären. Dann eine Entscheidung treffen. Das wäre verantwortungsvolle Politik, vielleicht nicht sehr beliebt bei vielen Wählern, aber verantwortungsvoll.

Forschung darf aber nicht unter politischem Druck erfolgen oder sonst wie ideologisiert sein. Und Forschung sollte auch nicht von der Vermarktung eines Produktes und den zu erwartenden Gewinnen abhängig sein. Anders gesagt sollte man die Forschung in diesem Bereich nicht gänzlich den Pharmafirmen überlassen. Auch hier braucht es staatliche Forschungsmittel. Nicht dass die Forschung der Pharmakonzerne an sich etwas Schlechtes wäre. Ganz im Gegenteil. In vielen Bereichen der Medizin ist beschämend, wie wenig Forschung durch öffentliche Unterstützung möglich ist, und hätten wir in diesen Bereichen nicht die Forschungsmittel der Konzerne, würde gar nichts weitergehen. Aber es ist nun mal nachvollziehbar, dass starke wirtschaftliche Interessen einer Firma einen gewissen Einfluss auf die Art der Forschung und manchmal leider auch auf die Ergebnisse, aber häufig zumindest auf die Interpretation der Ergebnisse haben können.

Und ab welchem Alter wollen wir lieben Ärzte unseren flehenden Patienten Marihuana verschreiben? Wird es dann bei uns auch so wie in den USA sein, dass die meisten Patienten, die wegen unvorstellbaren chronischen Schmerzen zum Überleben unbedingt Marihuana brauchen, zwischen 18 und 25 Jahre alt sind? Die arme schmerzgeplagte Jugend kann einem aber auch wirklich leidtun.

Wenn man bedenkt, wie stark Cannabis in den Gehirnstoffwechsel eingreift und bei einem sich entwickelnden Gehirn die wichtige Vernetzung der Nervenzellen untereinander negativ beeinflusst, und wenn man weiter bedenkt, dass das Gehirn biologisch gesehen erst mit ungefähr 25 Jahren erwachsen ist, also dann erst seinen neurologisch reifen Zustand erreicht hat, kann es Marihuana auf Rezept eigentlich erst ab 25 geben. Ich weiß, ich bin ein fürchterlicher Spielverderber. Und wenn Sie, lieber Leser, noch nicht 25 sind und glauben, Ihr Leben nur mit Cannabis genießen zu können, dann haben Sie hiermit mein Okay, dieses Buch sofort zu entsorgen, natürlich nur umweltgerecht im Altpapiercontainer. Aber vielleicht können Sie mir auch vergeben, dass ich mir Sorgen mache und letztlich in meinem Buch schreibe, was ich für sinnvoll halte, ich konservativer Ignorant, ich.

Leider habe ich noch eine schlechte Nachricht für Kiffer. Die derzeitigen Forschungsergebnisse deuten ziemlich eindeutig darauf hin, dass für die meisten von den wenigen Erkrankungen, für die Marihuana überhaupt zu erwägen wäre, eigentlich das Cannabidiol der hilfreiche Wirkstoff ist. Somit wird die Arzneimittelbehörde wenn dann eher nur jenes Marihuana als Medikament zulassen, das weit mehr Cannabidiol enthält als THC und damit leider, leider nicht high macht. Bornierte reaktionäre Verhinderer, wo man hinsieht, sogar bei der europäischen Arzneimittelbehörde. Was wissen die schon vom coolen Gefühl, stoned zu sein?

Dann fehlt noch eine Regulierung bezüglich Fahrtauglichkeit. Irgendwelche gesetzlichen Grenzwerte wie bei Alkohol sind derzeit für Cannabis sinnlos, weil die Polizei eben keine Geräte zur Verfügung hat, die eine quantitative Messung, also eine Messung der THC-Konzentration in Körperflüssigkeiten, auf der Straße ermöglichen. Und zwar nicht, weil die Polizei schlecht ausgerüstet ist, sondern weil jene Geräte, die das können, weltweit noch extrem teuer und unhandlich sind. Auf der Straße kann man nur testen, ob jemand auf Cannabis positiv anschlägt oder nicht. Irgendwann wird es hoffentlich kleinere tragbare und effiziente Geräte für quantitative Messungen geben. Aber bis dahin ist der einzige kontrollierbare Grenzwert null. Wer also positiv in einem der für die Polizei üblichen Harnstreifentests oder Speicheltests anschlägt, darf nicht fahren. Und das kann natürlich einige Tage nach dem letzten Konsum gewesen sein. Wenn man jetzt schon per Gesetz einen konkreten Grenzwert einführt, dann werden sehr, sehr viele Fahrer von der Polizei zu einem gut ausgerüsteten Labor geschleppt werden müssen, um dann zu entscheiden, ob sie weiterfahren dürfen oder nicht.

Last but not least braucht es bei dieser Variante sehr viel Jugendschutz. Denn überall dort, wo Marihuana für medizinische Zwecke erlaubt wurde, war leider auch für Jugendliche der Zugang zu dieser Droge wesentlich leichter und häufiger. Nicht nur müssten Ärzte und Apotheken beziehungsweise lizenzierte Abgabestellen peinlich genau das Alter der Betroffenen kontrollieren. Es braucht auch viel Aufklärungsarbeit bei den Konsumenten, wie schädlich eine Weitergabe des Cannabis an Jugendliche – oder besser noch: an unter 25-Jährige – ist. Und wie drakonisch die Strafen dafür wären. Man müsste sehr viel Geld für diese Aufklärungsarbeit aufwenden, denn es ist nicht einfach, eine Substanz zwar als Medikament unter das Volk zu bringen, aber gleichzeitig nicht den Anschein erwecken zu lassen, der Stoff wäre harmlos. Derzeit, fürchte ich, haben mehr Menschen Angst vor Antibiotika als von Cannabis.

Die Recht-auf-Rausch-Variante:

Wie in manchen US-Bundesstaaten wären bei dieser Variante Marihuana und Haschisch als Genussmittel frei käuflich, auch ohne Rezept. Das wäre die ultimative Freiheit jedes Individuums, sich zuzudröhnen nach Belieben. Die Verantwortung läge hier scheinbar ganz beim Konsumenten. Aber dann doch nicht ganz. Denn eine sinnvolle Altersbeschränkung bräuchte es natürlich auch hier, ebenso wäre ein Alter von 25 Jahren sinnvoll. Die Beschränkung für das Lenken von Fahrzeugen sowieso. Einschränkend wären hier auch die zwei Themen THC-Konzentration im Cannabis und Werberegulierung.

Warum THC-Konzentration einschränken? Nun, auch bei alkoholischen Getränken und normalen Zigaretten gibt es komplexe Regulierungen, welche Inhaltstoffe ganz verboten sind und welche nur bis zu einer bestimmten Menge. Man könnte natürlich sagen, wenn wir uns schon bekiffen, dann mit dem Zeug, das wir wollen. Aber dann könnte ich auch glycolhaltigen Wein verkaufen, und wenn die Konsumenten blind werden, dann ist das eben eine unerwünschte Nebenwirkung. Oder Zigaretten dürften dann viel mehr Teer enthalten, und wenn noch viel mehr Raucher an Krebs erkranken, dann ist das eben ihre Verantwortung. Dass Zigaretten nicht gerade gesund sind, ist ja allgemein bekannt.

So wie bei anderen legalen Drogen würde es bei einer Legalisierung von Cannabis auch hier klare gesetzliche Vorgaben bezüglich Inhaltstoffen und entsprechenden Qualitätskontrollen brauchen. Dass Marihuana nicht gleich Marihuana ist, habe ich bereits anhand der unterschiedlichen Anteile von THC und Cannabidiol beschrieben. Marihuana, das möglichst wenig gesundheitsschädlich sein soll, müsste einen Mindestanteil an Cannabidiol enthalten, wodurch automatisch der THC-Gehalt niedriger ausfallen würde. Am intelligentesten wäre, wenn wir beim Cannabis als Genussmittel auf das Marihuana der 70er- und 80er-Jahre des letzten Jahrhunderts zurückgreifen. Wir sprechen hier von Gras mit drei Prozent THC und fast gleich viel Cannabidiol. Zum Stoned-sein reicht es immer noch, aber die Gefahren wie Psychose, Motivationsmangel und Sucht sind wesentlich geringer.

Wenn wir aber Marihuana mit mehr THC und weniger Cannabidiol verbieten, dann wird natürlich ein Schwarzmarkt für weit stärkeres Gras sprießen. Ist so. Keine Arbeitserleichterung für Polizei und Justiz. Aber wir hätten dennoch eine gute Chance, dass die meisten Cannabiskonsumenten den legalen Stoff kaufen, zumindest meistens. Denn auch unter den regelmäßigen Cannabiskonsumenten gibt es viele Vernünftige, die man mit den Argumenten Qualitätskontrolle, Gesundheitsrisiko und mögliche rechtliche Konsequenzen beim illegalen stärkeren Stoff überzeugen könnte.

Es gilt aber auch einen Anstieg an Krebsfällen zu verhindern. Somit sollten vor allem regelmäßige Kiffer lieber ihr Cannabis über Lebensmittel einnehmen als über Joints oder Bongs. Es dauert dann zwar länger, bis man stoned ist, aber man erspart sich die vielen krebserregenden Stoffe im Rauch. Wenn aber in vielen Haushalten Kuchen mit THC herumstehen, ist es nur eine Frage der Zeit, bis Kinder diese in die Finger bekommen und sich vergiften. Also sollten es Lebensmittel sein, die bei Kindern nicht beliebt sind. Falls Sie nun von mir Rezeptvorschläge erwarten, muss ich Sie enttäuschen. Das Internet quillt aber über von freundlichen Menschen, die ihre THC-haltigen Lieblingsrezepte mit anderen teilen möchten.

Jetzt noch zur Werbung. Auf jeden Fall muss verhindert werden, dass Geschäftemacher ungeniert Marketing für ihre Cannabisprodukte betreiben. Unsere Gesellschaft ist sich auch relativ einig darüber, dass Werbung für Zigaretten eingeschränkt werden muss. Das Gleiche gilt auch für Cannabis. Am besten ein ziemlich generelles Werbeverbot, unauffällige und uncoole Verpackung mit deutlich sichtbaren Warnhinweisen, keine falschen Versprechen wie »Ist gut für Ihre Depression« und keine Produktnamen, die für Kinder attraktiv sind in Anlehnung an Kinderfilme oder sonstige Kinderprodukte wie Schokolade. Diese Einschränkungen müssten natürlich nicht nur für Marihuana oder Haschisch gelten, sondern auch für sämtliche Lebensmittel, die auf THC-Basis hergestellt werden, wie Süßigkeiten, Salatöl, Gebäck, Soßen, usw.

Zum Schluss könnte ich mich darüber auslassen, wie unendlich viel Geld wir bei dieser Variante aufwenden müssten für Suchtprävention. Aber ehrlich gesagt wäre es ein Tropfen auf den heißen Stein. Falls jemals in den deutschsprachigen Ländern Cannabis komplett legalisiert wird, also auch als Genussmittel, werden wir uns zurücksehnen nach der momentanen Zahl der Cannabissüchtigen. Eher würde ich sagen, dass wir unendlich viel Geld bräuchten, um all die Fälle von Psychosen und Suchterkrankungen zu behandeln, und zwar bei Erwachsenen wie bei Jugendlichen. Nachdem wir heute schon unter Ärztemangel leiden, speziell in der Psychiatrie und noch mehr in der Jugendpsychiatrie, wird das ein spannendes Unterfangen.

Aber auch für die Behandlung bräuchten wir noch sehr viel Unterstützung durch seriöse medizinische Forschung. Bisher gibt es nur vage Hinweise, welche Medikamente dem Cannabisabhängigen helfen könnten, abstinent zu werden oder zumindest seinen Konsum deutlich einzuschränken. Bei Alkoholabhängigkeit wissen wir da unvergleichlich mehr. Nein, auch da gibt es keine Wunderpille, damit alles wieder gut wird. Aber wir haben zumindest einige Therapieoptionen, medikamentöse wie auch nicht-medikamentöse, mit guten Chancen auf Wirkung. Können wir diese Verfahren und Medikamente auch bei Cannabiskranken anwenden? Oder müssen erst neuartige Arzneimittel erfunden werden?

Auf jeden Fall bräuchten wir uns in den Schulen nicht mehr nur über altrömische Geschichte oder Französischvokabeln zu unterhalten. Eher ginge es darum, zu vermitteln, wie man erwachsen werden kann, ohne den Versuchungen des Cannabis ganz zu erliegen. Die Frage wäre: Wie kann man jungen Menschen vermitteln, dass man ein zufriedenes Leben führen kann, ohne dauerbekifft zu sein? Beziehungsweise wie kann man überhaupt den Unterschied zwischen Lebenszufriedenheit und kurzfristigem Glücksgefühl vermitteln?

Bei all diesen Maßnahmen geht es also um Schadensbegrenzung. Im Sinne dieser Schadensbegrenzung können wir nur beten, dass die genetische Forschung uns bald exakte Parameter liefern kann, mit denen wir das individuell veranlagte Risiko zu Schizophrenie durch Cannabis bestimmen können. Nur so könnten wir jene Menschen warnen, für die es schlichtweg hirnrissig wäre, THC zu konsumieren, egal in welcher Form, egal aus welchem Grund. Bis dahin bleibt es ein Lotteriespiel, der Hauptgewinn ist eine lebenslange Schizophrenie. Wer will mitmachen? Vielleicht gewinnen Sie schon heute?

35

IST ES SCHON ZU SPÄT?

Hier zum Abschluss die gute Nachricht: Nein, es ist nicht zu spät. Eigentlich ist es nie zu spät, gemeinsam etwas zu ändern, wenn wir merken, dass wir als Gesellschaft einem Irrweg folgen. Folgend meine fünf Forderungen, um ebendiesem falschen Pfad zu entkommen:

Als Erstes müssen wir aufhören, Cannabis zu verharmlosen. So wie wir beispielsweise aufgehört haben, normale Zigaretten zu verharmlosen. Das Ganze hat nichts mit Gut und Böse zu tun. Es geht nicht um den braven Nicht-Kiffer und den kriminellen Kiffer. Es geht um eine Substanz, die einem Teil der Bevölkerung, vor allem einem großen Teil der jungen Bevölkerung, wirklich schaden kann. »Schaden kann«, nicht »schaden muss«. Denn so wie es viele gibt, die ohne Schaden gelegentlich Alkohol konsumieren oder gelegentlich Zigaretten rauchen, so gibt es natürlich auch Menschen, die gelegentlich kiffen, ohne sich oder anderen zu schaden.

Zweitens, bitte nicht bekifft Auto fahren oder glauben, dass Cannabis gesund macht und schlau. Bis zum 25. Lebensjahr, solange das Gehirn noch im biologischen Reifungsprozess ist, Finger weg vom Cannabis. Und wer eine familiäre Vorbelastung für Schizophrenie hat oder nach dem Kiffen psychotisch wird, für den gilt: Finger weg von Cannabis für den Rest des Lebens.

Drittens sollten wir die potenziellen medizinischen Wirkungen der Inhaltsstoffe der Hanfpflanze nüchtern beforschen, ohne Rücksicht auf Mythen und vor allem ohne jegliche Rücksicht auf politischen oder gesellschaftlichen Druck in Richtung Legalisierung. Wie bei vielen Pflanzen gibt es sicherlich auch in der Hanfpflanze Wirkstoffe, die sauber extrahiert und nach reiflicher Forschung und den vorgeschriebenen Zulassungsverfahren als Medikamente eingesetzt werden können. Diese werden natürlich keine Wundermittel sein, weil es in der Medizin leider generell keine Wundermittel gibt, sonst wäre es nicht Medizin, sondern Esoterik. Und diese Medikamente müssten ohne ideologische Überfrachtung eingesetzt werden, denn da und dort werden sie vielleicht besser sein als andere Medikamente, sehr häufig aber schlechter.

Viertens eine bittere Wahrheit: Verbote und sonstige gesetzliche Einschränkungen wirken sich sehr wohl aus auf die Anzahl der Konsumenten und Süchtigen. Wir Menschen sind leider nicht immer reif genug, unsere Freiheiten selbst sinnvoll einzuschränken. Damit meine ich nicht, dass man jeden Kiffer einsperren soll. Aber mit einem »Recht auf Rausch« würden wir unsere Gesellschaft einer Verführung ausliefern, die in eine Sackgasse führt. So wie man auf den Straßen nur mit einem zugelassenen Fahrzeug fahren darf, und auch dann nur mit beträchtlichen Einschränkungen im Fahrverhalten, so soll es auch in Zukunft legale und illegale Drogen geben. Und auch bei den Legalen braucht es beträchtliche Einschränkungen in der Verfügbarkeit, zum Beispiel durch Altersbeschränkung, Preisregulation durch hohe Besteuerung (die dann hoffentlich zweckgebunden für Suchtprävention und Suchtbehandlung ausgegeben wird), Qualitätskontrolle, Werbeverbot, Lizenzierung der Verkäufer, Einschränkung der Konsumorte, usw.

Fünfter und letzter Punkt: Die Frage nach der (Teil-)Legalisierung von Cannabis ist keine medizinische, sondern eine gesellschaftspolitische. Egal ob legal oder illegal, es wird Vor- und Nachteile geben. Welchen Weg wir auch in dieser Sache gehen werden, wir werden dafür einen Preis zahlen. Und wenn Sie mich fragen, so zahle ich lieber den Preis des Verbotes, wissend, dass Cannabis nicht »böser« ist als Alkohol oder Tabak und dass Kiffer keine Kriminellen sind.

TEIL 6

WAS SEIT DER ERSTAUSGABE VON »DIE CANNABIS-LÜGE« GESCHEHEN IST

Was gibt es Neues an der Cannabis-Front?

Polarisierung

Seit Erscheinen der ersten Auflage dieses Buches im Jahr 2017 hat sich leider an der Diskussionskultur beim Thema Cannabis nichts geändert. Immer noch liegt eine extreme Polarisierung vor, welche eine sachliche Auseinandersetzung auf breiter gesellschaftlicher Basis aber auch innerhalb der Politik verhindert. Die von zahlreichen Medizinern geforderte nüchterne Betrachtung der wissenschaftlichen Daten und Entflechtung der Begriffe Cannabis, Marihuana, THC und Cannabidiol hat ebenso wenig stattgefunden wie eine unaufgeregte und realistische Auseinandersetzung über Vor- und Nachteile einer restriktiven oder liberalen Cannabispolitik.

Nehmen wir als Beispiel die Reaktionen auf das Erscheinen dieses Buches: Auf Amazon waren innerhalb kurzer Zeit zahlreiche Rezensionen zu lesen. Interessanterweise wurde hierbei das Buch entweder als besonders schlecht oder als besonders gut beurteilt. Entsprechend der möglichen Bepunktung auf Amazon wurden also fast immer entweder nur ein Stern oder fünf vergeben. Ich gebe allerdings zu, dass der überwiegende Teil der Kritiken besonders schlecht ausfiel. Nun bin ich grundsätzlich für beides dankbar. Denn einerseits freue ich mich über jene Rückmeldungen, die das Buch sehr gelobt haben. Und auf der anderen Seite geben mir auch jene vernichtenden Kritiken recht, die unsachlich argumentieren und mir gegenüber persönlich werden. Besonders gut gefällt mir zum Beispiel jene Rezension, bei der ein/eine Autor/in meinte, das Buch nicht gelesen zu haben, aber der gesamte Inhalt sei auf jeden Fall gelogen. Da hat jemand entweder Humor oder hat das Wesen einer Buchrezension (noch) nicht ganz durchschaut. Ähnliches dürfte auch bei jenem Kommentator vorliegen, der/die meinte, das Buch nur in der Buchhandlung durchgeblättert zu haben. Andere meinten wiederum, dass der Buchautor, also in diesem Fall ich, sicherlich von der Pharmaindustrie bestochen sein muss. Seither warte ich ungeduldig darauf, dass mir jemand aus der Pharmabranche einen Haufen Geld anbietet. Wer weiß, vielleicht habe ich ja noch Glück und jemand will mich bestechen.

Interessant finde ich auch, dass man im Internet zugängliche Vorträge von mir über das Thema Online-Computerspiele und Jugendliche, in denen ich Bezug nehmend auf mein erstes Buch über übermäßigen Internetkonsum spreche, damit kommentiert, dass ich alles nur im Auftrag von Konzernen sage und wohl keine Ahnung von Cannabis habe. Unter den geistreichen Kommentaren gibt es immer wieder auch echte Höhepunkte wie zum Beispiel diesen: »Der Inkompetenteste und unreflektierteste Arzt, den Österreich in Sachen Cannabis hat, von dem würde ich mich nur ungern behandeln lassen. Das ist kein Bildungskanal sondern ein Hetzkanal… Dieser Arzt sieht Jugendliche in Österreich lieber im Gefängnis als fröhlich lachend in der Öffentlichkeit, sein Buch wurde mittlerweile von ›Wissenschaftlern‹ auf der ganzen Welt widerlegt!!!, weiß nicht, ob man den sogenannten ›Arzt‹ ernst nehmen kann.«[88]

Lassen wir mal das Thema Groß- und Kleinschreibung, Rechtschreibung und Grammatik außer Acht. Und mir ist auch der Zusammenhang zwischen Cannabis und Computerspielen noch nicht ganz klar, aber ich arbeite an einer diesbezüglichen Erleuchtung. Von dem Ganzen abgesehen, lese ich diesen Kommentar falsch, oder meint hier jemand, wegen Cannabis eine Behandlung zu brauchen, aber nun mal nicht bei mir? Danke für die Offenheit. Und wieso wird ein Internet-Bildungsportal zum Hetzkanal, weil ich darin über die Verführungen des Internets spreche? Verzeihen Sie meinen Zynismus, aber ich verstehe einfach nicht, warum mir vorgeworfen wird, dass ich junge Menschen lieber im Gefängnis sehen würde, nur weil ich bezüglich der Vermarktung von Cannabis etwas skeptisch bin und das auch kundtue.

Übrigens, falls mein Buch tatsächlich »von Wissenschaftlern auf der ganzen Welt widerlegt« worden wäre, hätte ich diese weltweite Aufmerksamkeit als großes Kompliment empfunden. Besonders beeindruckend finde ich aber, dass dieser Kommentator offensichtlich nicht viel von mir hält und mich als »sogenannten Arzt« bezeichnet, aber dennoch nicht ganz sicher ist, ob man mich ernst nehmen kann. Er überlegt wohl noch. Bin schon dankbar für die theoretische Möglichkeit, dass ich doch ernst genommen werden könnte.

Kommen wir noch einmal zurück zu den Buchrezensionen auf Amazon.[89] Die oben beschriebene Polarisierung des Themas Cannabis zeigt sich eben daran, dass es bei über 70 Kommentaren kaum einen gibt, der nicht extrem gut oder extrem schlecht ausfällt. Derzeit (Stand Sommer 2019) steht das Buch bei 63 Prozent mit einem Stern zu 31 Prozent mit 5 Sternen und sechs Prozent mit vier Sternen. Jemand könnte ja auch meinen, dass der Inhalt des Buches teilweise richtig ist oder das Buch mittelmäßig geschrieben ist. Warum vergibt niemand drei Sterne auf Amazon? Wäre das nicht eine realistischere und sachlichere Beurteilung? Kann man als Buchautor zum Thema Cannabis denn nicht teilweise recht haben? Muss schlichtweg alles im Buch gelogen oder Ausdruck völliger Unkenntnis sein? Ich bemühe mich, dies nicht persönlich zu nehmen. Es ist nun mal der Ausdruck der gesellschaftlichen Spaltung zu diesem Thema. Wie bei allen polarisierenden Themen schweigen manche, die viel wissen, und viele, die wenig Ahnung haben, schreien laut.

So gesehen ist es nur menschlich, dass jene, die wenig wissen, sich überschätzen und sich ihrer Ansichten sicher sind, weil sie die Komplexität vieler Themen nicht erfasst haben und sich damit nicht die eigentlichen Fragen stellen. Und jene, die sich in eine Materie vertiefen, sind oft unsicher, welche Position sie einnehmen sollen, weil sie sich der vielen ungeklärten Fragen bewusst sind. Und gerade beim Thema Cannabis glaube ich nicht, dass es den einen besten Weg gibt, den wir als Gesellschaft nehmen müssen. Wir können nur in einer Art Tauschhandel Prioritäten setzen, also z.B. persönliche Freiheit des Individuums versus gesunde Gesellschaft, oder kurzfristige emotionale Erleichterung und Glücksgefühl versus langfristige Balance und Zufriedenheit usw. Alles keine leichten Entscheidungen, schon gar nicht für ein politisches System, das auf die nächsten Wahlergebnisse schielt. Ich bin diesbezüglich in der angenehmen Position, dass ich meinen Job auch dann nicht verliere, wenn auf Amazon 99 Prozent der Rezensionen vernichtend wären.

Übrigens habe ich speziell in den ersten Monaten nach Erscheinung der ersten Auflage täglich viele E-Mails erhalten. Auch diese waren, wie soll ich sagen, meist von Zeitgenossen, bei denen mein Buch nicht zur Besserung der Laune beigetragen haben dürfte. Aber die persönlichen Beschimpfungen halte ich aus, und als Psychiater erfreue ich mich an dem Gedanken, dass es den Schreibern vielleicht besser geht, wenn sie ihre Wut per E-Mail an mich abgeben. Skurrilerweise erhalte ich seitdem von einer indischen E-Mail-Adresse monatliche Newsletter mit pseudowissenschaftlichen deutschsprachigen Artikeln zu Cannabis als Wundermittel gegen so ziemlich jede Erkrankung, an der Menschen leiden können. Bisher konnte ich diese spannenden Newsletter nicht abbestellen, und ich weiß auch nicht, ob die Datenschutzgrundverordnung der EU für Indien Gültigkeit hat. Aber auch diesbezüglich überwiegt meine Freude. Denn die Aussicht auf ein Wundermittel für alles und jeden erfüllt mich mit der Hoffnung, dass ich in Zukunft als Arzt weniger arbeiten muss.

Es erreichten mich aber gelegentlich auch E-Mails von Menschen, die im Buch das Schicksal von Bekannten oder Familienmitgliedern wiederfanden. Andere bedankten sich bei mir dafür, dass ich etwas gegen den Zeitgeist geschrieben hatte.

So oder so zeigt das alles, dass eine reife Diskussion zum Thema Cannabis in der Gesellschaft noch kaum möglich ist. Die Buchrezensionen und sonstigen Kommentare im Internet oder E-Mails sind ein Abbild dessen. Hätten wir uns als Gesellschaft diesbezüglich weiterentwickelt, wären wohl viele Beurteilungen des Buches im Mittelfeld ausgefallen. Und die Kommentare hätten sich auch mehr auf den Inhalt des Buches bezogen statt auf Spekulationen zu meiner Person.

Auch wenn ich mich bemühe, die vielen negativen und beschimpfenden Rezensionen und Kommentare zu diesem Buch nicht als einen koordinierten Versuch der Cannabis-Lobby zu sehen, die einen unliebsamen Kritiker möglichst klein halten will. Und wenn ich quasi davon ausgehe, dass die Kommentare von vielen Individuen verfasst wurden, denen die Legalisierung von Marihuana eine echte Herzensangelegenheit ist, dann bleibt immer noch die Frage, warum die Kommunikation über das Thema Cannabis derart emotional geführt wird.

Ganz generell gehen Emotionen hoch, wenn Menschen das Gefühl haben, dass sie selbst oder ihre Bedürfnisse nicht ernst oder wahrgenommen werden. Und das trifft auf viele Protagonisten beim Thema Cannabis zu: Da gibt es einmal jene Menschen, die die Entscheidungsfreiheit einfordern, THC konsumieren zu können, wann und wie sie wollen. Sie haben bereits Erfahrung mit der Droge und genießen die kurzfristige Wirkung. Sie haben das Glück, bisher keine schwerwiegenden Nebenwirkungen erlebt zu haben, und halten die Droge deshalb generell für harmlos. Unter ihnen gibt es jene, die regelmäßig eher größere Mengen konsumieren und Cannabis als Teil ihres Lebensstils sehen. Langfristig wird der Cannabisgebrauch an ihnen nicht spurlos vorbeigehen. Dennoch bestehen sie sehr vehement auf ein subjektiv empfundenes Recht auf ihre Droge und können sich ein Leben gänzlich ohne Cannabis nicht vorstellen. Unter den Cannabis-Usern gibt es auf der anderen Seite jene, die einen kontrollierten Konsum mit gelegentlich eher kleineren Mengen pflegen. Diese Personen sind nicht unbedingt Anhänger eines täglichen Konsums. Sie argumentieren damit, dass ja auch Alkohol bei übermäßigem Konsum zwar sehr schädlich ist, aber bei geringen Mengen in passenden Situationen meist gut vertragen wird. Somit verstehen sie die Aufregung um Cannabis nicht und argumentieren meist damit, dass Alkohol in den meisten Ländern weit mehr Schaden anrichtet als THC, was übrigens zumindest derzeit auch stimmt.

Dann gibt es jene Menschen, die ganz generell für eine möglichst geringe staatliche Einmischung in das private Leben plädieren. Sie müssen gar nicht unbedingt von Cannabis begeistert sein. Vielmehr sehen sie die Frage der Legalisierung von THC als eine Gelegenheit, die sozusagen böse staatliche Kontrolle in Schranken zu weisen. Hier geht es also um eine intellektuelle Auseinandersetzung mit der Freiheit des Einzelnen gegenüber Regeln, die irgendwann von Mehrheitsvertretern im Parlament festgesetzt wurden. In einer demokratiepolitischen Abwägung glauben sie an das Gute im Menschen und gehen davon aus, dass Menschen generell für sich die richtigen Entscheidungen treffen, wenn man ihnen die entsprechende Freiheit geben würde.

Die nächste Gruppe besteht aus jenen, die Cannabis tatsächlich für ein Wundermittel halten. Sie argumentieren zum Beispiel damit, dass die Chinesen vor 2000 Jahren bereits Marihuana als Heilmittel einsetzten und die heutige Medizin quasi rückständig ist, weil sie das sehr selten tut. Meist handelt es sich um Anhänger von Naturheilmitteln, die speziell der Pharmaindustrie gegenüber sehr skeptisch sind. Häufig werden die positiven Wirkungen der Cannabis-Inhaltsstoffe übertrieben und generalisiert. Wenn zum Beispiel THC gegen Übelkeit bei Krebspatienten wirkt, die als Nebenwirkung der notwendigen Chemotherapie unter starkem Brechreiz leiden, wird verallgemeinernd daraus geschlossen, dass Cannabis ganz generell gegen Krebs wirke. Der Tatsache, dass seit vielen Jahren zugelassene Medikamente mit THC und/oder Cannabidiol per Rezept erhältlich sind, wird gegenübergestellt, dass der Konsum von Marihuana billiger und gesünder wäre und die Pharmaindustrie der Profite wegen die Legalisierung von Marihuana durch politisches Lobbying verhindere.

Dann gibt es natürlich jene, die mit der Vermarktung von Cannabis Geld verdienen wollen. Einige wollen mit dem legalen Cannabidiol Geschäfte machen, andere mit dem verbotenen THC und einige mit beidem. Das große Vorbild ist die stark wachsende Cannabis-Industrie in den USA, die in Geld schwimmt wie sonst kaum ein Wirtschaftszweig. Als Argumente dienen einerseits neue Arbeitsplätze, Wirtschaftswachstum und legale statt illegale Angebote für das Bedürfnis von Cannabis-Konsumenten. Auf der anderen Seite werden hier aber auch alle Argumente der anderen Legalisierungsbefürworter je nach Bedarf herangezogen, angefangen von der Freiheit des Individuums über das Wundermittel für Schwerkranke bis hin zur Bekämpfung der organisierten Drogenkriminalität. Im Gegensatz zu den anderen arbeitet diese Cannabis-Lobby mit hoch professionellen Mitteln. Sie organisiert und finanziert entsprechend der Marketingstrategie Werbekampagnen, öffentliche Kundgebungen, Tagungen und Ausstellungen. Wie jede Lobby versucht sie auch dort wo möglich politisch Einfluss zu nehmen und Andersdenkende kleinzureden.

Aufseiten der emotionalen Gegenargumente stehen jene, die grundsätzlich jeden Drogenkonsum verteufeln und die Konsumenten dämonisieren. Auch hier wird oft wenig differenziert und Cannabis als tödliches Gift gesehen oder zumindest als unausweichlicher Wegbereiter für eine kriminelle Karriere. Im Fokus steht die Sorge um die öffentliche Sicherheit verbunden mit dem Wunsch nach einem starken Polizei- und Justizapparat, die jeden Berührungspunkt mit illegalen Substanzen verhindern soll.

All diese Interessensgruppen haben das Gefühl, nicht ausreichend wahrgenommen zu werden, und bemühen sich, ihren Standpunkt umso vehementer und damit emotionsgeladener zu vertreten. Ihnen allen übergestülpt ist noch ein Faktor, der die Emotionalisierung des Themas massiv anheizt, nämlich die Politisierung der Legalisierungsdebatte. In den meisten Ländern sind konservative und rechte Lager gegen die Legalisierung von THC und linke und liberale Kräfte dafür. Dafür oder dagegen zu sein ist leider zu einem Ausdruck politischer Gesinnung geworden. Man kann sich wohl nur schwer zum linken Lager zählen und gegen das Kiffen sein, und umgekehrt auch. Das ist deshalb sehr unglücklich, weil es auch in der Politik eine sachliche Diskussion über das Thema erschwert. Jetzt könnte man natürlich fragen, wo in der Politik überhaupt sachlich diskutiert wird. Aber die politische Polarisierung verhindert eine vernünftige Meinungsbildung auch innerhalb der einzelnen politischen Lager basierend auf sachlicher Auflistung der Vor- und Nachteile einer Legalisierung der Droge.

Zusammenfassend kann man also sagen, dass fast niemand in der Diskussion die Pro-und-Kontra-Argumente nebeneinander stellt und dann eine Abwägung trifft. Die meisten Menschen und Gruppierungen propagieren entweder nur die Vorteile oder nur die Nachteile einer THC-Legalisierung und verleugnen die Argumente der anderen Seite komplett.

Aus psychoanalytischer Sicht ist dies eine unreife Denkweise bzw. eine unreife Art, mit einem Konflikt umzugehen. Reif wäre im Gegensatz, die Ambivalenz, die dadurch entsteht, dass es eben keinen absolut richtigen Weg gibt und es nur eine Frage der Gewichtung der Argumente ist, auszuhalten und zuzugeben. Das Zugeben ist hier nicht nur gegenüber der anderen Seite gemeint, sondern vor allem gegenüber einem selbst. Man müsste sich also zunächst klar werden, dass (fast) alle Argumente etwas Sinnvolles an sich haben und Andersdenkende nicht völlig verrückt sind. Letztlich braucht es natürlich eine Gewichtung der Argumente entsprechend individueller und gesellschaftlicher Werte. Aber egal, welchen Weg wir einschlagen, gewisse Werte halten wir damit hoch, und andere unterminieren wir damit.

Ein Beispiel dazu: Entscheiden wir uns dafür, den Schutz von Kindern und Jugendlichen besonders wichtig zu nehmen, müssen wir da und dort die Freiheiten von Erwachsenen einschränken. Denn unsere Kinder imitieren letztlich unser Verhalten, und wenn wir kiffen, wollen sie das auch, und zwar möglichst bald. Sie kümmern sich nicht um gesetzliche Altersbestimmungen.

In jenen Ländern, in denen die erwachsene Bevölkerung viel Nikotin konsumiert in Form von normalen Zigaretten, rauchen auch die Jugendlichen mehr, auch wenn das für sie eigentlich verboten wäre. Das Gleiche gilt für Alkohol und bei Marihuana ebenso, dort wo das Kiffen für Erwachsene legal ist. Wenn wir aber die individuelle Freiheit als besonders hohes Gut sehen wollen, müssen wir umgekehrt in Kauf nehmen, dass mehr Jugendliche, die noch nicht reif genug sind, für sich passende Entscheidungen zu treffen, jenes Verhalten, das sie bei den Erwachsenen sehen, imitieren und auch zu Marihuana greifen.

Besonders ausgeprägt sehen wir das dort, wo Cannabis-Konsum zu einer Frage des modernen Lifestyles hochstilisiert wird, wie zum Beispiel derzeit in Kanada. Nun kann man eines der Argumente einfach verleugnen und zum Beispiel sagen, dass Jugendliche möglichst früh Erfahrungen mit Cannabis sammeln sollen, damit sie dann als Erwachsene damit besser umgehen können. Aber am Ende wird die Gesellschaft nicht umhinkommen, sich entweder mehr für die individuelle Freiheit von Menschen oder mehr für den Jugendschutz zu entscheiden.

Diesem Dilemma wird man nicht entfliehen können, indem man die Argumente der Gegenseite abwertet und verleugnet. Reif wäre es demnach, die Ambivalenz zu ertragen, sich erstens nicht seiner eigenen Meinung zu sicher zu sein und sich zweitens klar zu machen, dass man so oder so etwas opfert, egal für welchen Weg man sich entscheidet. Übrigens bedeutet es keinen Mangel an Selbstvertrauen, wenn man sich seiner eigenen Meinung nicht sehr sicher ist. Ganz im Gegenteil braucht es viel Selbstvertrauen, sich selbst einzugestehen, dass man eben den perfekten Weg nicht kennt und vielleicht sogar irrt.

Auf die Politik umgelegt würde ich mir eine/n Politiker/in wünschen, der oder die sich im Parlament hinstellt und so etwas sagt wie: »Ich weiß nicht, welcher Weg richtig ist, aber ich entscheide mich schweren Herzens für diesen (oder jenen), weil mir aus heutiger Sicht die Alternative noch problematischer erscheint.« Eine solche Person würde ich gerne wählen, eigentlich egal ob er oder sie für oder gegen Cannabis-Legalisierung ist. Und es ist ebendiese Ambivalenz, die ich zum Beispiel bei den Rezensionen zu diesem Buch auf Amazon vermisse.

Die Betroffenen

Die Situation der Betroffenen ist nicht einfacher geworden. Auf der einen Seite haben wir in meiner Abteilung im Krankenhaus nach wie vor einen steigenden Trend bezüglich Menschen, die Hilfe suchend zu uns kommen, weil sie ohne Unterstützung von ihren Cannabisproblemen nicht wegkommen.

Viele können nicht mehr einschlafen ohne einen Joint. Andere brauchen schon in der Früh THC, weil sie sonst die Entzugserscheinungen wie Nervosität und Anspannung nicht aushalten. Einige konsumieren täglich so viel Marihuana, dass sie finanziell an ihre Grenzen stoßen. Nicht alle unsere Patientinnen und Patienten wollen komplett abstinent leben. Die meisten wollen lernen, weniger zu konsumieren. Sie wollen nicht mehr getrieben sein vom Gefühl, ständig kiffen zu müssen. Ihr Ziel ist es, wieder Kontrolle über ihren Konsum zu erlangen und bewusst steuern zu können, wann sie Cannabis konsumieren wollen und wann nicht. Wenn ich die Menschen sehe, erscheint es mir besonders zynisch und verwerflich, wenn die Cannabis-Lobby immer noch behauptet, Cannabis könne nicht süchtig machen.

Entsprechend unserem Behandlungskonzept mit zunächst ambulanten Einzelgesprächen und dann Gruppentherapie geben wir unser Bestes, unser Klientel bei den selbst gewählten Zielen zu unterstützen. Völlige THC Abstinenz muss also nicht unbedingt das Therapieziel sein. Aber ehrlich gesagt ist für viele, die tatsächlich eine Suchterkrankung entwickelt haben, ein kontrollierter Konsum weit schwieriger, als ganz auf die Droge zu verzichten. Das gilt nicht nur für Cannabis, sondern für alle Drogen, von normalen Zigaretten über Alkohol bis Kokain und Heroin.

Dementsprechend brauchen so manche mehrere Anläufe, bis ein normales Leben wieder möglich ist. Beim ersten Durchgang der Cannabis-Behandlung überschätzen viele ihre Fähigkeiten, Herr über ihren Konsum zu werden. Wir besprechen deshalb im Rahmen der Therapie immer wieder die Möglichkeit von Rückfällen in einen unkontrollierten Konsum und laden ein, uns jederzeit wieder aufzusuchen, wenn nach der Therapie die Dinge sich nicht so entwickeln wie ursprünglich gewünscht. Ein zweiter oder auch weitere Durchläufe stellen also kein Versagen dar, sondern sind oft ein Teil des Lernprozesses.

Ein erneuter Therapieversuch ist nicht einfach nur eine Wiederholung vom ersten Mal. Es geht vielmehr darum, gemeinsam mit dem Betroffenen zu analysieren, was nicht wie geplant gelaufen ist nach der ersten Therapie. Oder waren vielleicht die Ziele unrealistisch? Häufig stellen die Menschen erst beim zweiten oder dritten Anlauf fest, dass ein kontrollierter THC-Konsum für sie im Moment nicht realistisch ist, und sind motiviert, zumindest eine Zeit lang ganz auf die Droge zu verzichten. Damit verändert sich dann das Therapieziel.

Das Gute an der Gruppentherapie ist, dass die Teilnehmerinnen und Teilnehmer gegenseitig von ihren Erfahrungen lernen, interessanterweise sogar viel mehr, als sie von den Worten von uns Profis jemals lernen könnten. Auch interessant ist, dass die Beschreibungen der Therapiehemmnisse die gleichen sind, wie wir es auch bei anderen Süchten wie zum Beispiel Alkohol ständig hören: Die Freunde, die nicht verstehen wollen, dass man nicht mehr bei jeder Gelegenheit Marihuana rauchen will. Wie kann man noch als cool durchgehen, ohne zu kiffen? Und jene Freunde, die man plötzlich nicht mehr lustig findet, wenn sie zwar bekifft sind, man selbst aber bei klarem Verstand. Das eingespielte Ritual, mit dem Freund oder der Freundin noch gemütlich einen Joint zu rauchen vor dem Schlafen gehen. Oder der Sex, der eigentlich nicht passt, was einem früher nicht aufgefallen ist, weil man dabei mit THC zugedröhnt war. Oder es fällt einem zum ersten Mal nach Jahren des massiven THC Konsums auf, dass das Leben eigentlich langweilig und öde ist, weil man sich in den letzten Jahren weder beruflich noch persönlich weiterentwickelt hat.

All das höre ich täglich auch von unseren alkoholkranken Patientinnen und Patienten. Leider ist es nun mal so, dass die Therapie einer Sucht mehr ist, als nur mit dem Konsum einer Substanz aufzuhören. Es braucht häufig eine Lebensumstellung, und genau das fällt verständlicherweise so schwer.

Dann gibt es natürlich auch jene, die zu uns kommen, weil sie dazu verdonnert wurden. Entweder wurden sie dabei erwischt, wie sie unter THC Einfluss Auto gefahren sind, und müssen nun eine entsprechende Therapie nachweisen, um den Führerschein wiederzubekommen. Gerade diese Fälle sind in letzter Zeit deutlich häufiger, weil die Polizei bzw. Polizeiärzte dazu übergehen, nicht nur die Konzentration von THC, sondern auch von THC-Säure im Urin oder im Blut zu messen. Dadurch kann man relativ klar nachweisen, ob ein Cannabis-Konsum kürzlich oder vor längerer Zeit stattgefunden hat und ob der Konsum sehr selten oder häufig passiert. Oder dem Arbeitgeber ist das Cannabis-Problem aufgefallen, weil die Arbeitsleistung massiv gelitten hat. Und nun droht die Kündigung, wenn er oder sie nicht schleunigst das Kiffen bleiben lässt. Sehr häufig sind es auch besorgte Eltern, die ihre Kinder mehr oder weniger freiwillig zu uns in die Ambulanz schleifen, weil sie ihre Kinder nicht mehr wiedererkennen, seit diese täglich THC konsumieren. Bei all diesen Personen liegt meist keine tief gehende Therapiemotivation vor. Es scheitert eben an der Motivation, das eigene Verhalten kritisch zu hinterfragen, geschweige denn das eigene Leben umzustellen.

Aus therapeutischer Sicht sind das die schwierigen Fälle. Denn eine Gruppentherapie zu beginnen ohne echte Problemeinsicht und Veränderungswillen, hat meist wenig Sinn. Es wäre für uns und für die Betroffenen eine Verschwendung an Zeit und Ressourcen. Wir stehen dann oft im Spannungsfeld zwischen den Eltern oder Behörden, die von uns eine Wunderheilung erwarten, und den Betroffenen, die gelangweilt in der Therapiestunde sitzen und eigentlich von uns nichts wollen, außer natürlich am Ende der Stunde eine Bestätigung, dass sie anwesend waren. Das ist auch für meine an sich sehr motivierten Mitarbeiterinnen und Mitarbeiter keine anspornende Situation. Auf der anderen Seite wollen wir aber auch die wenig motivierten Personen nicht von uns weisen und ihnen damit die Möglichkeit nehmen, vielleicht irgendwann doch eine sinnvolle Richtung einzuschlagen.

Und dann sind da die vielen, vielen Eltern, die sich große Sorgen machen um ihre jugendlichen oder bereits erwachsenen Kinder, aber diese nicht zu einer professionellen Beratung bewegen können. Gerade seit dem Erscheinen des Buches rufen mich viele an oder schreiben. Immer wieder werde ich gefragt, wie sie ihre Sprösslinge, die ihrer Meinung nach zu viel THC konsumieren, dazu bringen können, ihren Konsum zu drosseln oder eine Beratungsstelle aufzusuchen. Diese Mütter und Väter berichten mir über berührende Schicksale von jungen Menschen, die die Wirkung von übermäßigem THC-Konsum unterschätzt haben und in ein Leben abseits von Schule, Berufsausbildung aber auch abseits von gesunder Freizeitbeschäftigung und guter Freunde abgedriftet sind.

Ein rezenter Fall zur Veranschaulichung: Ein Vater, der übrigens selbst Arzt ist, bat um ein Gespräch bezüglich seines 17-jährigen

Sohnes. Er erzählte mir, dass sein Sohn seit der Scheidung vor einigen Jahren bei seiner Exfrau lebt, aber immer guter Kontakt zu ihm bestanden habe. Sein Sohn war ein mittelmäßiger Schüler, grundsätzlich recht brav und sportlich. Vor ungefähr zwei Jahren hat er angefangen, mit ein paar Freunden gelegentlich zu kiffen.

Das an sich hat den Vater nicht sonderlich beunruhigt, da er selbst in seiner Jugend auch hie und da Marihuana rauchte, ohne negative Konsequenzen zu bemerken. Er ging davon aus, dass der Cannabis-Gebrauch seines Sohnes zur normalen pubertären Entwicklung dazugehöre und von selbst wieder abklingen würde. Nach einigen Monaten wurden die Schulnoten allerdings deutlich schlechter.

Da der junge Mann damals auch gerne und viel Zeit mit Online-Computerspielen verbrachte, machten die Eltern das Spielen dafür verantwortlich, und dazu passte auch, dass der Junge rasch an Gewicht zunahm und sein Interesse an Sport verlor. Die Mutter begann daraufhin, die Computernutzung zeitlich einzuschränken, was zur Überraschung der Eltern eher konfliktarm gelang. Aber weder die schulischen Leistungen wurden besser noch das Interesse an anderen Hobbys.

Nun fiel der Mutter auf, dass er in regelmäßigen Abständen den Kühlschrank fast leer aß. Sie recherchierte im Internet und stieß auf die Möglichkeit einer Essstörung mit Essattacken, des sogenannten Binge Eating. Sie erzählte davon dem Vater, der als Arzt von der appetitsteigernden Wirkung von THC wusste und eher Cannabis für das vermehrte Essen verantwortlich machte. Er wollte mit seinem Sohn quasi ein ernstes Wörtchen reden, was jedoch in einen Streit mit Schreiduellen mündete.

Sein Sohn warf ihm vor, dass er keine Ahnung von Cannabis habe und er sich nur unter Cannabiseinfluss gut und entspannt fühlte. Und deshalb würde er auf keinen Fall darauf verzichten wollen. Sein Vater drohte ihm mit Kürzung des Taschengeldes, was den jungen Mann wenig zu beeindrucken schien. Über die darauf folgenden Monate zog er sich zunehmend zurück und mied den Kontakt mit dem Vater.

Die Mutter befürchtete, jegliche Gesprächsbasis mit ihm zu verlieren und setze ihn deshalb nicht unter Druck. Ohne das zusätzliche Taschengeld des Vaters hatte er Schwierigkeiten, genügend Marihuana zu kaufen und begann alle möglichen Gegenstände wie Ski, Sportschuhe und Fahrrad über das Internet zu verkaufen, um seinen Cannabisbedarf zu finanzieren. Danach verschwanden auf diese Weise nach und nach Möbelstücke und Küchengeräte aus dem Haushalt der Mutter. Mittlerweile wirkte er zunehmend ungepflegt und hatte keinerlei Hobbys oder Freunde, außer jene, mit denen er gemeinsam kiffte.

Die Schule war längst Geschichte, und er machte keine Anstalten, einer Ausbildung oder Arbeit nachzugehen. Die Eltern waren ratlos und irgendwie gewillt, das alles als eine verstärkte Pubertätskrise zu bewerten und auf ein Ende der Unvernunft zu hoffen. Allerdings fiel der Mutter auf, dass ihr Sohn immer wieder ängstlich wirkte und sich oft nicht aus seinem Zimmer wagte.

Darauf angesprochen, meinte er, er würde beobachtet werden und er sei sich nicht sicher, ob seine Gedanken durch irgendwelche Geräte beeinflusst oder abgesaugt würden. Die Mutter informierte den Vater, der eine Cannabis-Psychose vermutete. Die Mutter wollte deshalb seine Freunde nicht mehr ins Haus lassen, um seinen Cannabis-Nachschub zu unterbinden. Aber der junge Mann wurde nach wenigen Tagen ohne Marihuana sehr angespannt und schließlich aggressiv, sodass die Mutter diese Sanktion aufhob, um die Situation nicht noch mehr eskalieren zu lassen. Nun saß der Vater und Kollege vor mir und erzählte mir unter Tränen, dass er seinen Sohn nicht mehr wiedererkannte.

Von dem netten Jungen, der gerne mit seinem Vater Skifahren ging und Fußball spielte, sei nichts mehr übrig geblieben. Nun litt der Sohn an einer Psychose mit Paranoia und wahrscheinlich auch einer Cannabis-Abhängigkeit. Aber er hatte keinerlei Einsicht oder Problembewusstsein und wollte somit von einer Behandlung nichts wissen. Was konnten er und seine Exfrau tun? Den eigenen Sohn bei der Polizei anzeigen, um ihn in eine Therapie durch gerichtliche Weisung zu zwingen? Oder seine Freunde anzeigen, die ihn mit dem Stoff versorgten? Oder abwarten, bis die Situation noch weiter eskaliert und er irgendwie in der Psychiatrie landet?

Letztlich war er ja auch Opfer seiner Droge und damit schutzbedürftig. Aber wie konnten sie ihn schützen vor einem weiteren Abstieg? Wieder einmal saß ein verzweifelter Elternteil vor mir und beklagte die Wirkung der Droge Cannabis. Auch wenn auf der anderen Seite mich tausend Menschen überzeugen wollen, dass Cannabis völlig harmlos und eigentlich ein heilendes Kraut sei. Das Leid, das es bei manchen Menschen und deren Umgebung auslöst, kann man damit nicht wegwischen.

Neue wissenschaftliche Evidenz

Zu Cannabis wird weiterhin relativ intensiv geforscht. Ein großer Teil der Forschung bezieht sich auf Wirkmechanismen der unterschiedlichen Inhaltsstoffe der Hanfblüte auf molekularer Ebene. Es ist also Grundlagenforschung und damit grundsätzlich wichtig, aber momentan in der Praxis nicht relevant. Daneben gibt es aber auch sogenannte klinische Forschungen, deren Ergebnisse im medizinischen Alltag eine Bedeutung haben.

Fangen wir mit der sogenannten Prävalenz an, also mit den Häufigkeiten. Lange Zeit haben ja die Legalisierungsbefürworter behauptet, durch eine Legalisierung von Marihuana würde die Rate der Konsumenten nicht wesentlich steigen. Als Argumente dafür wurde angeführt, dass jetzt schon in Europa jeder, der will, sich Marihuana besorgen kann und damit der Markt bereits weitgehend gesättigt sei. Außerdem würden derzeit speziell junge Menschen vor allem deshalb kiffen, weil es eben verboten ist und damit einen besonderen Reiz darstellt. Wäre es legal, würden viele angeblich das Interesse daran verlieren.

Das amerikanische Gesundheitssystem spürt mittlerweile sehr deutlich die zunehmende Problematik mit Cannabis-Konsum. Eine Analyse von 95 Prozent aller Spitalaufnahmen in den USA von 2002 bis 2011 zeigte insgesamt 2,8 Millionen stationäre Spitalbehandlungen mit der Diagnose Cannabis-Abusus (also ein übermäßiger Konsum, der zu gesundheitlichen Schäden führt) oder Cannabis-Abhängigkeit.[90] Dies entsprach 0,91 Prozent aller Spitalaufenthalte in diesem Zeitraum. Zwischen 2002 und 2011 ist die Rate der Krankenhausaufnahmen mit Cannabisdiagnosen um 260 Prozent gestiegen, von 0,52 auf 1,34 Prozent. Mit diesem doch erschreckenden Trend einhergehend ist bei jenen Menschen mit Cannabis-Problemen auch die Rate an Psychosen (von 8,8 auf 10,7 Prozent) und Depressionen (von 9,0 auf 10,2 Prozent) gestiegen. Diese Daten zeigen, dass die zunehmende Legalisierung von Cannabis in immer mehr amerikanischen Bundesstaaten doch zu einer problematischen Entwicklung der Gesundheit der Bevölkerung führt.

Ich hatte bereits erwähnt, dass die Wahrscheinlichkeit für Cannabis-Konsumenten, eine Cannabis-Sucht zu entwickeln, umso größer ist, je früher der Konsum beginnt. Nun hat eine Analyse der Daten von knapp über 100.000 jungen Amerikanern zwischen 12 und 25 Jahren dies noch mal klar bestätigt.[91] Unter jenen, die zwischen dem 12. und 17. Lebensjahr zu kiffen beginnen, entwickeln noch während des ersten Jahres nach Beginn 10,9 Prozent ein Cannabis-Suchtproblem, innerhalb von zwei Jahren sind es 15,3, nach drei Jahren 17,7 und nach vier Jahren 20,6 Prozent.

Jene, die zwischen 18 und 25 Jahren beginnen, entwickeln im ersten Jahr 5,6, nach zwei Jahren 7,7, nach drei Jahren 9,1 und nach dem vierten Jahr 10,5 Prozent ein Suchtproblem. Daraus ergibt sich eine dringliche Notwendigkeit, das Alter des ersten Cannabis-Konsums möglichst hinauszuzögern. Nur zur Info: Auch in den USA ist der Cannabis-Konsum für Minderjährige nicht legal. Aber wie es früher auch bei Zigaretten war, bedienen sich natürlich die Kinder an jenen Drogen, die im Haushalt vorhanden oder sonst einfach erhältlich sind.

Kommen wir nun nach Europa. Je nach Region und Land wird hier Marihuana mit mehr oder weniger THC-Konzentration konsumiert. Eine europaweite Studie hat die Raten von erstmaligem Auftreten von Psychosen verglichen mit den jeweils lokal erhältlichen Cannabis-Sorten.[92] Als hochpotent wurden jene Sorten definiert mit mehr als 10 Prozent THC-Konzentration. Je nach Gegend ist hochpotenter Cannabis, meist in Form von Marihuana, leicht oder schwer erhältlich. Und genau damit einhergehend kommt es auch zu mehr oder weniger Fällen von Psychosen. Grundsätzlich zeigt sich bei täglichem Cannabis-Konsum eine dreimal so hohe Wahrscheinlichkeit, an einer Psychose zu erkranken, im Vergleich zu Menschen ohne Cannabis-Konsum. Wenn nun generell kein hochpotentes Cannabis erhältlich wäre, gäbe es über alle untersuchten Länder hinweg 12 Prozent weniger Erstmanifestationen von Psychosen. Besonders makaber ist die Situation aber in jenen Gegenden, in denen hochpotentes Cannabis weit verbreitet ist. In London könnte man fast jeden dritten Psychoseausbruch verhindern und in Amsterdam sogar jeden zweiten, auch wenn weiterhin niedrig potentes Cannabis mit unter 10 Prozent THC-Konzentration erhältlich wäre. Das ist einerseits tragisch, wenn man an die vielen betroffenen Menschen denkt. Auf der anderen Seite wird es umso unverständlicher, warum die deutsche Bundesregierung 2017 Cannabis auf Rezept auch in Form von Marihuana mit weit mehr als 10 Prozent THC-Gehalt legalisiert hat.

In Bezug auf Angsterkrankungen, Depressionen und die sogenannte bipolare Erkrankung (manisch-depressive Erkrankung) ist die Datenlage mittlerweile auch sehr eindeutig. Unter knapp 12.000 Menschen weltweit, die an einer dieser Erkrankungen litten und zusätzlich Cannabis konsumierten, war der Langzeitverlauf der Krankheitssymptome deutlich schlechter als bei Menschen mit gleichen Erkrankungen, aber ohne Cannabis-Gebrauch.[93] Auch Therapieerfolge fielen geringer aus in der Cannabis-Gruppe, und zwar unabhängig davon, ob die Patienten mit Medikamenten oder mittels Psychotherapie behandelt wurden. Diese Daten sind im krassen Widerspruch zu Behauptungen der Cannabis-Lobby, dass Cannabis angeblich eine positive Wirkung auf Angsterkrankungen und Depressionen hätte. Eher ist es ein weiterer Hinweis darauf, dass Cannabis-Konsum lediglich kurzfristig bei vielen Menschen angenehme Gefühle bewirkt, die tieferen Ursachen von Angst und Depression dadurch nur für eine Weile überdeckt, aber nicht therapiert werden. Auch Psychotherapie kann schließlich nur dann wirken, wenn negative Gefühle und Gedanken vom Betroffenen wahrgenommen und dadurch bewusst veränderbar bzw. bewältigbar werden. Ein kurzfristiges Übertünchen von psychischem Leid, wie es auch durch Alkohol und andere Drogen sicherlich möglich ist, scheint also keine sinnvolle Lösung zu sein und birgt sogar die Gefahr einer Chronifizierung der psychischen Erkrankung. Ganz abgesehen davon, dass das Gehirn kein biologisches Gleichgewicht finden kann, wenn es dauernd durch Drogen chemisch beeinträchtigt wird.

Man könnte hier nun unzählige andere wissenschaftliche Erkenntnisse der letzten Jahre zusammenfassen, die ähnlich Unrühmliches über die Wirkung von Cannabis, vor allem in Form von Marihuana auf den Gesundheitszustand, berichten. Aber letztlich scheinen diese Erkenntnisse kaum einen Einfluss auf das weiterhin positive Image von Cannabis als Heilmittel zu haben. Interessant sind auch die Reaktionen auf jede neue wissenschaftliche Erkenntnis über Cannabis, über die in Massenmedien wie Zeitungen berichtet wird. Sofort werden zahlreiche Kommentare auf den Online-Seiten der Zeitungen gepostet und die Forschungsarbeit oder die beteiligten Wissenschaftler diffamiert. Als beispielsweise die österreichische Zeitung *Der Standard* über eine internationale

Studie berichtete, die negative Folgen von Cannabis für das Gehirn von Jugendlichen ergab, wurde die Studie als Kaffeesudlesen, manipulativ und lächerlich beschimpft.[94,95] Laut manchen Postings sollten die Autoren eingesperrt werden, um aufzudecken, wer die Studie bezahlt hat. Diese Studie wurde übrigens von fast allen Zeitungen zitiert. In der Online-Ausgabe der *Frankfurter Allgemeinen Zeitung* zum Beispiel waren die Postings kaum freundlicher.[96] Hier war unter anderem von Unsinn, hanebüchen und sogar inhuman die Rede. Anscheinend muss sich jeder warm anziehen, der Cannabis beforscht und nicht zu dem Ergebnis kommt, dass es sich dabei um ein Wundermittel mit unglaublicher Heilkraft und ohne jegliche Nebenwirkung handelt.

Wenn man also die Entwicklung der letzten Jahre zum Thema Cannabis beobachtet, zeigt sich, dass das medizinische Wissen zu diesem Thema deutliche Fortschritte gemacht hat. Im Übrigen wissen wir nun auch mehr über positive Wirkungen einzelner Inhaltsstoffe der Pflanze wie zum Beispiel Cannabidiol auf manche Krankheitssymptome. Aber diese Wissensvermehrung konnte leider die öffentliche Diskussion nicht versachlichen. Nach wie vor hacken Befürworter und Gegner einer Cannabis-Legalisierung aufeinander ein, ganz im Sinne eines Religionskrieges. Unabhängig davon wird THC in immer mehr Staaten auf der Welt legalisiert, wodurch natürlich der Druck auf die noch restriktiven Länder steigt, ebenfalls diesen Weg zu gehen. Die Zukunft wird zeigen, ob dadurch bei der Abwägung der Argumente die richtigen Entscheidungen getroffen wurden.

ANHANG

LEXIKON

Amotivationssyndrom: Verlust von Motivation speziell durch sehr häufigen Cannabis-Konsum. Betroffene haben keine Motivation für Arbeit, Hobbys, Haushalt oder Körperpflege. Sie treten den Anforderungen des Alltags mit einer Gleichgültigkeit gegenüber, verfallen in Passivität, Teilnahmslosigkeit, Antriebslosigkeit und lassen sich gehen.

Badesalz: Synthetische, also künstlich hergestellte, Drogen in Pulverform, die im Internet unter dem Synonym »Badesalz«, »Research Chemicals« oder »Pflanzennahrung« verkauft werden. Meist handelt es sich um Cathinone (z.B. Mephedron), die amphetamin-ähnlich sind und stark aufputschen bzw. auch psychotisch machen können. Der Name hat seinen Ursprung von der in Afrika und im Nahen Osten vorkommenden Khat-Pflanze, deren Blätter Cathinon produzieren. Die Badesalze werden aber künstlich produziert. Um nicht offen für Drogen zu werben, wird auf der Verpackung zwar darauf hingewiesen, dass der Inhalt nicht zum Verzehr geeignet sei, aber die einschlägigen Käufer wissen natürlich, dass diese Substanzen nicht zum Auflösen in der Badewanne gedacht sind. Die Bezeichnung »Badesalz« ist also kein Fachbegriff, sondern wurde bewusst gewählt, um den eigentlichen Zweck zu verschleiern. Da Konsumenten bei Einnahme weder die genaue Dosis abschätzen können, noch den tatsächlichen Inhaltsstoff kennen, sind schwere Vergiftungen nicht selten. Neben Psychosen kann es dabei zu Herz-Kreislauf-Problemen, Anstieg der Körpertemperatur, Nierenversagen, Krampfanfällen, Panikattacken bis hin zum Tod kommen.

Belohnungszentrum (oder Belohnungssystem): Besteht aus mehreren Hirnzentren, die bei Stimulation durch ihr Zusammenwirken kurzfristiges Glücksgefühl bewirken. Der wichtigste chemische Botenstoff im Belohnungssystem ist das Dopamin, das u.a. durch Drogen wie Heroin, Kokain, Cannabis oder auch Alkohol aktiviert wird. Das Belohnungszentrum spielt eine wichtige Rolle im Suchtverhalten. Der kurze Glücksmoment sorgt für den wiederkehrenden Wunsch, den Zustand bald möglichst zu wiederholen.

Benzodiazepine: Beruhigungs- und Schlafmittel, die weit verbreitet sind und süchtig machen können. Als Abkürzung wird »Benzos« verwendet, die bekanntesten sind Valium und Rohypnol. Als die Benzos in den 1960ern als Medikamente auf den Markt kamen, wusste man zunächst nicht, dass diese zur Abhängigkeit führen können. Damals wurden sie sehr häufig verschrieben gegen Angst, Nervosität, Schlafstörung uvm. und galten als Wundermittel. Mittlerweile werden zunehmend mehr Beruhigungs- und Schlafmittel verschrieben, die kein Suchtpotenzial haben. Neben (eventuell erwünschter) Müdigkeit sind weitere Nebenwirkungen Benommenheit und Konzentrationsstörung.

Betäubungsmittelgesetz: Gesetzliche Bestimmungen (in Deutschland und der Schweiz) rund um Substanzen, die süchtig machen können. Reguliert werden Produktion, Weitergabe, Besitz und Konsum dieser Mittel. Gewisse Substanzen sind allerdings ausgenommen trotz Suchtpotenzial wie Alkohol und Nikotin. In Österreich heißt das entsprechende Gesetz Suchtmittelgesetz. Ein Verstoß gegen die Bestimmungen kann mit Freiheitsstrafe oder Geldstrafe geahndet werden. Der Eigenkonsum ist nicht strafbar, wohl aber der Besitz und die Weitergabe. Wenn beispielsweise in einer Runde ein Cannabisjoint herumgereicht wird, so kann unter Umständen die Weitergabe des Joints als strafbares Abgeben von Betäubungsmitteln geahndet werden.

Bong: Wasserpfeife ohne Schlauch (siehe Wasserpfeife).

Cannabis: Als Pflanze gehört Cannabis zur Gattung der Hanfgewächse und ist in vielen Ländern wie Deutschland und Österreich die am häufigsten konsumierte illegale Droge. Ursprünglich gleichbedeutend mit Hanf, wird der Ausdruck »Cannabis« aber mittlerweile als Oberbegriff für Substanzen verwendet, die entweder von der weiblichen Hanfpflanze gewonnen oder künstlich, also synthetisch, hergestellt werden. Der Hauptwirkstoff, der aus den Blüten der Pflanze gewonnen werden kann, ist THC (Tetrahydrocannabinol). Manche THC-haltige Medikamente werden teilsynthetisch produziert, dabei werden gewisse Wirkstoffe aus der Hanfpflanze entnommen und chemisch verändert. Der Ausdruck »Cannabis« unterscheidet nicht zwischen natürlich oder künstlich, Droge oder Medikament, THC und/oder ähnliche Wirkstoffe sowie der Art der Einnahme.

Cannabidiol: Nach THC der wichtigste Wirkstoff, der aus den Blüten der Hanfpflanze gewonnen werden kann. Obwohl chemisch ähnlich, wirkt Cannabidiol ganz anders als THC und ist für die meisten positiven Wirkungen von Cannabis verantwortlich. So kann Cannabidiol Psychosen verhindern, die durch THC häufig auftreten, und wirkt auch gegen Epilepsie, Angst, Übelkeit, Muskelkrämpfe (z.B. bei Multipler Sklerose) und ist schlaffördernd sowie entzündungshemmend (z.B. bei chronischen Entzündungen des Darmes). Außerdem macht es nicht süchtig, weil es keine Wirkung auf das Belohnungssystem hat und damit auch nicht high macht. Leider ist in den modernen Hanf-Züchtungen immer weniger Cannabidiol und immer mehr THC enthalten, weil die meisten Konsumenten eine möglichst starke berauschende Wirkung möchten. Anders formuliert: Cannabidiol wäre quasi der »gute« Cannabis.

Crack: Gemisch aus Kokain und Backpulver (amerikanisches Backpulver, das ausschließlich aus Natron besteht), welches gebacken oder aufgekocht wird. Durch die Hitze verändert das Natron aus dem Backpulver die chemische Struktur des Kokains, wodurch das Kokain noch stärker wirksam wird. Somit kann mit weniger Kokain eine sehr starke, wenn auch sehr kurze Wirkung erzielt werden, da der Rauscheffekt bereits nach 10 bis 15 Minuten wieder nachlässt. Crack ist wegen seiner starken Wirkung im Vergleich zur eingesetzten Kokainmenge billiger als Kokain und deshalb in den USA als das Kokain der Armen bekannt geworden. In Europa wird es nur wenig konsumiert. Im Gegensatz zu Kokain wird Crack geraucht, als Zigarette oder mit Wasserpfeife. Es macht sehr schnell süchtig und neben Aggression und Psychose kommen auch schwere Lungenschäden vor, die sogenannte Cracklunge.

Crystal Meth: Abkürzung bzw. Synonym für Methamphetamin. Ist ein künstlich hergestelltes weißes Kristallpulver, das auf jede Art eingenommen werden kann, also über Nase, Mund, durch Rauchen und als Injektion. Crystal ist eine besonders gefährliche Droge, weil stark, giftig und rasch süchtig machend. Wurde bekannt durch die US-Erfolgsserie *Breaking Bad*, in der die Wandlung eines biederen Chemielehrers zu einem skrupellosen Drogenboss geschildert wird. Da die Rohstoffe sehr günstig sind und die Herstellung einfacher ist als bei anderen Drogen, ist es oft billiger als deutlich schwächere Drogen und ist dadurch in den letzten zehn Jahren zunehmend beliebter im deutschsprachigem Raum geworden. Jugendliche halten es oft für harmlos wegen des günstigen Preises. Unter dem Namen Pervitin und dem Synonym Panzerschokolade oder Stuka-Tablette wurde es während des Zweiten Weltkrieges an die Soldaten der deutschen Wehrmacht ausgegeben, damit sie Müdigkeit und Schmerzen nicht wahrnahmen und auch aggressiver wurden. Auch Hitler war angeblich süchtig danach, Crystal wird deshalb auch »Hitlers Droge« genannt. Heute werden weit höhere Mengen eingenommen, was zu Euphorie, Größenideen (Gefühl, mächtig und unbesiegbar zu sein), fehlender Wahrnehmung von Müdigkeit und Hunger sowie häufig zu starker Aggressivität führt.

COPD: Abkürzung für Chronisch Obstruktive Lungenerkrankung (Englisch: Chronic Obstructive Pulmonary Disease). Wird umgangssprachlich als chronisches Asthma (obwohl Asthma medizinisch etwas anderes ist) oder Raucherlunge bezeichnet. Betroffene leiden je nach Schweregrad unter Husten und Kurzatmigkeit sowie häufiger Bronchitis und Lungenentzündung. Hauptursache ist das regelmäßige Inhalieren von Rauch, z.B. von Zigaretten und zunehmend auch Marihuana, sowie Umweltverschmutzung.

Designerdrogen: Künstlich, also synthetisch, hergestellte Drogen. Das Wort »Design« bezieht sich darauf, dass diese Drogen von chemisch geschulten Herstellern im Labor gezielt entworfen und hergestellt werden, um bestimmte Wirkungen bei Einnahme zu erzielen. Außerdem versucht man mit der Herstellung neuer Drogen, die Bestimmungen des Betäubungsmittelgesetzes zu umgehen, da diese neuen Rauschmittel noch nicht im Gesetzestext erwähnt sind.

Dopamin: Einer von vielen Botenstoffen im Gehirn, mit dem Nervenzellen untereinander kommunizieren. Je nach Ort der Ausschüttung im Gehirn wirken Botenstoffe sehr unterschiedlich. Die meisten Nervenzellen, die Dopamin produzieren, sitzen im Mittelhirn und transportieren das Dopamin in andere Hirnregionen. Jene Nervenzellen, die ihr Dopamin im sogenannten limbischen System (genauer: im ventralen Striatum) ausschütten, sind u.a. verantwortlich für kurzfristiges Glücksgefühl im Sinne des Belohnungsgefühls oder gar Rauschzustand, aber auch für Motivation und psychotische Symptome. Da die Ausschüttung von Dopamin im sogenannten Belohnungszentrum des limbischen Systems durch Drogen wie Heroin, Kokain, Cannabis oder auch Alkohol aktiviert wird, ist das Dopamin für einen wesentlichen Teil der Drogenwirkung, aber auch der Nebenwirkungen verantwortlich.

Endocannabinoide: Körpereigene Botenstoffe (»endo« bedeutet innen oder innere), die chemisch eine gewisse Ähnlichkeit mit Cannabis aufweisen und dadurch an den gleichen Strukturen im Körper wirken wie auch THC oder Cannabidiol. Diese von normalen Nervenzellen produzierten Stoffe wirken deutlich schwächer als THC oder künstliche Cannabinoide und regulieren z.B. das Schmerzempfinden und die Spannung von Muskeln, ohne aber süchtig oder psychotisch zu machen. Die externe Zufuhr von Cannabis z.B. durch Marihuana stellt somit eine massive Überforderung dieses natürlichen körpereigenen Mechanismus dar, so wie die Einnahme von Heroin eine massive Übertreibung der Wirkung der körpereigenen Endorphine darstellt.

Entzugserscheinung: Unangenehme Folgen, die dann auftreten, wenn man eine Substanz, nach der man süchtig ist, eine Weile nicht einnimmt. Z.B. Nervosität bei starken Rauchern, wenn sie ein paar Stunden nicht rauchen können. Oder Zittern und Schwitzen bei Alkoholikern, die einen Tag nichts getrunken haben. Bei Cannabisabhängigkeit können im Entzug folgende Symptome auftreten: Nervosität, Rastlosigkeit, Schlafstörung, Ängstlichkeit, schlechte Stimmung, Kopfschmerzen, Übelkeit und Appetitlosigkeit.

Flashbacks: Psychotische Symptome, die plötzlich und relativ spät, nach Abklingen der eigentlichen Drogenwirkung, auftreten können und meist mit Angst verbunden sind. Häufig fühlen sich Betroffene massiv bedroht und können die Realität von psychotischen Fantasien nicht auseinanderhalten. Die meisten Flashbacks halten nur einige Stunden an und klingen von selbst wieder ab. Manchmal können sie allerdings immer wieder auftreten und sehr selten auch chronisch werden.

Gehirnentwicklung: Das Gehirn als komplexestes Organ des Menschen braucht am längsten für seine Reifung. Bei der Geburt ist diese Entwicklung noch lange nicht abgeschlossen, sondern dauert bis zum 25. Lebensjahr an. Beispielsweise ist beim Kind das limbische System des Gehirns, das u.a. für Gefühle zuständig ist, bereits sehr entwickelt, während das sogenannte Stirnhirn, das für die vernünftige Kontrolle von Gedanken und Handlungen zuständig ist, noch bei Weitem nicht ausgereift ist. Damit ist allerdings nicht nur eine psychologische Reifung gemeint, sondern die im Gehirn bereits bei der Geburt vorhandenen Nervenzellen schließen sich im Laufe der Jahre zu Verbänden zusammen und bauen die Kommunikation untereinander aus, indem sie sich untereinander immer mehr vernetzen. In diesem Sinne wird der Mensch eigentlich nicht mit 18 Jahren erwachsen, sondern ca. mit 25.

Genussdrogen: Darunter versteht man meist Alkohol, Tabak und Kaffee, also legale Substanzen mit Suchtpotenzial, die sozial eher akzeptiert sind. Der Ausdruck klingt verharmlosend, hat aber keine Aussage über die Gefährlichkeit einer Droge. In manchen Bundesstaaten der USA wird Marihuana gesetzlich ebenfalls als Genussdroge bewertet. Im Englischen spricht man dabei vom »recreational use«.

Glücksspielsucht: So wie gewisse Substanzen bei regelmäßiger Einnahme süchtig machen können, so können auch gewisse Verhaltensweisen in eine Abhängigkeit führen. Wie auch bei Drogen hängt es bei Verhaltensweisen davon ab, wie stark diese das Belohnungssystem des Gehirns aktivieren und wie regelmäßig sie ausgeübt werden. Die häufigsten Verhaltenssüchte sind neben Glücksspiel- auch Internet- und Kaufsucht.

Gras: Synonym für Marihuana, also die getrockneten Blüten und blütennahen Blätter der Hanfpflanze. Auf Englisch »weed«.

Halluzination: Eines der Symptome einer Psychose, bei der es fälschlicherweise zu einer Sinneswahrnehmung kommt und man zum Beispiel eine Stimme hört, die es nicht gibt und deswegen für andere auch nicht zu hören ist. Oder man sieht Dinge, die nicht real sind. Kann grundsätzlich alle Sinne betreffen, also auch Geruchs-, Geschmacks- und Tastsinn. Meist interpretiert der Betroffene diese Wahrnehmungen wahnhaft und denkt z.B., dass Außerirdische mit ihm reden oder dass er Satan gesehen hat.

Halluzinogene: Drogen, die sehr häufig zu Halluzinationen führen wie z.B. LSD (Lysergsäurediethylamid) und Psilocybin (aus Pilzen). Auch Cannabis kann häufig in hohen Dosen oder bei entsprechender (genetischer) Veranlagung zu Halluzinationen führen.

Haschisch: Harz der Hanfpflanze mit hoher THC-Konzentration. Wird meist in zwei Formen hergestellt, entweder als gepresste Platten bzw. Blöcke oder aufgelöst in Öl (Haschischöl). Ist weniger gebräuchlich als Marihuana, weil schwieriger in der Herstellung und auch deutlich teurer.

Heroin: Einer der stärksten Abkömmlinge des Morphiums, der ursprünglich als Schmerzmittel und gegen Husten von der Firma Bayer entwickelt wurde und als Wundermittel gegen verschiedenste Erkrankungen beworben wurde. Im Saft der Schlafmohnkapsel ist das Roh-Opium, aus dem Morphium entnommen wird. Dieses wird dann chemisch umgewandelt zu Heroin, das deutlich stärker wirkt als andere Morphium-Abkömmlinge und schneller süchtig macht. Heroin wird meist gespritzt oder über die Nase eingezogen und wirkt stark berauschend, macht aber im Gegensatz zu Crystal Meth und Kokain sehr ruhig und nach Abklingen des Rausches auch sehr müde.

Hippocampus: Teil des Gehirns, der u.a. für das Lernen und das Gedächtnis (v.a. das inhaltsbezogene) zuständig ist. Die Nervenzellen sind hier besonders flexibel und können sich im Positiven besonders schnell mit anderen Nervenzellen vernetzen, was der Ursprung des Lernens ist. Bei Bedarf werden im Hippocampus sogar neue Nervenzellen gebildet. Auf der anderen Seite verlieren diese Nervenzellen bei schädlichen Einflüssen wie Cannabis besonders rasch ihre Verbindungen zu anderen, wodurch das Gehirn weniger lernbereit ist und auch neue Inhalte kaum gespeichert werden können.

Intoxikationspsychose: Intoxikation bedeutet Vergiftung, Intoxikationspsychose somit Vergiftungspsychose. Substanzen, die halluzinogen wirken wie LSD oder Cannabis (manchmal auch andere Drogen, sehr selten sogar Alkohol), verursachen bei Einnahme größerer Mengen, also bei Vergiftung, psychotische Symptome wie Halluzination, Wahnvorstellungen wie z.B. Verfolgungswahn oder Probleme im Denkablauf wie verlangsamtes oder zerfahrenes Denken. Wenn die Wirkung der Droge nachlässt, sollte die Psychose auch abklingen, sofern es sich nur um eine Intoxikationspsychose handelt.

Joint: Marihuana, also getrocknete Blüten des Hanfs, die pur oder mit Tabak in Papier zu Zigarettenform gedreht werden. Manchmal wird auch Haschisch mit Tabak gemischt zu einem Joint gedreht.

Legal Highs: Wörtlich übersetzt »legaler Rausch« (der Singular klingt im Deutschen besser). Manche Designerdrogen, z.B. synthetische Cannabinoide, Cathinone (siehe Badesalze) oder Ecstasy-ähnliche Substanzen, sind in manchen Ländern wie England legal erhältlich, weil in diesen Ländern nur jene Substanzen verboten sind, die namentlich im Gesetzestext erwähnt sind. Neu erfundene Drogen sind somit so lange legal, bis es zu einer Gesetzesänderung kommt. In anderen Ländern sind auch neu erfundene Drogen verboten, weil der Gesetzestext sich nicht auf einzelne Substanzen bezieht, sondern auf ganze Substanzklassen, auch wenn noch gar nicht alle Abkömmlinge entdeckt sind.

LSD: Abkürzung für Lysergsäurediethylamid. Flüssige Droge, die häufig zu Halluzinationen führt. Wenn auch körperlich nicht sehr giftig, können die Drogenpsychosen durch LSD durch absurde Verhaltensweisen sehr gefährlich werden. Z.B. gab es regelmäßig Todesfälle, weil Menschen unter LSD-Einfluss dachten, sie könnten fliegen, und von Gebäuden sprangen. LSD kann zur Einnahme auch auf (Lösch-)Papier getropft und getrocknet werden, wodurch der Schmuggel eher einfach ist.

Magic Mushrooms: Wörtlich übersetzt »Magische Pilze«. Spezielle Pilze, die reich an dem Halluzinogen Psilocybin sind. Wurden ursprünglich von den Ureinwohnern Südamerikas im Rahmen von festlichen Ritualen eingenommen, und die psychotischen Effekte wurden magisch bzw. religiös interpretiert.

Marihuana: Getrocknete Blüten und blütennahe Blätter der Hanfpflanze, auch Gras genannt. In den 1960ern und 1970ern enthielt Marihuana nur ein paar Prozent THC und fast gleich viel Cannabidiol. Mittlerweile züchten professionelle Firmen Hanfgattungen mit über 30 Prozent THC und kaum Cannabidiol, wodurch die berauschende Wirkung, aber auch die unerwünschten Folgen wie Abhängigkeit und Psychose unvergleichlich stärker sind. Im Jahr 2002 betrug der höchste Wirkstoffgehalt in einer vom deutschen Bundeskriminalamt beschlagnahmten Probe 40 Prozent.

Methamphetamin: siehe Crystal Meth.

Neurotransmitter: Körpereigene Botenstoffe, mit denen Nervenzellen untereinander kommunizieren. Siehe Dopamin und Endocannabinoide.

Opiate: Oberbegriff für Morphium-ähnliche Substanzen wie Heroin und Opium. Die meisten Opiate werden aus dem Saft der Mohnkapsel gewonnen. Manche Opiate werden künstlich hergestellt, wie z.B. Fentanyl, das den Musiker Prince das Leben kostete. Alle diese wirken ähnlich, aber viel stärker als die körpereigenen Opioide und können süchtig machen. In der Medizin werden sie als besonders starke Schmerzmittel eingesetzt, z.B. nach Operationen.

Opioide: Körpereigene Substanzen wie z.B. Endorphine, die u.a. schmerzstillend wirken und auch die Dopamin-produzierenden Nervenzellen des Belohnungssystems regulieren. Wirken viel schwächer als von außen zugeführte Opiate und machen deshalb nicht süchtig.

Paranoia: Verfolgungswahn. Ein psychotisches Symptom, bei dem man das unrealistische Gefühl hat, dass jemand oder etwas einem Böses tun will. Meist einhergehend mit dem Gefühl, verfolgt oder beobachtet zu werden. Einige Drogen können paranoid machen, wie z.B. Crystal Meth oder auch Cannabis – je nach Konsummenge und genetischer Veranlagung.

Pilze: siehe Magic Mushrooms.

Psychodelisch: Auch »psychedelisch« geschrieben. Das Bewusstsein verändernd, genauer gesagt: die Psyche verändernd. Viele Drogen (v.a. Halluzinogene) bringen die chemische Balance im Gehirn derart durcheinander, dass es zu massiven Verzerrungen der Wahrnehmung kommt. Die Realität wird dann im Sinne einer Psychose als unreal im Sinne von traumhaft wahrgenommen, oft verbunden mit verzerrter Zeitwahrnehmung und Hochgefühl (durch Stimulation der Dopamin-Ausschüttung im Belohnungssystem). Früher wurde dieses Durcheinander des Gehirns mystifiziert und als »Erweiterung der Psyche« beschrieben. Tatsächlich ist durcheinander nur durcheinander und psychotisch nur psychotisch. Man wird weder klüger noch weiser noch kreativer durch psychodelische Drogen.

Psychose: Ein massives chemisches Durcheinander des Gehirns durch extremen Dopamin-Überschuss im limbischen System und zu wenig Dopamin im Stirnhirn. Symptome einer Psychose sind: Halluzinationen (z.B. Stimmenhören), Wahnvorstellungen (z.B. Paranoia) und Verwirrtheit im Sinne von Problemen im Denkablauf wie verlangsamtes oder zerfahrenes Denken. Viele Drogen können Psychosen auslösen, wie z.B. LSD, Cannabis oder Crystal Meth. Dauern diese psychotischen Zustände nur so lange, wie die Droge im Gehirn wirkt, dann bezeichnet man das als Intoxikationspsychose. Wenn die Psychose länger bleibt, als die Droge im Körper ist, dann nennt man dies drogeninduzierte Psychose. Und wenn die psychotischen Symptome nicht mehr abklingen, dann nennt man diese chronische Psychose Schizophrenie. Grundsätzlich können Psychosen mit Medikamenten behandelt werden. Wenn allerdings weiterhin die Droge konsumiert wird, dann wirkt die Behandlung nicht.

Rebound-Phänomen: Wörtlich übersetzt »Rückprall-Phänomen«. Wiederauftreten eines psychischen Leidens oder Schmerzes in verstärkter Form nach Beendigung der Drogeneinnahme. Einige Drogen sind kurzfristig stark schmerzstillend (z.B. Heroin, Cannabis, Alkohol) oder entängstigend (z.B. Benzodiazepine, Alkohol, Cannabis, Amphetamine), sie heilen das Leiden aber nicht, sondern unterdrücken nur deren Wahrnehmung. Gewöhnt man sich an die Wirkung der jeweiligen Droge und hört dann plötzlich mit dem Konsum auf, treten die Probleme rasch wieder auf, meist sogar in deutlich verstärkter Form, weil der Körper verlernt hat, selbstständig die Schmerz- oder Angstwahrnehmung zu regulieren.

Rezeptoren: Auf den Zellen positionierte Andockstellen für Botenstoffe (wie Hormone oder Neurotransmitter), Medikamente oder Drogen. Es gibt sehr viele verschiedene Rezeptoren, an die immer nur jeweils sehr spezifisch gewisse Substanzen mit bestimmter Molekül-Form binden können, nach dem Schlüssel-Schlüsselloch-Prinzip. Je massiver eine bestimmte Substanz einen Rezeptor aktiviert, desto stärker sinkt die Anzahl dieser Rezeptoren. Und je massiver eine Substanz einen Rezeptor blockiert, desto stärker steigt die Anzahl dieser. Das ist der Versuch des Körpers, stark störende Einflüsse auszugleichen im Sinne einer gut gemeinten Gegenregulation. Das ist der Grund, warum man bei regelmäßigem Drogenkonsum eine immer höhere Drogenmenge für den gleichen Effekt benötigt. Dieses Phänomen nennt man Gewöhnung oder Toleranzentwicklung.

Schizophrenie: Starke chronische Psychose, die auch dann noch bleibt, wenn die auslösende Ursache (z.B. Drogenkonsum) beseitigt wird. Siehe Psychose.

Shit: Synonym für Haschisch (siehe Haschisch).

Speed: Synonym für Amphetamine. Diese sind synthetische Drogen mit stark aufputschender Wirkung, stärker als Ecstasy und schwächer als Kokain oder Crystal Meth. Unter Amphetamin-Einfluss spürt man Müdigkeit und Hunger nicht. Deshalb wurden sie früher als Appetitzügler verkauft (vor Bekanntwerden des Suchtpotenzials) und hatten den Ruf, leistungssteigernd zu wirken. Tatsächlich steigt die Leistungsfähigkeit nicht, sondern man fühlt sich nur subjektiv besser, intelligenter und unbesiegbar. In Wirklichkeit sinkt die Konzentration, wodurch man z.B. in Beruf und Ausbildung vieles schlechter macht.

Stimulantien: Überbegriff für alle Substanzen, die aufputschend wirken, angefangen beim Coffein über Ecstasy, Amphetamine, Kokain, Crack und Crystal Meth.

THC: Abkürzung für Tetrahydrocannabinol. Ist der Hauptwirkstoff von Cannabis in jeglicher Form. Wird von vielen als Wundermittel gegen alle möglichen Erkrankungen und Zustände gesehen. Tatsächlich sind viele positive Eigenschaften des Cannabis nicht durch THC, sondern durch Cannabidiol bedingt (siehe Cannabidiol). THC hat eine beträchtliche Wirkung auf das Belohnungssystem im Gehirn und ist deshalb entsprechend beliebt als Rauschmittel. Genau wegen dieser Wirkung hat es auch Nebenwirkungen wie Psychose, Amotivationssyndrom und Abhängigkeit, je nach konsumierter Menge und genetischer Veranlagung.

Toleranzentwicklung: Gewöhnung an eine Droge durch regelmäßigen Konsum, sodass im Laufe der Zeit eine immer größere Menge nötig ist, um den gleichen Effekt zu erzielen (siehe Rezeptoren).

Wasserpfeife: Eine Vorrichtung meist aus Glas, mit der man Tabak oder Marihuana inhalieren kann. Der Rauch wird durch Wasser geführt, wodurch er abkühlt und leichter inhalierbar wird. Das Gerücht, dass das Wasser die Schadstoffe im Rauch rausfiltert, stimmt leider nicht. Somit ist das Rauchen einer Wasserpfeife sogar schädlicher, weil man fester anziehen muss, um den Rauch durch das Wasser zu ziehen, und die meisten Menschen dadurch tiefer inhalieren.

QUELLENANGABEN

1 www.drogenbeauftragte.de/fileadmin/dateien-dba/Service/Publikationen/2015_Drogenbericht_weboptimiert_010715.pdf

2 Ebd., Seite 40

3 www.bmg.gv.at/cms/home/attachments/1/0/6/CH1040/CMS1164184142810/bericht_zur_drogensituation_2015.pdf

4 Ebd., Seite 51

5 www.emcdda.europa.eu/attachements.cfm/att_239505_DE_TDAT15001DEN.pdf

6 Ann Arbor: Institute for Social Research. The University of Michigan. 2016; 421pp. Monitoring the Future. National Survey Results on Drug Use 1975–2014: Volume 1, Secondary school student. Miech, R.A.; Johnston, L.D.; O'Malley, P.M.; Bachman, J.G.; Schulenberg, J.E.

7 Dtsch. Arztebl. Int. 2015 Apr 17;112(16):271-8. doi: 10.3238/arztebl.2015.0271. Risks associated with the non-medicinal use of cannabis. Hoch, E.; Bonnet, U.; Thomasius, R.; Ganzer, F.; Havemann-Reinecke, U.; Preuss, U.W.

8 Psychol. Addict. Behav. 2015 Sep; 29(3):613-9. doi: 10.1037/adb0000094. Epub 2015 Jun 1. Gateway to curiosity: Medical marijuana ads and intention and use during middle school. D'Amico, E.J.; Miles, J.N.; Tucker, J.S.

9 www.emcdda.europa.eu/attachements.cfm/att_239505_DE_TDAT15001DEN.pdf

10 www.espad.org/uploads/espad_reports/2011/the_2011_espad_report_full_2012_10_29.pdf. The 2011 ESPAD Report. Substance Use Among Students in 36 European Countries. Hibell, B.; Guttormsson, U.; Ahlström, S.; Balakireva, O.; Bjarnason, T.; Kokkevi, A.; Kraus, L.

11 Drug Alcohol Depend. 2014 Jul 1;140:145-55. doi: 10.1016/j.drugalcdep.2014.04.016. Epub 2014 Apr 28. Temporal trends in marijuana attitudes, availability and use in Colorado compared to non-medical marijuana states: 2003-11. Schuermeyer, J.; Salomonsen-Sautel, S.; Price, R.K.; Balan, S.; Thurstone, C.;, Min, S.J.;, Sakai, J.T.

12 Lancet Psychiatry 2015; 2: 601–08 Published Online June 16, 2015 http://dx.doi.org/10.1016/ S2215-0366(15)00217-5. Medical marijuana laws and adolescent marijuana use in the USA from 1991 to 2014: results from annual, repeated cross-sectional surveys. Hasin, D.S.; Wall, M.; Keyes, K.M.; Cerdá, M.; Schulenberg, J.; O'Malley, P.M.; Galea, S.; Pacula, R.; Feng, T.

13 Eur. J. Neurosci. 2008 Feb;27(4):976-83. doi: 10.1111/j.1460-9568.2008.06051.x. Psychophysiological responses to drug-associated stimuli in chronic heavy cannabis use. Wölfling, K.; Flor, H.; Grüsser, S.M.

14 Neuropsychopharmacology. 2007 Mar;32(3):607-15. Epub 2006 Jul 5. Adolescent cannabis exposure alters opiate intake and opioid limbic neuronal populations in adult rats. Ellgren, M.; Spano, S.M.; Hurd, Y.L.

15 www.zeit.de/online/2006/28/cannabis-einstiegsdroge/

16 Addiction. 2006 Apr;101(4):556-69. Cannabis use and other illicit drug use: testing the cannabis gateway hypothesis. Fergusson, D.M.; Boden, J.M.; Horwood, L.J.

17 PLoS One. 2013 Jul 25;8(7):e70378. doi: 10.1371/journal.pone.0070378. Print 2013. Delta-9-tetrahydrocannabinol-induced dopamine release as a function of psychosis risk: 18F-fallypride positron emission tomography study. Kuepper, R.; Ceccarini, J.; Lataster, J.; van Os, J.; van Kroonenburgh, M.; van Gerven, J.M.; Marcelis, M.; Van Laere, K.; Henquet, C.

18 Transl. Psychiatry. 2016 Feb 16;6:e738. doi: 10.1038/tp.2015.219. AKT1 genotype moderates the acute psychotomimetic effects of naturalistically smoked cannabis in young cannabis smokers.Morgan, C.J.; Freeman, T.P.; Powell, J.; Curran, H.V.

19 Lancet. 1987 Dec 26;2(8574):1483-6. Cannabis and schizophrenia. A longitudinal study of Swedish conscripts. Andréasson, S.1.; Allebeck, P.; Engström, A.; Rydberg, U.

20 www.wweek.com/cannabis/2016/04/30/winning-strains-announced-at-cultivation-classic-cannabis-competition/

21 www.leafly.com/sativa/jack-herer

22 www.smokersguide.com/events/415/6th_thc_cannabis_cup_valencia.html#.V0vnmeSGWSp

23 www.hightimes.com/read/strongest-strains-earth-2016

24 www.teckbote.de/nachrichten/artikel-kirchheim_artikel,-Der-Joint-ist-kein-Freund-_arid,95179.html

25 Biol Psychiatry. 2016 Apr 1;79(7):613-9. doi: 10.1016/j.biopsych.2016.01.004. Epub 2016 Jan 19. Changes in Cannabis Potency Over the Last 2 Decades (1995–2014): Analysis of Current Data in the United States. ElSohly, M.A.; Mehmedic, Z.; Foster, S.; Gon, C.; Chandra, S.; Church, J.C.

26 Proc. Natl. Acad. Sci. USA. 2012 Oct 2;109(40):E2657-64. doi: 10.1073/pnas.1206820109. Epub 2012 Aug 27. Persistent cannabis users show neuropsychological decline from childhood to midlife. Meier, M.H.; Caspi, A.; Ambler, A.; Harrington, H.; Houts, R.; Keefe, R.S.; McDonald, K.; Ward, A.; Poulton, R.; Moffitt, T.E.

27 Arch. Gen. Psychiatry. 2008 Jun;65(6):694-701. doi: 10.1001/archpsyc.65.6.694. Regional brain abnormalities associated with long-term heavy cannabis use. Yücel, M.; Solowij, N.; Respondek, C.; Whittle, S.; Fornito, A.; Pantelis, C.; Lubman, D.I.

28 Dev. Cogn. Neurosci. 2015 Dec;16:101-9. doi: 10.1016/j.dcn.2015.04.006. Epub 2015 Apr 27. Cortical thickness in adolescent marijuana and alcohol users: A three-year prospective study from adolescence to young adulthood. Jacobus, J.; Squeglia, L.M.; Meruelo, A.D.; Castro, N.; Brumback, T.; Giedd, J.N.; Tapert, S.F.

29 www.dvr.de/betriebe_bg/daten/unfallstatistik/de_alkohol.htm

30 http://dip21.bundestag.de/dip21/btd/18/042/1804204.pdf, Seite 66

31 www.bundestag.de/blob/414876/3eba1a06db52a3811d9fe550b80ffd50/esv-prof--dr--rainer-thomasius-data.pdf, Seite 5

32 Ebd.

33 Drug Alcohol Depend. 2012 Jun 1;123(1-3):105-9. doi: 10.1016/j.drugalcdep.2011.10.023. Epub 2011 Nov 17. The prevalence of cannabis-involved driving in California. Johnson, M.B.1.; Kelley-Baker, T.; Voas, R.B.; Lacey J.H.

34 Forensic Sci Int. 2016 Jan 8;265:17-21. doi: 10.1016/j.forsciint.2015.12.050. [Epub ahead of print] The involvement of prescribed drugs in road trauma. Drummer, O.H.; Yap, S.

35 BMJ. 2012 Feb 9;344:e536. doi: 10.1136/bmj.e536. Acute cannabis consumption and motor vehicle collision risk: systematic review of observational studies and meta-analysis. Asbridge M, Hayden JA, Cartwright JL.

36 Center Street, New York, 2015. Going To Pot – Why The Rush To Legalize Marihuana Is Harming America. William J. Bennett, Robert A. White.

37 https://consumer.healthday.com/mental-health-information-25/behavior-health-news-56/fatal-car-crashes-involving-pot-use-have-tripled-in-u-s-study-finds-684515.html

38 Radiographics. 2012 May-Jun;32(3):701-19. doi: 10.1148/rg.323115115. Your brain on drugs: imaging of drug-related changes in the central nervous system. Tamrazi, B.; Almast, J.

39 Respir Care. 2016 Nov;61(11):1543-1551. Epub 2016 Aug 9. A Systematic Review of the Respiratory Effects of Inhalational Marijuana. Martinasek, M.P.; McGrogan, J.B.; Maysonet, A.

40. Adv Exp Med Biol. 2016;952:31-34. Damaging Effects of Cannabis Use on the Lungs. Yayan, J.; Rasche, K.

41 Br J Gen Pract. 2015 Feb;65(631):e89-95. doi: 10.3399/bjgp15X683521. Cannabis, tobacco smoking, and lung function: a cross-sectional observational study in a general practice population. Macleod, J.; Robertson, R.; Copeland, L.; McKenzie, J.; Elton, R.; Reid, P.

42 Drug Alcohol Depend. 2016 Feb 1;159:72-9. doi: 10.1016/j.drugalcdep.2015.11.015 . Epub 2015 Nov 22. Trends in registered medical marijuana participation across 13 US states and District of Columbia. Fairman, B.J.

43 Drug Alcohol Depend. 2014 Jul 1;140:145-55. doi: 10.1016/j.drugalcdep.2014.04.016. Epub 2014 Apr 28. Temporal trends in marijuana attitudes, availability and use in Colorado compared to non-medical marijuana states: 2003-11. Schuermeyer, J.; Salomonsen-Sautel, S.; Price, R.K.; Balan, S.; Thurstone, C.; Min, S.J.; Sakai, J.T.

44 http://fox5sandiego.com/2013/04/25/fox-5-proves-medical-marijuana-card-easy-to-get/

45 www.denverpost.com/2014/05/02/marijuana-testing-labs-barred-from-taking-samples-from-individuals/

46 www.leafly.com/news/health/qualifying-conditions-for-medical-marijuana-by-state##california

47 http://archive.azcentral.com/arizonarepublic/news/articles/20121210roberts1211-medical-marijuana-charade.html

48 www.drugfreenj.org/news/colorado-74-teens-treatment-used-medical-marijuana/

49 EMBO J. 2014 Apr 1;33(7):668-85. doi: 10.1002/embj.201386035. Epub 2014 Jan 27. Miswiring the brain: Δ9-tetrahydrocannabinol disrupts cortical development by inducing an SCG10/stathmin-2 degradation pathway. Tortoriello, G.; Morris, C.V.; Alpar, A.; Fuzik, J.; Shirran, S.L.; Calvigioni, D.; Keimpema, E.; Botting, C.H.; Reinecke, K.; Herdegen, T.; Courtney, M.; Hurd, Y.L.; Harkany, T.

50 BMJ Open. 2016 Apr 5;6(4):e009986. doi: 10.1136/bmjopen-2015- 009986. Prenatal exposure to cannabis and maternal and child health outcomes: a systematic review and meta-analysis. Gunn, J.K.; Rosales, C.B.; Center, K.E.; Nuñez, A.; Gibson, S.J.; Christ, C.; Ehiri, J.E.

51 www.faz.net/aktuell/feuilleton/buecher/rezensionen/sachbuch/schriften-ueber-kokain-193662.html

52 www.huffingtonpost.de/2015/05/11/marihuana-orgasmen_n_7254908.html

53 www.cannabismedizin.at

54 Am. J. Psychiatry. 2005 Aug;162(8):1507-14. Postdischarge cannabis use and its relationship to cocaine, alcohol, and heroin use: a prospective study. Aharonovich, E.; Liu, X.; Samet, S.; Nunes, E.; Waxman, R.; Hasin, D.

55 J. Consult. Clin. Psychol. 2003 Oct;71(5):843-61. The efficacy of motivational interviewing: a meta-analysis of controlled clinical trials. Burke, B.L.; Arkowitz, H.; Menchola, M.

56 Radiographics. 2012 May–Jun;32(3):701-19. doi: 10.1148/rg.323115115. Your brain on drugs: imaging of drug-related changes in the central nervous system. Tamrazi, B.; Almast, J.

57 Ann Intern Med. 2003 Aug 19;139(4):258-66. Short-term effects of cannabinoids in patients with HIV-1 infection: a randomized, placebo-controlled clinical trial. Abrams, D.I.; Hilton, J.F.; Leiser, R.J.; Shade, S.B.; Elbeik, T.A.; Aweeka, F.T.; Benowitz, N.L.; Bredt, B.M.; Kosel, B.; Aberg, J.A.; Deeks, S.G.; Mitchell, T.F.; Mulligan, K.; Bacchetti, P.; McCune, J.M.; Schambelan, M.

58 Schmerz. 2016 Feb;30(1):62-88. doi: 10.1007/s00482-015-0089-y. Efficacy, tolerability and safty of cannabinoids for chronic neuropathic pain: A systematic review of randomized controlled trials. Petzke, F.; Enax-Krumova, E.K.; Haeuser, W.

59 Schmerz. 2016 Feb;30(1):47-61. doi: 10.1007/s00482-015-0084-3. Efficacy, tolerability and safty of cannabinoids in chronic pain associated with rheumatic deseases (fibromyalgia syndrome, back pain, osteoarthritis, rheumatoid arthritis): A systematic review of randomized controlled trials. Fitzcharles, M.A.; Baerwald, C.; Ablin, J.; Haeuser, W.

60 Schmerz. 2016 Feb;30(1):37-46. doi: 10.1007/s00482-015-0087-0. Efficacy, tolerability, and safety of cannabinoids in gastroenterology: A systematic review. Volz, M.S.; Siegmund, B.; Häuser, W.

61 www.zeit.de/wissen/gesundheit/2016-04/schmerztherapie-cannabis-anbau-bundesverwaltungsgericht-urteil-patient

62 Epilepsia. 2014 Jun;55(6):791-802. doi: 10.1111/epi.12631. Epub 2014 May 22. Cannabidiol: pharmacology and potential therapeutic role in epilepsy and other neuropsychiatric disorders. Devinsky, O.; Cilio, M.R.; Cross, H.; Fernandez-Ruiz, J.; French, J.; Hill, C.; Katz, R.; Di Marzo, V.; Jutras-Aswad, D.; Notcutt, W.G.; Martinez-Orgado, J.; Robson, P.J.; Rohrback, B.G.; Thiele, E.; Whalley, B.; Friedman, D.

63 Center Street, New York, 2015. Going To Pot – Why The Rush To Legalize Marihuana Is Harming America. William J. Bennett, Robert A. White.

64 https://www.washingtonpost.com/local/social-issues/how-a-chemist-unwittingly-helped-spawn- the-synthetic-drug-epidemic/2015/08/09/94454824-3633-11e5-9739-170df8af8eb9_story.html

65 www.sueddeutsche.de/gesundheit/neue-substanzen-badesalz-fuer-psychonauten-1.3016781

66 Quelle: Milbank Q. 2014 Jun; 92(2): 207-242. Published online 2014 Jun 3. doi: 10.1111/1468-0009.12055. Waiting for the Opportune Moment: The Tobacco Industry and Marijuana Legalization. Barry, R.A.; Hiilamo, H.; Glantz, ST.A.

67 www.nzz.ch/nzzas/nzz-am-sonntag/ein-milliarden-geschaeft-das-erst-teilweise-legal-ist-ld.3780

68 www.manager-magazin.de/fotostrecke/fotostrecke-75186-4.html

69 www.colorado.gov/pacific/sites/default/files/Market%20Size%20and%20Demand%20Study,%20July%209,%202014%5B1%5D.pdf

70 www.welt.de/print/die_welt/finanzen/article145412027/Investoren-im-Gruenrausch.html

71 www.marihuana-aktien.de/news/geld-verdienen-mit-cannabis-investments/

72 www.n-tv.de/wirtschaft/US-Marihuana-Markt-waechst-rasant-article 16998296.html

73 Addiction. 2015 Nov;110(11):1794-802. doi: 10.1111/add.13042 . Epub 2015 Aug 18. Cannabis use among Swedish men in adolescence and the risk of adverse life course outcomes: results from a 20 year-follow-up study. Danielsson, A.K.; Falkstedt, D.; Hemmingsson, T.; Allebeck, P.; Agardh, E.

74 www.zeit.de/2015/25/cannabis-handel-alex-kristen-wien

75 www.meinbezirk.at/land-niederoesterreich/lokales/dieser-niederoesterreicher-verdient-millionen-mit-cannabis-zucht-d1284366.html

76 www.hanfgarten.at/

77 https://www.opensecrets.org/news/issues/marijuana/

78 http://www.forbes.com/sites/caroltice/2015/02/05/why-legal-cannabis-is-2015s-best-startup-opportunity/#1d40bf55a4a7

79 http://www.spiegel.de/international/business/pot-becomes-big-business-as-states-legalize-cannabis-a-977628.html

80 http://www.spiegel.de/wirtschaft/unternehmen/cannabis-in-usa-legalisierung-bringt-milliarden-steuereinnahmen-a-982424.html

81 www.freitag.de/autoren/der-freitag/kiffen-schadet-dem-marder

82 www.scientificamerican.com/article/california-s-50-000-pot-farms-are-sucking-rivers-dry/

83 Cyberpsychol. Behav. Soc. Netw. 2011 Nov;14(11):673-9. doi: 10.1089/cyber.2010.0506. Epub 2011 Jun 8. A controlled trial of an internet-based intervention program for cannabis users. Tossmann, H.P.; Jonas, B.; Tensil, M.D.; Lang, P.; Strüber, E.

84 Herder, Freiburg, 2015. Kiffen und Kriminalität: Der Jugendrichter zieht Bilanz. Andreas Müller

85 Droemer HC, München, 2015. Cyberkrank!: Wie das digitalisierte Leben unsere Gesundheit ruiniert. Spitzer, M.

86 Deutsche Beobachtungsstelle für Drogen und Drogensucht DBDD. www.dbdd.de/images/2011_Pressekonferenz/reitox_report_2011_dt.pdf. Bericht 2011 des nationalen REITOX-Knotenpunkts an die EBDD. Neue Entwicklungen, Trends und Hintergrundinformationen zu Schwerpunktthemen. Drogensituation 2010/2011. Pfeiffer-Gerschel, T.; Kipke, I.; Flöter, S.; Jakob L.; Hammes, D.; Raiser, P.

87 Hum Psychopharmacol. 2012 Mar;27(2):217-25. doi: 10.1002/hup.1273. Cannabis-related deficits in real-world memory. Montgomery, C.; Seddon, A.L.; Fisk, J.E.; Murphy, P.N.; Jansari, A.

88 www.youtube.com/watch?list=PLinFcKNzxSBAoutimC25LHX-ChbPuj8Kpf&time_continue=14&v=sXV2nA1TCXk

89 https://www.amazon.de/Die-Cannabis-Lüge-Marihuana-verharmlost-verdient/product-reviews/3862656330/ref=cm_cr_dp_d_show_all_top?ie=UTF8&reviewerType=all_reviews

90 Addiction. 2019 Apr;114(4):698-707. doi: 10.1111/add.14511. Epub 2018 Dec 21. Time since first cannabis use and 12-month prevalence of cannabis use disorder among youth and emerging adults in the United States. Han, B.; Compton, W.M.; Blanco, C.; Jones, C.M.

91 Am J Med. 2017 Jun;130(6):678-687.e7. doi: 10.1016/j.amjmed.2016.12.035. Epub 2017 Feb 2. Trends of Cannabis Use Disorder in the Inpatient 2002 to 2011. Charilaou, P.; Agnihotri, K.; Garcia, P.; Badheka, A.; Frenia, D.; Yegneswaran, B.

92 Lancet Psychiatry. 2019 May;6(5):427-436. doi: 10.1016/S2215-0366(19)30048-3. Epub 2019 Mar 19. The contribution of cannabis use to variation in the incidence of psychotic disorder across Europe (EU-GEI): a multicentre case-control study. Di Forti, M.; Quattrone, D.; Freeman, T.P.; Tripoli, G.; Gayer-Anderson, C.; Quigley, H.; Rodriguez, V.; Jongsma, H.E.; Ferraro, L.; La Cascia, C.; La

Barbera, D.; Tarricone, I.; Berardi, D.; Szöke, A.; Arango, C.; Tortelli, A.; Velthorst, E.; Bernardo, M.; Del-Ben, C.M.; Menezes, P.R.; Selten, J.P.; Jones, P.B.; Kirkbride, J.B.; Rutten, B.P.; de Haan, L.; Sham, P.C.; van Os, J.; Lewis, C.M.; Lynskey, M.; Morgan, C.; Murray, R.M.; EU-GEI WP2 Group.

93 J Clin Psychiatry. 2018 Jun 5;79(4). pii: 17r11839. doi: 10.4088/JCP.17r11839. Association of Cannabis With Long-Term Clinical Symptoms in Anxiety and Mood Disorders: A Systematic Review of Prospective Studies. Mammen, G.; Rueda, S.; Roerecke, M.; Bonato, S.; Lev-Ran, S.; Rehm, J.

94 www.derstandard.at/2000096171460/Kiffen-veraendert-jugendliches-Gehirn

95 J Neurosci. 2019 Mar 6;39(10):1817-1827. doi: 10.1523/JNEUROSCI.3375-17.2018. Epub 2019 Jan 14. Grey Matter Volume Differences Associated with Extremely Low Levels of Cannabis Use in Adolescence. Orr, C.; Spechler, P.; Cao, Z.; Albaugh, M.; Chaarani, B.; Mackey, S.; D›Souza, D.; Allgaier, N.; Banaschewski, T.; Bokde, A.L.W.; Bromberg, U.; Büchel, C.; Burke Quinlan, E.; Conrod, P.; Desrivières, S.; Flor, H.; Frouin, V.; Gowland, P.; Heinz, A.; Ittermann, B.; Martinot, J.L.; Martinot, M.P.; Nees, F.; Papadopoulos Orfanos, D.; Paus, T.; Poustka, L.; Millenet, S.; Fröhner J.H.; Radhakrishnan, R.; Smolka, M.N.; Walter, H.; Whelan, R.; Schumann, G.; Potter, A.; Garavan, H.

96 www.faz.net/aktuell/wissen/medizin-ernaehrung/cannabis-konsum-schon-der-erste-joint-kann-schaden-15989916.html

DANKSAGUNG

Zeit, danke zu sagen an jene, die bei der Entstehung dieses Buches mitgewirkt haben: Ich danke Oliver Schwarzkopf vom Schwarzkopf & Schwarzkopf Verlag dafür, dass er sich für dieses Thema begeistern ließ, und seinem netten und kompetenten Team für die feine Zusammenarbeit. Danke an Florian Kinast und Martin Brinkmann für ihre Hilfe und ihren Input im Rahmen der Vorbereitungen, Recherchen und des Schreibens. Danke an Michael Obermeyr (Reichl & Partner Public Relations) der mich, wie auch beim letzten Buch, wieder sehr unterstützt. Gleiches gilt für Paul Eiselsberg (IMAS International), dem ich danke. Last but not least danke an mein Team der Suchtabteilung des Kepler Universitätsklinikums Linz und den MitarbeiterInnen der Suchtabteilung und Suchtprävention der pro mente Oberösterreich, die tagtäglich gute Arbeit leisten und wir so für Menschen mit Suchterkrankungen, auch Cannabis-Sucht, kompetente Unterstützung bieten können.

KUROSCH YAZDI, geb. 1976, ist Facharzt für Psychiatrie und Psychotherapeut. Der gebürtige Iraner studierte in Wien Medizin und absolvierte in Salzburg seine Facharztausbildung. Seit 2012 leitet er in Linz eine Krankenhausabteilung für Suchtkranke. »Die Cannabis-Lüge« ist sein zweites Buch.

Dr. Kurosch Yazdi
DIE CANNABIS-LÜGE
Warum Marihuana verharmlost wird und wer daran verdient
Erweiterte Neuausgabe

ISBN 978-3-86265-811-4

VERLAG
Schwarzkopf & Schwarzkopf Verlag GmbH
Kastanienallee 32, 10435 Berlin
Telefon: 030 – 44 33 63 00
Fax: 030 – 44 33 63 044

INTERNET | E-MAIL
www.schwarzkopf-schwarzkopf.de
www.facebook.com/schwarzkopfverlag
info@schwarzkopf-schwarzkopf.de